JIDDU KRISHNAMURTI

MENSCH SEIN

HERAUSGEGEBEN VON DAVID SKITT

THESEUS VERLAG

Theseus im Internet: www.Theseus-Verlag.de

Wir senden Ihnen auch gern unseren Gesamtprospekt zu.

Die Deutsche Bibliothek – CIP-Einheitsaufnahme

Ein Titeldatensatz für diese Publikation ist bei
Der Deutschen Bibliothek erhältlich

ISBN 3-89620-169-7

Die amerikanische Originalausgabe
To Be Human erschien bei Shambhala Publications, Inc.
© 2000 Krishnamurti Foundation Trust, Ltd.
Herausgegeben von David Skitt

Copyright der deutschen Ausgabe © 2001 Theseus Verlag, Berlin
Die Theseus Verlag GmbH ist ein Unternehmen der Verlagsgruppe Dornier

1. Auflage, September 2001

Der Verlag dankt Dr. Anne-Ruth Frank-Strauss und Bernd Hollstein für ihre
wertvolle inhaltliche Beratung.

Übersetzung aus dem Englischen: Dr. Susanne Schaup
Lektorat: Karlheinz Bernhard Grunwald
Titelgestaltung: Morian & Bayer-Eynck, Coesfeld
Titelbild: © The Krishnamurti Foundation Trust
Gestaltung und Satz: LVD, Berlin
Druck: Wiener Verlag, Himberg
Printed in Austria

ISBN 3-89620-169-7

Gedruckt auf alterungsbeständigem Papier mit chlorfrei gebleichtem Zellstoff

Inhalt

Teil II
Worte und Bedeutungen

TEIL III
HANDELN DURCH NICHTHANDELN

Einführung von David Skitt
Philosophie ohne Grenzen

Was könnte die Rede von einer »Wiedergeburt der Philosophie« bedeuten? Sie könnte meinen, dass wir der Philosophie ihre Bedeutung für unser tägliches Leben wieder zurückgeben. Dies setzte aber voraus, dass die Philosophie in einigermaßen verständlichen Worten zum Ausdruck gebracht wird, was wiederum ein leidenschaftliches Bemühen des Philosophen, der Philosophin erfordert, seine oder ihre Erkenntnisse so klar und so breit wie möglich zu vermitteln. Wer diese Qualifikationen nicht besitzt, bräuchte gar nicht erst anzutreten.

Eine Wiedergeburt der Philosophie könnte außerdem als Aufforderung verstanden werden, das Wort *Philosophie* in seinem ursprünglichen, wahren Sinn zu gebrauchen – als Liebe zur Weisheit – eine Umschreibung, die wir nur aussprechen müssen, um zu erkennen, wie selten wir sie gebrauchen, obgleich sie noch immer – hoffentlich nicht allzu fremd anmutend – im *Concise Oxford English Dictionary* vorkommt. Wie wird *Weisheit* dort definiert? In der Ausgabe von 1995 wird sie mit »Erfahrung und Wissen, gepaart mit der Fähigkeit, sie kritisch anzuwenden«, umschrieben, in einer früheren Ausgabe als »die intelligente Anwendung von Wissen«.

Diese Definitionen kommen dem Kern dessen, wovon Krishnamurti spricht, das was wir vorläufig seine »Philosophie« nennen, erstaunlich nahe. Immer wieder weist er darauf hin, wie wesentlich es ist, Wissen und Erfahrung dort anzuwenden, wo diese ihren Platz haben, und nicht dort, wo sie fehl am Platz sind, wo das Leben eine neue Seh- und Handlungsweise von uns verlangt. Doch ist das nicht so einfach wie es klingt. Es hat tief greifende Implikationen für die Art und Weise, wie wir sehen und handeln, auf der persönlichen, sozialen und politischen Ebene. Diese Implikationen und die Gründe, die den menschlichen Geist daran hindern, in beiden Bereichen – dem Bekannten und dem Unbekannten – gut und harmonisch zu funktionieren, sind Fragen, denen Krishnamurti unermüdlich nachgeht.

Krishnamurti ist außerdem ein Philosoph im ursprünglichen Sinn,

9

indem er die uralte Debatte über das Wesen der Wahrheit wieder belebt, die manchen von uns ohne Zweifel als hoffnungslos veraltet und naiv, anderen dagegen als längst überfällig erscheint. Doch ganz allgemein und trotz der grund-skeptischen Frage von Pontius Pilatus: »Was ist Wahrheit?« müssen wir uns im Zusammenhang mit einer ganzen Reihe praktischer Themen mit dieser Frage, was wahr und was nicht wahr ist, auseinander setzen, ob es sich um Recht und Unrecht in persönlichen Beziehungen oder um Auseinandersetzungen zwischen Nationen handelt. Ob wir wollen oder nicht, der Begriff der Wahrheit drängt sich mit Gewalt in unser Leben. Als vor einigen Jahren ein Verleger Durchschnittsleser befragte, welche grundlegenden Themen sie am meisten interessierten, stand Wahrheit ganz oben auf der Liste.

Ebenso einleuchtend ist, dass die Öffentlichkeit wenigstens zum Teil deshalb so fasziniert vom Gerichtsverfahren gegen den mutmaßlichen Gewaltverbrecher O. J. Simpson war, weil es den Zuschauern die Gelegenheit bot, das Beweismaterial abzuwägen und über die Wahrheit zu befinden. Ein besonders bemerkenswerter Vorfall ereignete sich, als die Anklage ein Video abspielte, welches demonstrierte, mit welcher Akribie ein Kriminologe einen Blutfleck auf dem Pflaster sichergestellt hatte. Nach der Vorführung des Videos bestand die Verteidigung augenblicklich darauf, dass es noch einmal gezeigt werde, und argumentierte, dass es genau das Gegenteil beweise – nämlich die Inkompetenz des Wissenschaftlers. Dieser Vorfall, der jede Jury verwirrt hätte, enthüllte offenkundig das entscheidende Problem menschlicher Wahrnehmung: dass wir das »Wahre« nicht unbedingt alle in der gleichen Weise sehen. Manchmal spielt das keine Rolle und kann bereichernd sein. Manchmal finden wir es beunruhigend und ärgerlich. Bei anderer Gelegenheit kann es dazu führen, dass Menschen eine ungeheure Zahl ihrer eigenen Gattung ausrotten.

Es lässt sich sagen, dass Krishnamurti zu den Wurzeln der Philosophie zurückkehrt, indem er das Problem der Wahrheit unter die Lupe nimmt. In der Art und Weise, wie er dies tut, zerschlägt er jedoch die festgefahrenen akademischen Barrieren, die in unserer Zeit zwischen den Fachdisziplinen der Philosophie, Psychologie, Wissenschaft und Religion errichtet wurden. Krishnamurti macht jeden Bereich menschlichen Handelns zum Thema, wenn er ihn für die Art und Weise, wie wir uns selbst, andere, das Leben und das Universum betrachten, für relevant erachtet. Man braucht seine Ansichten nicht zu teilen, um bei ihnen ein erfrischendes Gefühl von Freiheit zu empfinden.*

Während Krishnamurti es ausdrücklich ablehnte, sich selbst einen *Philosophen* zu nennen, bekundete er dennoch Respekt für den ursprünglichen Sinn von *Philosophie* als »Liebe zur Wahrheit und Weisheit im täglichen Leben jetzt«, und in diesem Sinne wird die Bezeichnung in der Überschrift dieser Einführung verwendet. Warum lehnte Krishnamurti den gängigen Sprachgebrauch ab? Vielleicht findet sich ein Hinweis in einem Vortrag, den er einige Jahre vor seinem Tod (1986) hielt. Er hatte seinen Hörern die Frage gestellt: »Was ist jenseits der Zeit, was ist die Quelle, der Ursprung der ganzen Schöpfung?« Für viele von uns ist das eine interessante Frage, doch manche würden sie wohl wegen ihres metaphysischen Charakters nicht gelten lassen. Wie lautete seine Antwort? Das Publikum wartete gespannt. Er gab keine Antwort. Stattdessen erörterte er, wie der Geist beschaffen sein muss, um einer derartigen Frage auf den Grund zu gehen.

In unserem Zeitalter der Experten sind wir so etwas nicht gewöhnt. Wenn wir zu einem philosophischen Vortrag über das Wesen der Wirklichkeit gehen oder eine Fernsehdiskussion über den menschlichen Geist als Computer hören, erwarten wir Erklärungen und Antworten. Wir erwarten keinen Diskurs über die geistigen Eigenschaften, die wir benötigen, um diese Probleme zu untersuchen, insbesondere wenn wir einen langen und möglicherweise teuren formalen Bildungsweg hinter uns haben. Wir fühlen uns vielleicht im Stich gelassen oder vor den Kopf gestoßen.

Zeitgenössische Philosophen sind oft weniger fordernd und sehen ihre Rolle gewöhnlich darin, ihre Sprachanalyse, ihre Theorien oder ihre neuen Begriffe zu erläutern. Sie haben ihren Studenten nicht gesagt, dass es zunächst um den Geisteszustand geht, mit dem man sich

---

* In diesem Sinn ist es interessant, die Schlussbemerkung des Artikels über Philosophie in der *Macmillan Encyclopedia of Philosophy* (Ausgabe 1974) zu betrachten. Darin schreibt John Passmore: »Die Philosophie bietet Raum für eine ungeheure Vielfalt von Untersuchungsweisen, manche davon äußerst genau und andere stark verallgemeinernd. Außerdem ist es nicht wichtig, ob ein Philosoph die Grenzen der Philosophie völlig überschreitet, um ein bestimmtes Problem zu lösen. Letzten Endes sind es die Probleme, nicht die Trennungen zwischen den Gegenständen, die von entscheidender Bedeutung sind.«

diesen Fragen nähern muss. Aber das ist genau das, was Krishnamurti uns immer wieder nahe legt.* Daher ist die erste Reaktion darauf vielleicht die, dass man das herablassend oder sogar arrogant findet. Doch lesen Sie noch einmal die Zitate vor dem Inhaltsverzeichnis (S. 2). Das erste stellt die Fähigkeit des Hörenden fest, die Gültigkeit dessen, was Krishnamurti sagt, zu prüfen und zu hinterfragen; das zweite warnt davor, seiner Person irgendeine Autorität oder Bedeutung beizumessen; und das dritte erklärt, dass das Leben unser aller höchster Lehrmeister ist. Beachten Sie, dass alle drei Aussagen eine tiefe Achtung vor den wirklichen und potentiellen Fähigkeiten der Menschen, nicht nur einer Elite, zum Ausdruck bringen.

———————

Ein bezeichnendes Merkmal der Philosophie Krishnamurtis ist seine beharrliche Forderung, ihn zu »prüfen«, zu »bezweifeln«, »in Frage zu stellen«, ja, sogar ihn zu »zerreißen«. Im Wesentlichen bedeutet das, dass die Wahrheit der Thesen, die er uns entgegen unserer Alltagserfahrungen vorsetzt, überprüft werden soll. Wenn wir das nicht tun, sagt er, bleibt für uns nichts zurück als »die Asche der Worte«. Diese Art der Überprüfung kann jedoch schwierig sein. Der Mensch neigt dazu, jemanden zu verehren, politische Führer und geistliche Erlöser zu vergöttern, sich gefühlsmäßig an einen Glauben zu klammern, einen »Glauben zu haben«. Diese Neigung verursacht häufig Verwirrung und Zwietracht. Wie unter anderem der Psychologe Erich Fromm überzeugend dargelegt hat, werden religiöse Würdenträger und selbst politische Diktatoren leicht zu Vaterfiguren, zu bedingungslos liebenden Meistern stilisiert, zu den Vätern und Müttern, die wir nie gehabt

———————

* Dies widerspricht nicht gänzlich einer zeitgenössischen akademischen Definition der Philosophie. In der Ausgabe des *Oxford Dictionary of Philosophy* von 1994 wird zum allgemeinen Prinzip erklärt, dass »in der Philosophie die Begriffe selbst, mit denen wir uns der Welt annähern, zum Gegenstand der Untersuchung werden«. Doch im Weiteren heißt es: »Zu verschiedenen Zeiten herrschte mehr oder weniger Optimismus bezüglich einer reinen oder ›ursprünglichen‹ Philosophie, die auf einem a-priori-Standpunkt steht, von dem aus andere intellektuelle Verfahren unvoreingenommen beurteilt und einer logischen Bewertung und Korrektur unterzogen werden können. Die Mentalität des späten 20. Jahrhunderts steht einer solchen Möglichkeit feindlich gegenüber und zieht es vor, die philosophische Betrachtung als kontinuierlich mit der besten Praxis intellektueller Forschung auf jedem Gebiet anzusehen.«

haben. Fromm erkannte in dieser Neigung auch eine masochistische Unterwerfung unter eine Autorität. Diese Ansicht wurde vor kurzem im Rundfunk des BBC durch den Zeugenbericht eines Russen illustriert, der wegen antisowjetischer Äußerungen zu fünfzehn Jahren Straflager verurteilt worden war. Er schilderte, wie er sich beim Tod Stalins an einen Türpfosten klammerte und weinte. Er berichtete, dass mehrere Jahre vergingen, bevor ihm dämmerte, dass er es Stalin »verdankte«, an diesem Ort zu sein.

Daher überrascht es kaum, dass in den Augen mancher Krishnamurti von der Aura eines Weltlehrers oder Messias umgeben schien, trotz allem, was er sagte, um ein solches Bild in ihren Köpfen zu zerschlagen.

»Wenn ihr der Welt wirklich gegenübertretet und es mit ihr aufnehmt, so findet ihr etwas in ihr, das unendlich viel größer ist als irgendeine Philosophie, größer als irgendein Buch dieser Welt, größer als irgendeine Lehre, größer als irgendein Lehrer.«

»Ob ich der Weltlehrer, der Messias oder etwas anderes bin, ist sicherlich unwichtig. Wenn es euch wichtig ist, dann werdet ihr die Wahrheit dessen, was ich sage, verfehlen, weil ihr nach dem Etikett urteilt – und das Etikett ist etwas so Dürftiges. Irgendjemand wird behaupten, dass ich der Messias bin, und ein anderer, dass ich es nicht bin, und wo steht ihr dann? Wichtig ist herauszufinden, ob das, was ich sage, die Wahrheit ist, indem ihr es prüft und herausfindet, ob es sich im täglichen Leben bewährt.«

»Der Redner spricht für sich selbst, nicht für irgendeinen anderen. Vielleicht täuscht er sich, oder vielleicht tut er nur so, als wäre er das eine oder andere. Möglicherweise, Sie wissen es nicht. Seien Sie daher sehr skeptisch, zweifeln Sie, fragen Sie.«

Doch für viele Menschen blieb diese mystische Aura bestehen, und manchen erschien sie als das Wichtigste. Es stimmt, dass Krishnamurtis Person und sein Leben jeden konventionellen Rahmen sprengten. Für viele Menschen strahlte seine Gegenwart eine tiefe Ruhe, Energie und Vitalität aus, und für viele, die ihm am nächsten standen, bedingungslose Liebe. Wie gingen die Menschen damit um, wie deuteten sie ihre Reaktion auf dieses von ihm ungewollte Charisma? Wie viel davon war Autosuggestion oder die Erregung in der Nähe eines Ausnahmemenschen? Befand man sich in einer selbst erzeugten Hochstimmung, die sich möglicherweise nicht mit dem vertrug, was man ihn sagen hörte? Wenn Sie jemanden als »*den* Weltlehrer« betrachten mit der ganzen emotionalen Begeisterung, die damit verbunden sein kann, dann fürchten Sie vielleicht, diese Begeisterung zu verlieren oder unloyal zu sein, indem Sie zweifeln und hinterfragen, selbst wenn Sie ständig von ihm gedrängt werden, dies zu tun. Gegen Ende seines Lebens sagte Krishnamurti, dass diejenigen, die ihm sehr nahe waren, im Allgemeinen nicht verstanden, wovon er redete: »Es ist eher eine persönliche Verehrung, ein persönliches Gefühl von Nähe.« Es gibt eine Vielzahl von Belegen dafür, dass die Nähe zu einem Menschen, den man verehrt, sich verheerend auf die Fähigkeit zur Kritik auswirken kann.

Probleme in dieser Hinsicht kann es auch für Menschen geben, die Krishnamurti nie persönlich begegnet sind oder ihn nie gehört haben. Wie er selbst sagte, war sein Stil »emphatisch«. Seine Verwendung des Wortes »offensichtlich« erfolgt oft im Kontext mit Thesen, die einem ganz und gar nicht als offensichtlich erscheinen. Dies kann eine absichtliche Provokation sein, um seine Hörer aus ihrer gewohnten Selbstzufriedenheit aufzurütteln. Sicher äußerte er vieles, das einen autoritären Klang hatte. Er forderte heraus. Und in dem Maße, wie man sich nach Gewissheit sehnt, kann man diese Äußerungen unkritisch schlucken – und später liegen sie einem im Magen. Wie das folgende Beispiel zeigt, muss man immer sorgfältig den Kontext betrachten.

»Der neue Geist entsteht und explodiert.« Eine solche Bemerkung kann einem zu Kopf steigen, ja, sie kann eine verführerische Qualität bekommen, gewissermaßen etwas Grenzenloses und Erfüllendes. Der Gedanke taucht auf, dass es großartig wäre, einen solchen Geist zu besitzen. Doch das kann einen leicht verleiten, darüber hinwegzugehen, was danach kommt: »Und das ist eine harte, mühsame Arbeit. Sie erfordert ständige Wachsamkeit.« Darauf folgt eine sehr dichte und anspruchsvolle Aufzählung dessen, was eine derartige Wachsamkeit bedeutet (siehe das Gespräch in Bombay vom 12. März 1961).

Mit anderen Worten, wenn man Krishnamurti liest, ist die Versuchung groß, sich hinreißen zu lassen von der angenehmen Vorstellung des »Endresultats« – die in Wirklichkeit, wie er uns warnt, nur eine täuschende Projektion unserer gegenwärtigen, begrenzten Erfahrung ist. Doch das fühlt sich möglicherweise viel angenehmer an, als objektiv die Tiefen dieser Erfahrung auszuloten – sie zu »beobachten« –, um das Notwendige daraus zu lernen.

Andere Schwierigkeiten ergeben sich aus der inhärenten Unfähigkeit der Sprache, Begriffe, die wir weltweit für wichtig erachten, genau wiederzugeben. Dazu fallen uns Begriffe wie Intelligenz und das Selbst ein. Obgleich Krishnamurti ein schlichtes Vokabular verwendet, ist er auf Anhieb aber auch bei nochmaliger Lektüre keineswegs leicht zu verstehen. Wie er selbst sagte: »Sie müssen mein Vokabular lernen, die Bedeutung hinter den Worten.« Bis zu einem gewissen Grad spiegelt diese Formulierung die Schwierigkeit aller Psychologen und Philosophen wider, die komplexen und subtilen Wege zu schildern, wie unser Geist funktioniert, oder wie sie bei diesem Versuch scheitern. Diejenigen, die der Meinung sind, dass sie etwas Neues zu sagen haben, prägen und definieren gewöhnlich ein neues Begriffssystem. Krishnamurti lehnte das bewusst ab, doch in den dreißiger Jahren stellte er klar, dass er Sprache in einer besonderen Art und Weise verwenden wolle. Er warnte seine Hörer außerdem vor den Grenzen, die der Sprache als solcher innewohnen.

»Worte haben nur einen Wert, wenn sie die wahre Bedeutung der Ideen hinter den Worten vermitteln. ... Man kann nichts beschreiben, was sich mit Worten nicht beschreiben lässt. Aber wir müssen Worte gebrauchen, wie ein Maler sich der Farbe auf der Leinwand bedient, um die Bedeutung seiner Vision mitzuteilen. Wenn Sie sich jedoch bloß von der Technik des Malens einfangen lassen, werden Sie die vollständige Bedeutung dessen, was der Maler mitteilen möchte, nicht erfassen. In allen meinen Vorträgen gebe ich den Worten eine neue Deutung. Daher wird es Ihnen sehr schwer fallen, mich zu verstehen, wenn Sie sich nur in den Worten verfangen. Sie müssen über die Worte hinausgehen und versuchen, die Bedeutung mitzubekommen, die ich diesen Worten gebe, und sie nicht so auffassen, wie es Ihnen gerade passt.«

»Da die meisten Menschen feste Denkgewohnheiten haben und jede neue Idee, die ihnen vorgestellt wird, in ihr gewohntes Denken übersetzen, ist es natürlich sehr schwer für mich, etwas Neues mit den alten Worten darzulegen. Dennoch muss ich gewöhnliche Worte verwenden. Ich kann keine neue Sprache erfinden, aber ich kann den Worten, die ich gebrauche, eine neue Deutung geben. Wenn Sie Worte als eine Brücke verwenden, so dass eine Verständigung hergestellt wird, dann haben Worte einen ganz bestimmten Wert; doch wenn Sie zulassen, dass Sie sich in Worten verstricken, dann haben Worte keinen Wert.«

Wiederholt kommt Krishnamurti darauf zurück, dass »das Wort nicht die Sache ist«. Worte sind nicht das, worauf sie sich beziehen. Auf äußere Gegenstände bezogen, kann man das leicht gelten lassen. Das Wort *Tisch* ist nicht der Tisch selbst. Und im alltäglichen Sprachgebrauch können wir davon ausgehen, dass das, »was ein Tisch ist«, kein Problem darstellt. Doch bei psychischen Zuständen und Vorgängen wird die Sache schon komplizierter. So können wir beispielsweise eine Definition von *Langeweile* gemäß dem Wörterbuch geben und uns dieses Wortes in einer Diskussion geläufig bedienen, doch das ist von einem wirklichen Verständnis dessen, »was Langeweile ist«, klar zu unterscheiden, denn ein solches lässt sich nur von der tatsächlichen Erfahrung des Zustands und der vollständigen Untersuchung seiner psychologischen Voraussetzungen ableiten.

Wir wissen, dass ein und dasselbe Wort – *Liebe* ist ein hervorragendes Beispiel – leichtfertig und oberflächlich oder als tiefsinniger Verweis auf den Zustand selbst gebraucht werden kann. Und eines der großen Probleme der Kommunikation, wie Krishnamurti betont, besteht darin, ob den Kommunizierenden – sagen wir, zwei Menschen, die miteinander sprechen – der Gegenstand ihres Gesprächs gleichermaßen am Herzen liegt. Wenn beide dasselbe ernsthafte Anliegen haben und wenn ihnen daran liegt, sich darüber auszusprechen, werden die rechten Worte kommen. Doch eine Barriere für die Kommunikation entsteht dann, wenn die Worte eines Gesprächspartners emotional verwendet werden und auch so ankommen, dass sie eine stark aufwühlende neurologische Wirkung haben. Dann hören sie auf, Verweise zu sein, sie fallen aus ihrer natürlichen Rolle heraus und scheinen durch eine Art von Zauberkunststück das zu werden, worauf sie verweisen. Im politischen Bereich sind Bezeichnungen wie *nationale Souveränität* und *Freiheit* gute Beispiele von Worten, die auf diese Weise leicht pervertiert und dazu missbraucht werden, andere zu beherrschen und zu manipulieren. Doch nicht nur Politiker verwenden Worte auf diese Weise. Wir alle müssen, so argumentiert Krishnamurti, vor Worten auf der Hut sein und erkunden, was dahinter steht.

Der zweite Teil dieses Buches mit der Überschrift *Worte und Bedeutungen* enthält eine Reihe von Beispielen »alter« Worte, denen Krishnamurti, wie er sagt, eine »neue« Bedeutung verliehen hat. Für Leser, die mit Krishnamurti nicht vertraut sind und von solchen Worterneuerungen nichts wissen, können viele seiner Äußerungen verwirrend und unklar sein. Seine ungewöhnliche Handhabung von Sprache wird außerdem durch Textpassagen über Worte im Allgemeinen veranschaulicht.

Das Beantworten von Fragen – besser gesagt, die Weise, auf die wir uns wirklich wichtige Fragen selbst stellen – und das Lösen von Problemen hängt nach Krishnamurti von der Qualität unserer inneren wie äußeren Beobachtung ab. Einfacher ausgedrückt: So wie ein Wissenschaftler auf die Qualität des Gerätes achten muss, mit dem er subatomare Teilchen beobachtet, so müssen auch wir, und zwar ständig, für die Qualität und Klarheit unseres Geistes Sorge tragen. Das ist nicht nur das geistige Äquivalent von einer halben Stunde Jogging pro Tag. Dieses Anliegen muss so beständig wie möglich sein, ohne ein anderes Ziel, und erfordert ein leidenschaftliches Bemühen um Klarheit – um ihrer selbst willen.

Ist das möglich? Ja, denn wenn wir uns ein Ziel gesetzt haben, können wir uns mit grenzenloser Energie dafür einsetzen. So erläuterte François Mitterrand einmal, wie man Präsident von Frankreich wird:

»Präsident zu werden, dauert zwanzig Jahre. Man muss alles dafür aufgeben von dem Augenblick, wenn man sich morgens die Socken anzieht, bis man zu Bett geht.« Es hängt also davon ab, wo Sie Ihre Energie hineinstecken. Die Äußerung Mitterrands steht in reizvollem Gegensatz zu einer Bemerkung Krishnamurtis: »Offenbar besitzen nur wenige Menschen jene tiefe Leidenschaft, die der Erkenntnis des gesamten Lebensprozesses gewidmet ist, statt ihre ganze Energie für eine fragmentarische Tätigkeit zu verausgaben.«

Krishnamurti sagte oft, dass er nur »auf die Tür verweisen« könne. Wir müssen selbst aufstehen und sie öffnen, sofern wir das wollen. Was ist also zu tun, wenn die Tür aufgehen soll? Und wie kann Krishnamurti behaupten, dass er kein neues System, keine neue Methode oder Praxis vorstellen und sich selbst in keiner Weise als Autorität etablieren wolle?

Eine Möglichkeit, diese notwendigen Fragen zu beantworten, besteht darin, dass wir mit der Art und Weise beginnen, wie wir die Welt um uns herum visuell betrachten. Manche Psychologen und Neurowissenschaftler von heute argumentieren, dass die Wahrnehmung visueller Reize als Suche nach der besten Deutung von Sinneseindrücken betrachtet werden könne, und dass von einem kognitiven Standpunkt aus ein wahrgenommenes Objekt eine Hypothese aufgrund sinnlicher Daten sei. Sie verstehen also Wahrnehmung nicht als einen Prozess passiven Empfangens solcher Daten, sondern als einen aktiven Vorgang des Beobachtens und Überprüfens der von ihnen aufgestellten Hypothesen, um diejenige zu finden, die mit den Sinnesdaten am meisten übereinstimmt.

Diese Art des Beobachtens und Prüfens von Hypothesen wird in der Wissenschaft ständig angewandt. Aufgrund einer darauf folgenden Bestätigung der Ergebnisse wird festgelegt, was wissenschaftlich wahr ist. Derselbe grundlegende Prozess wird auf einfachere Art von uns allen in Situationen des täglichen Lebens angewandt, wenngleich ohne die Exaktheit der Wissenschaft, die danach strebt, Ergebnisse zu wiederholen: »Lass mich sehen, ob ich schneller zur Arbeit komme, wenn ich das Auto nehme statt die Bahn.« »Nimm einen anderen Stecker und schau, ob die Lampe funktioniert.« »Wenn ich jetzt anbiete, Überstunden zu machen, kann ich vielleicht im Juli Urlaub kriegen.«»Vielleicht wird die Beziehung zu meinem unfreundlichen Kollegen sich bessern, wenn ich ihn zu einem Drink einlade.« Dies ist ein ganz natürlicher und wesentlicher Prozess, demgemäß wir alle handeln, um in unserem täglichen Leben einigermaßen über die Runden zu kommen. Wir können also an Krishnamurti so herangehen, dass wir ihn als einen Menschen betrachten, der uns Hypothesen über die Funktionsweise des menschlichen Geistes anbietet, die für jeden von uns überprüfbar sind.

Was hier vorgestellt wird, ist etwas, das so transnational und interkulturell und so universell in seiner Anwendung ist wie die Wissenschaft, jedoch auf einem gänzlich anderen Gebiet: nämlich als die Art und Weise, wie wir mit unserem täglichen Leben umgehen. Das ist nicht so zu sehen, als rufe es nach dem Beistand der Wissenschaft, obgleich es als »wissenschaftsfreundlich« betrachtet werden kann. Denn in welcher Gesellschaft und Kultur sich Menschen auch befinden mögen, welchen religiösen und politischen Überzeugungen sie auch anhängen, alle müssen Hypothesen und Annahmen über die Wirklichkeit aufstellen und diese überprüfen. Es ist diese natürliche Fähigkeit, die Krishnamurti für das Wesentliche und Vorrangige ansieht, und er ruft uns dazu auf, sie zu gebrauchen und zu vertiefen, und fordert uns auf, darüber nachzudenken, welche unserer Annahmen als die wichtigsten untersucht und überprüft werden sollten.

Gibt es nach Krishnamurti ein spezifisches Problem, das Menschen haben, wenn sie beobachten, was in ihrem Inneren und um sie herum vorgeht? Was verhindert die Klarheit und Objektivität, die das Leben erfordert, wenn wir nicht einen Großteil davon mit Konflikten und Täuschungen vergeuden wollen? Gibt es irgendeine besondere Lehre auf diesem Gebiet, zu deren Überprüfung er uns auffordert?

Beinahe in jedem Vortrag, den Krishnamurti hielt, gebrauchte er die Wendung »Der Beobachter ist das Beobachtete« und sprach von einem »Beobachten ohne Beobachter«. Kann sein, dass ein Verständnis dieser Sätze und anderer, die er aufstellt, nicht möglich ist ohne ein Minimum psychologischen Experimentierens. Sie müssen geprüft werden, um ihre volle Bedeutung zu erlangen, und im dritten Teil dieses Buches zeigt Krishnamurti Wege auf, wie ein solches Überprüfen durchgeführt werden kann. Vielleicht ist es nützlich zu versuchen, diese Sätze hier zusammenzufassen.

In Gipfelerfahrungen – nennen wir sie Phase 1 –, etwa bei heftigem Zorn oder großem Entzücken, empfinden wir keine Trennung von dem, was wir erleben. Ich wäge meinen Zorn nicht ab, beschließe nicht, ihm künftig nachzugeben, oder finde Gründe, ihn zu rechtfertigen. Im Falle des Entzückens denke ich nicht schon an die nächste Gelegenheit, es zu erleben. In beiden Fällen bin ich mit der Empfindung *eins*. Doch wenn diese Gipfelerfahrung in Phase 2 verblasst, tritt eine *Dualität*, eine Trennung oder Spaltung, ein und drückt sich in Gedanken aus wie: »Ich hätte mich beherrschen sollen« oder »Der Soundso hat es verdient«, und so fort. Im Falle von unangenehmen Erfahrungen wie Einsamkeit kann es auch eine Taktik der Flucht geben, wenn man etwa das Radio aufdreht, sich etwas zu trinken holt, jemanden anruft und auf diese Weise die unangenehme Empfindung unterdrückt und damit die Fähigkeit verstärkt, dieselbe Erfahrung neuerlich zu machen, während man nach einer Gipfelerfahrung der Freude dieser gewöhnlich nachhängt, sie »wiederkäut« und »süchtig« wird nach einer Wiederholung.

Was in dieser Phase 2 geschieht, betrachtet Krishnamurti als eine konflikterzeugende Spaltung in der Psyche, das Auftreten eines imaginären »Beobachters«, der sich von der Erfahrung abspaltet. Diesen Bruch sieht Krishnamurti als Quelle endloser Konflikte, sowohl in uns selbst wie bei anderen, sowie kollektiv bei Nationen. Was kann man dagegen tun? Er antwortet: »Nichts«. Er legt uns einfach nahe, bei diesen trennenden Gedanken und Bildern, wenn sie auftreten, zu »verweilen«. Dies bedeutet, dass man nicht vor ihnen flieht, sie nicht verurteilt oder rechtfertigt, nicht danach trachtet, sie zu verändern oder loszuwerden, sondern sie mit Behutsamkeit, Liebe und Neugier »im Arm hält wie ein Baby«. Dieses Beobachten ohne Urteil oder »Gewahrsein ohne Wahl«, wie Krishnamurti sagt, bedeutet auch, dass man aufhört, die erlebte Empfindung zu benennen, da ein solches Benennen von unseren Erfahrungen der Vergangenheit, die unsere gegenwärtigen konditionieren, stark belastet ist.

In diesem Gewahrsein ohne Wahl oder »Beobachten ohne Beobachter« glätten sich die Gedanken und Bilder, so wie aufgewühltes, schlammiges Wasser wieder in einen Zustand klarer Stille zurückkehrt. Aus dieser Stille erwächst Energie. Aus ihr kann eine Erkenntnis der wahren Bedeutung, des Ursprungs, der Beschaffenheit und Grenzen der erfahrenen Gedanken oder Bilder hervorgehen: »Wenn der Geist seiner Begrenztheit gewahr wird, ohne zu verurteilen oder zu rechtfertigen, wenn er sich dieser Grenze einfach bewusst wird, dann werden Sie feststellen, dass eine Befreiung von dieser Begrenztheit eintritt. Und in dieser Freiheit wird Wahrheit realisiert.«

Der Verfasser dieser Einführung gibt sich nicht der Illusion hin, dass diese kurze Zusammenfassung dem wesentlichen Thema gerecht werden kann, das sich durch das Gesamtwerk Krishnamurtis zieht und sich nicht nur auf die Art und Weise auswirkt, wie wir uns selbst sehen, sondern auch wie wir andere und das Leben im Allgemeinen betrachten. Diese Einführung hat ihren Zweck bereits erfüllt, wenn sie einen Leser anregt, zu den vielen Passagen Krishnamurtis, die von diesem Thema handeln, zurückzukehren und sie anhand der Erfahrung des täglichen Lebens zu prüfen.

Vielleicht sollte an dieser Stelle erwähnt werden, dass Krishnamurti von dieser Art des Forschens oft als einer Tätigkeit sprach, die einen »wünschenswerten Ernst, der auch seinen eigenen Humor hat«, verlangt. Über das Beobachten ohne Beobachter sagte er: »Dies kann einen kein anderer lehren; es kommt durch Selbstbeobachtung, indem man sich fortwährend beobachtet. Das macht großen Spaß, wissen Sie, wenn man nicht verurteilt oder rechtfertigt, sondern beobachtet ›was ist‹.« Das Lernen, um das es ihm geht, beschreibt er folgendermaßen: »Lernen macht Spaß. Neue Dinge zu sehen macht großen Spaß. Es gibt Ihnen eine ungeheure Energie, wenn Sie selbst eine große Entdeckung machen – nicht wenn ein anderer sie macht und Ihnen davon erzählt, das ist etwas aus zweiter Hand. Wenn Sie lernen, dann macht es Spaß, etwas völlig Neues zu sehen, so wie wenn man ein neues Insekt, eine neue Spezies entdeckt. Herauszufinden, wie mein Geist funktioniert, alle Schattierungen und Feinheiten zu sehen, etwas darüber zu erfahren, das macht Spaß.«

Sagt Krishnamurti denn etwas Neues?

Was östliche Zeugnisse betrifft, gab es eine deutliche Anerkennung der Werke Krishnamurtis seitens buddhistischer Gewährsmänner wie des Dalai Lama und Walpola Rahulas, des Verfassers des Artikels über

21

den Buddha in der *Encyclopaedia Britannica*. Eine ähnliche Würdigung wurde von Vedanta-Gelehrten wie Venkatesananda zum Ausdruck gebracht.

Die Reaktion im Westen war nicht so einhellig. Seine Werke sind auf dem Lehrplan von über zweihundert amerikanischen Universitäten und Colleges, und in England, Frankreich und Deutschland wurden Dissertationen über ihn geschrieben. Abgesehen von der Pädagogik – wie ein unlängst veröffentlichtes Buch, *Reflections on the Self* (»Betrachtungen über das Selbst«), herausgegeben von Raymond Martin, Professor für Philosophie an der Maryland University, gezeigt hat –, ist das Gebiet, auf dem die klassische und zeitgenössische westliche Philosophie sich am meisten mit Krishnamurtis Werk überschneidet, offenbar die persönliche Identität. Überdies kann man sagen, dass Krishnamurti die Anwendung der sokratischen Frage wieder belebt hat, wie Martin darlegt. Und in der rein britischen Tradition, die von Berkeley und Hume über F. H. Bradley, Bernard Williams und Derek Parfit reicht, gibt es eine Diskussion über Probleme des Selbst, die auch ein Anliegen Krishnamurtis waren.

Doch in Ausdruck und Betrachtungsweise bestehen radikale Unterschiede. Denn obwohl Krishnamurti mehrere Bücher verfasst hat, zog er das gesprochene Wort als Ausdrucksmittel der mehr formalen Struktur eines Buches vor, da jenes die Entfaltung des Lebens mit seinem offenen Ende widerspiegelt, ein bewegtes statt eines unbewegten Bildes. In noch radikalerer Form forderte er seine Hörer eindringlich zur Verweigerung jeglicher Autorität auf, einschließlich der eigenen Erfahrung, wenn man sich selbst, andere und das Leben beobachtet. Seine Antwort auf die Frage: »Gibt es etwas Neues in Ihrer Lehre?« macht dies sehr anschaulich.

> »Es ist viel wichtiger, das selbst herauszufinden, als wenn ich behaupte ›Ja‹ oder ›Nein‹. Es ist euer Problem, nicht meines. Für mich ist dies alles völlig neu, weil es von einem Augenblick zum anderen neu entdeckt werden muss. Man kann es nach der Entdeckung nicht auf Vorrat halten; es ist nicht etwas, das man erfahren und dann als Erinnerung festhalten kann – denn das wäre, als wollte man neuen Wein in alte Schläuche gießen. Es muss im Leben von Tag zu Tag entdeckt werden,

und für den Menschen, der diese Entdeckung macht, ist es etwas Neues. Aber Sie vergleichen das, was soeben gesagt wird, mit dem, was ein Heiliger oder Shankara, Buddha oder Christus gesagt hat. Sie sagen: ›Alle diese Leute haben das schon früher gesagt, und Sie geben dem nur einen anderen Dreh, einen modernen Ausdruck.‹ Daher ist es nichts Neues für Sie. Erst wenn Sie aufhören zu vergleichen, so dass Ihr Geist allein, klar, nicht mehr beeinflusst, kontrolliert und von der modernen Psychologie oder von uralten Sanktionen und Gesetzen genötigt wird, werden Sie herausfinden, ob es etwas Neues oder Bleibendes gibt. Aber dazu braucht es Geisteskraft, nicht Trägheit. Das verlangt ein drastisches Ausmerzen all der Dinge, die man über die Wahrheit oder über Gott gelesen oder gehört hat.«

Der grundsätzliche Einwand akademischer Philosophen und Psychologen zu dieser Passage lautet, dass sie sich zu sehr auf innere Beobachtung und »private« Empfindungen beruft. Sie machen geltend, dass solche Beobachtungen und Empfindungen für andere nicht nachvollziehbar seien und dass dieser ganze Bereich nicht in Betracht komme, da er von Natur aus subjektiv und keiner objektiven oder wissenschaftlich zu nennenden Verifizierung zugänglich sei. Daher sei er als legitimes Forschungsgebiet auszuschließen.

Doch einem solchen Urteil haftet der Geruch einer abgewürgten Debatte an. Unbeschadet des Vorwurfs der Subjektivität gibt es Gegenargumente. Zunächst lässt sich der Standpunkt des gesunden Menschenverstands vertreten. Für uns alle ist die Art und Weise, wie wir uns selbst und andere betrachten, sowie die Vielfalt und Qualität unserer Empfindungen ungemein wichtig für unsere Lebenserfahrung. *Sie sind im Grunde das, was es heißt, am Leben zu sein.* Es würde außerdem für Menschen sehr schwierig werden, im Leben zurechtzukommen, wenn wir nicht ein gewisses Vertrauen zu unserer Selbsterforschung und unserer Fähigkeit hätten, die Wahrheit zumindest einiger Situationen, die uns begegnen, zu erkennen. Ohne einen Konsens darüber, was wahr ist, würden menschliche Beziehungen und die Gesellschaft sich auflösen.

Daher lautet die Frage: Kann ein einzelner Mensch aus seiner Erfahrung die Qualität des Geistes, die wir alle benötigen – etwa Klarheit –, auf neue Weise beleuchten und einen Hinweis geben, was uns grundsätzlich einengt? Krishnamurti selbst gibt darauf eine zweifache Antwort: Erstens, zweifelt, hinterfragt, fechtet an, was ich sage, und zweitens, überprüft das, was ich sage, in der Praxis. Dieses Problem muss jeder Einzelne selbst lösen. Er ermahnt uns, skeptisch zu sein und die Antwort für uns selbst herauszufinden.

Krishnamurtis literarisches Vermächtnis in Form von Vorträgen, Diskussionen und Schriften wird auf annähernd vierhundert Bände mittleren Umfangs geschätzt. Aus diesem Gesamtmaterial wurden etwa fünfzig Hauptwerke zusammengestellt und in viele Sprachen der Welt übersetzt. Außerdem hat er sich im Laufe seines langen Lebens vielleicht mit mehr Menschen auf ernsthafte persönliche Gespräche eingelassen als irgendein anderer Mensch. Viele dieser Gespräche wurden nicht aufgezeichnet.

In Anbetracht dieser ungeheuren, bekannten und unbekannten Produktion ist die Aufgabe, eine kurze Sammlung von Texten als Einführung in sein Werk zusammenzustellen, ein gewaltiges, wenn nicht sogar tollkühnes Unterfangen. Doch bevor der Herausgeber an seiner Aufgabe verzweifelt, erhält er eine Art Leitfaden. Im Jahre 1980 verfasste Krishnamurti auf Wunsch eine Zusammenfassung seiner Arbeit, die er selbst als den »Kern« seiner Lehre bezeichnete.

Daher beginnt dieses Buch mit dieser Zusammenfassung, gefolgt von einer Auswahl vertiefender Texte. So weit, so gut, möchte man meinen. Daraus sollte sich eine ordentliche, saubere Kurzfassung ergeben. In gewissem Sinn ist es auch so – doch dies erfordert sogleich eine Modifikation.

Jedes längere Studium von Krishnamurtis »Lehre« – oder »was immer es ist«, konfrontiert uns, wie er selbst einmal sagte, mit einem Geist, dessen Wesen es ist, sich ständig zu entfalten und zu vertiefen, der stets dynamisch und nie statisch ist. Dieses Wesen ergibt sich zum Teil aus seiner starken Betonung des Neuen und Unbekannten im Leben als vitale und bereichernde Aspekte des menschlichen Daseins. »Das Leben ist das Unbekannte, ebenso wie der Tod und die Wahrheit das Unbekannte sind.« Daher birgt jeder Augenblick des Daseins etwas Neues. Die Herausforderung besteht darin, es zu erkennen.

Laut Krishnamurti muss man dem Neuen, Unbekannten, Unvorhersehbaren im Leben mit einer Bewegung vollkommener Aufmerksamkeit begegnen, die nicht von Erfahrungen in der Vergangenheit konditioniert ist – obgleich die Intelligenz, die er in der Aufmerksamkeit am Werk sieht, weiß, wann diese Erfahrung heranzuziehen ist.

Die Folge dieser Sicht des Lebens als kreativem Lernen, als etwas ursprünglich Neuem, ist, dass der Leser, der Aufklärung über die *conditio humana* erwartet, die so unverrückbar ist wie die Große Pyramide, enttäuscht sein wird. Was wir vorfinden, sind Aussagen über die Art, wie wir das Leben, uns selbst und andere wahrnehmen, die, wenn wir sie prüfen und für wahr befinden, uns die Tür zu einem fortwährenden Gewahrsein der »Unermesslichkeit« des Lebens öffnen werden. Wer Krishnamurti zum ersten Mal liest, sei jedoch davor gewarnt, dass sein Stil, wenn er diese überprüfbaren Aussagen macht, zwar undogmatisch, aber in der Tat emphatisch sein kann.

Noch in einer weiteren Hinsicht lässt sich sagen, dass ein Buch mit einführenden Texten nicht ganz dem entspricht, wovon er redet. Seine überprüfbaren Aussagen sind klarerweise nicht zu trennen von dem, was wir über uns selbst, über andere und über das Leben als Ganzes lernen. Dies tun wir gewöhnlich auf eine Weise, die weit mehr dem Zufall gehorcht als der steten Lektüre eines gedruckten Textes. Das Leben wartet mit Überraschungen auf und erteilt seine Lektionen so schnell und so häufig, wie es will, nicht wie wir wollen. Ein Buch ist weitgehend deshalb so anziehend, weil seine Struktur uns zu versichern scheint, dass es einer unbeständigen Welt eine Ordnung auferlegt. Außerdem sind wir mit einem Buch der Boss in dem Sinne, dass wir es in die Hand nehmen, es weglegen und uns nach Belieben hineinvertiefen können. Wir haben zwar die Kontrolle über das Buch, aber schwerlich über das Leben. Dennoch wird zumindest für einige Leser das Unerwartete an Krishnamurti jedes einengende Gefühl bei der Lektüre bannen.

Der letzte Teil dieses Buches enthält Textauszüge, die drei einfache Handlungen beschreiben: »Bei dem bleiben, ›was ist‹«, »Grundlegende Fragen stellen, aber nicht beantworten« und »Über die Schönheit des Nichtwissens«. Man könnte sie auch als »Nicht-Handlungen, aus denen Handlungen entspringen«, bezeichnen. Sie werden lediglich als Beispiele angeführt, nicht als verbindliche Richtlinien. Alle drei können als natürliche menschliche Fähigkeiten betrachtet werden, nicht als etwas, das man eine Methode oder Technik neuer Prägung nennen würde. Bis zu einem gewissen Grad setzen wir diese Fähigkeiten bereits ein, ja, wir müssen es tun. Wir wissen, dass es gesund und richtig ist, sich auf Schmerz einzulassen, bei ihm zu bleiben, wenn wir einen Verlust erlitten haben, statt vor ihm zu fliehen und ihn zu verdrängen. Wie wichtig es ist, »zu wissen, wenn man nicht weiß«, haben viele von uns von einem Lehrer in der Schule oder auf der Universität gehört. Und wir alle haben hin und wieder eine Lösung gefunden, wenn wir das Problem »überschlafen« haben.

Was Krishnamurti hier sagen will, kann daher sehr vereinfacht als eine breitere und tiefere Anwendung der natürlichen Fähigkeiten unseres Geistes betrachtet werden. Doch für ihn ist dies nicht nur eine nützliche Steigerung der Geisteskräfte, sondern ein dringendes, tiefes Bedürfnis, etwas, das uns das Leben abverlangt. Es ist die Vernachlässigung dieser Fähigkeiten, die Konflikte und Leid verursacht, und bevor sie zur Entfaltung kommen können, müssen wir uns die Gründe für diese Vernachlässigung bewusst machen und sie verstehen.

Die abschließenden Seiten dieses Buches enthalten eine Reihe von Zitaten zu Fragen, die in Diskussionen über Krishnamurtis Werk häufig auftauchen.

Letztlich wird die Frage, inwieweit man gewillt ist, Krishnamurtis Aussagen zu prüfen, davon abhängen, ob man die Rechtfertigung von Hitlers Baumeister Albert Speer, »nur das zu sehen, was man sehen will, und nur das zu wissen, was man wissen will«, nicht bloß als Rechtfertigung eines Ministers im Nazideutschland betrachtet, sondern als etwas, womit wir auch zu tun haben. Nicht jede Wahrnehmung mit Scheuklappen ist so abgebrüht inhuman wie diejenige Speers. Doch viele von uns erleben Konflikte und Verwirrungen mit anderen, weil wir dasselbe nicht auf dieselbe Weise sehen oder sehen wollen. Und so geht viel menschliches Leben und Energie in schmerzhaften und destruktiven Reibereien verloren, sei es in persönlichen Beziehungen oder im Verhältnis der Nationen. Letzten Endes läuft das Erforschen der Fragen, die Krishnamurti aufwirft, darauf hinaus, ob wir das Wesentliche des menschlichen Seins und seiner Anforderungen an uns in dem leidenschaftlichen Willen erkennen, uns selbst und andere sowie das Leben im Allgemeinen zu verstehen.

TEIL I

DER KERN DER LEHRE

Das Folgende wird, sofern nicht anders vermerkt,
mit Krishnamurtis eigenen Worten wiedergegeben.

Zuhören

Ich hoffe, Sie werden die Geduld aufbringen, dem Folgenden zuzuhören. Kommunikation ist ohnehin etwas sehr Schwieriges, weil Worte bestimmte Bedeutungen haben. Wir akzeptieren bewusst bestimmte Definitionen und versuchen das, was wir hören, gemäß diesen Definitionen zu übersetzen. Doch wenn wir anfangen, jedes Wort zu definieren ... und es dabei bewenden lassen, wird die Kommunikation nur auf der bewussten Ebene stattfinden. Mir scheint jedoch, dass das, worüber wir sprechen, nicht nur auf der bewussten Ebene zu verstehen ist, sondern – wenn ich so sagen darf – im Unbewussten, tief innerlich, aufgenommen werden muss, ohne eine Definition zu formulieren. Es ist viel wichtiger, mit der Tiefe des ganzes Seins zuzuhören, als sich bloß oberflächlichen Erklärungen hinzugeben. Wenn wir auf diese Weise, mit unserem ganzen Sein, zuhören können, dann ist dieses Zuhören ein Akt der Meditation.

Sie müssen ohne jede Mühe, ohne jede Anstrengung zuhören. Es ist etwas sehr Schwieriges, mit dem ganzen Sein zuzuhören – das heißt, wenn der Geist nicht nur die Worte hört, sondern imstande ist, über die Worte hinauszugehen. Wenn die bewusste Vernunft lediglich ein Urteil fällt, ist dies nicht die Entdeckung oder Erkenntnis der Wahrheit. Die bewusste Vernunft kann niemals das finden, was wirklich ist. Sie kann nur wählen, urteilen, abwägen, vergleichen. Doch vergleichen, urteilen oder identifizieren bedeutet nicht, die Wahrheit zu enthüllen. Deshalb ist es so wichtig, richtig zuhören zu können. Wenn Sie ein Buch lesen, übersetzen Sie das, was Sie gelesen haben, vielleicht entsprechend Ihrer besonderen Neigung, Ihrer Kenntnisse oder Ihrer Eigenheit und verfehlen damit das, was der Autor sagen will. Aber wenn Sie verstehen oder entdecken wollen, müssen Sie ohne den Widerstand der bewussten Vernunft, die debattieren, diskutieren, analysieren möchte, zuhören. Das Debattieren, Diskutieren, Analysieren ist ein Hindernis, wenn man es mit Dingen zu tun hat, die nicht nur eine verbale Definition und ein oberflächliches Verständnis erfordern, sondern ein Verstehen auf einer viel tieferen, grundlegenderen Ebene. Ein solches Verstehen, die Erkenntnis der Wahrheit, hängt davon ab, wie man zuhört.

Kann man zuhören ohne Schlussfolgerung, ohne Vergleich oder Urteil, einfach zuhören, wie man Musik hört, etwas, das man wirklich liebt? Dann hören Sie nicht nur mit Ihrem Verstand, Ihrem Intellekt, sondern mit dem Herzen zu, Sie hören sorgfältig, objektiv, verständig, Sie hören mit Achtsamkeit, weil Sie etwas herausfinden wollen.

Ich meine, es gibt eine Kunst des Zuhörens, die darin besteht, dass man vollständig, ohne irgendein Motiv zuhört, weil solch ein Motiv uns ablenkt. Wenn Sie imstande sind, mit vollkommener Aufmerksamkeit zuzuhören, dann gibt es keinen Widerstand gegenüber den eigenen Gedanken oder dem Gesagten – was nicht heißt, dass Sie von Worten magnetisch angezogen werden. Nur der sehr stille, ruhige Geist kann herausfinden, was wahr ist, jedoch kein Geist, der rastlos tätig, denkend, widerstrebend ist.

Ich weiß nicht, ob Sie das jemals versucht haben: Worten zuzuhören und die Wahrheit einer Aussage des Redners festzustellen, nicht nur intellektuell, nicht nur mit allerlei Zweifeln, sondern ohne Widerstand – was nicht heißt, sie zu akzeptieren, sondern mit solcher Tiefe, mit so großer Aufmerksamkeit zuzuhören, dass der Akt des Hörens selbst unsere Denkmuster völlig durchbricht.

Der Kern der Lehre

Der Kern der Lehre Krishnamurtis ist in einer Äußerung aus dem Jahr 1929 enthalten, wo er sagte: »Die Wahrheit ist ein pfadloses Land.«[*] Der Mensch kann weder durch eine Organisation, einen Glauben, ein Dogma, einen Priester oder ein Ritual zu ihr gelangen noch durch philosophisches Wissen oder eine psychologische Technik. Er muss sie im Spiegel der Beziehungen, durch das Verständnis seiner eigenen Geistesinhalte, durch Beobachtung und nicht durch intellektuelle Analyse oder durch zergliedernde Innenschau finden. Der Mensch hat in seinem Inneren Bilder errichtet – religiöser, politischer, persönlicher Natur –, die ihm als Schutzwall dienen. Diese manifestieren sich als Symbole, Ideen, Glaubensinhalte. Die Last dieser Bilder beherrscht das Denken, die Beziehungen und das tägliche Leben des Menschen. Diese Bilder sind die Ursache unserer Probleme, denn sie trennen den Menschen vom Menschen. Unsere Wahrnehmung des Lebens wird von vorgefassten Begriffen bestimmt. Unser Bewusstseinsinhalt ist unsere ganze Existenz. Dieser Inhalt ist allen Menschen gemein. Das Individuelle liegt im Namen, in der Form und in der vordergründigen Kultur, die wir uns aufgrund von Tradition und Umgebung angeeignet haben. Die Einzigartigkeit des Menschen liegt jedoch nicht in der Oberfläche, sondern in der vollkommenen Freiheit von dem Bewusstseinsinhalt, den er mit der ganzen Menschheit teilt. Daher ist er kein Individuum.

Freiheit ist nicht eine Reaktion. Freiheit steht nicht zur Wahl. Der Mensch tut so, als wäre er frei, weil er eine Wahl treffen kann. Freiheit ist reine Beobachtung, ohne Richtung, ohne Angst vor Strafe und Belohnung. Freiheit hat keine Motivation; Freiheit steht nicht am Ende der Evolution des Menschen, sondern liegt im ersten Schritt seiner

---

[*] Diese Zusammenfassung hatte Krishnamurti für *Krishnamurti: The Years of Fulfilment* (»Krishnamurti: Die Jahre der Erfüllung«) von Mary Lutyens, erschienen 1983 bei John Murray Ltd., am 21. Oktober 1980 selbst verfasst.

Existenz. In der Beobachtung beginnen wir den Mangel an Freiheit zu entdecken. Freiheit finden wir in dem Gewahrsein ohne Wahl unseres täglichen Lebens und Handelns. Das Denken ist Zeit. Das Denken kommt aus Erfahrung und Wissen, die untrennbar sind von Zeit und Vergangenheit. Zeit ist der psychologische Feind des Menschen. Unser Handeln beruht auf Wissen und daher auf Zeit, so dass der Mensch immer ein Sklave der Vergangenheit ist. Das Denken ist immer begrenzt, und daher leben wir in fortwährendem Konflikt und Kampf. Es gibt keine psychische Evolution. Wenn der Mensch der Bewegung seiner eigenen Gedanken gewahr wird, erkennt er die Trennung zwischen dem Denker und dem Gedachten, dem Beobachter und dem Beobachteten, dem Erfahrenden und der Erfahrung. Er wird dahinter kommen, dass diese Spaltung eine Illusion ist. Erst dann kann es reine Beobachtung geben, Einsicht ohne den Schatten der Vergangenheit oder der Zeit. Diese zeitlose Erkenntnis bewirkt eine tief greifende, radikale Wandlung des Geistes.

Völlige Negierung ist das Wesen des Positiven. Erst wenn all die Dinge negiert werden, die das Denken psychologisch hervorgebracht hat, kann es Liebe geben, die Mitgefühl ist und Intelligenz.

Die Wahrheit ist ein pfadloses Land

Für mich gibt es keinen Pfad zur Wahrheit. Wahrheit kann man nicht durch ein System, über einen Pfad begreifen. Ein Pfad setzt ein Ziel voraus, ein statisches Ende und deshalb eine Konditionierung der Vernunft und des Herzens durch dieses Ziel, das notgedrungen Disziplin, Kontrolle und Erwerbsstreben erfordert. Diese Disziplin, diese Kontrolle wird zur Last. Sie beraubt uns der Freiheit und konditioniert unser Handeln im täglichen Leben.

Wahrheit ist etwas, das in jeder Handlung, in jedem Gedanken, in jedem Gefühl, und sei es noch so trivial oder flüchtig, erkannt und entdeckt werden muss. Wahrheit ist etwas, das man betrachtet, dem man zuhört – was Ihr Ehemann oder Ihre Ehefrau sagt oder was der Gärtner sagt, was Ihre Freunde sagen oder was Sie selbst denken. Die Wahrheit Ihres Denkens zu erkennen – denn Ihre Gedanken können falsch oder konditioniert sein –, zu erkennen, dass Ihr Denken konditioniert ist, das ist Wahrheit. Zu entdecken, dass Ihr Denken begrenzt ist, das ist Wahrheit. Diese Entdeckung ist es, die Ihren Geist von der Begrenztheit entbindet.

Wenn ich entdecke, dass ich gierig bin – wenn ich dies wirklich entdecke, nicht weil Sie es mir sagen –, so ist diese Entdeckung die Wahrheit, und diese Wahrheit hat eine Auswirkung auf meine Gier. Wahrheit ist nicht etwas, das man sammelt, anhäuft oder vorrätig hat, auf dessen Führung man sich verlassen kann. Wenn Sie das tun, so ist dies nur dasselbe in Grün, eine andere Form des Besitzenwollens. Dem Geist fällt es sehr schwer, nichts anzuhäufen, keinen Vorrat anzulegen. Wenn Sie das begreifen, werden Sie erkennen, was für ein außerordentliches Ding diese Wahrheit ist.

Tatsache ist, dass die Wahrheit Leben ist, und das Leben ist nicht von Dauer. Leben entdeckt man von einem Augenblick zum andern, von

Tag zu Tag. Man muss es entdecken. Es ist nicht einfach eine Gegebenheit. Wenn Sie für gegeben annehmen, dass Sie das Leben kennen, dann leben Sie nicht. Drei Mahlzeiten pro Tag, ein Dach über dem Kopf, Sex, Ihr Job, Ihr Vergnügen und der Prozess Ihres Denkens – dieser fade, sich wiederholende Vorgang ist nicht das Leben.

Das Leben ist etwas, das man entdecken muss. Und Sie können es nicht entdecken, wenn Sie die Dinge, die Sie gefunden haben, nicht wieder losgelassen, abgelegt haben. Legen Sie Ihre Philosophie, Ihre Religion, Ihre Gewohnheiten, Ihre Rassentabus und all das ab. Denn das ist nicht das Leben. Wenn Sie sich in diese Dinge verstricken, werden Sie nie das Leben entdecken.

Ein Mensch, der behauptet zu wissen, ist schon tot. Aber ein Mensch, der denkt: »Ich weiß nicht«, der im Begriff ist zu entdecken, herauszufinden, der keinen Zweck verfolgt, der nicht denkt, dass er irgendwo ankommen oder etwas werden muss – ein solcher Mensch lebt, und dieses Leben ist Wahrheit.

Gibt es eine Wahrheit jenseits von persönlicher Meinung?

Fragesteller: Heutzutage herrscht die Ansicht vor, dass alles relativ und eine Sache der persönlichen Meinung sei, dass es so etwas wie Wahrheit oder eine von persönlicher Ansicht unabhängige Tatsache nicht gebe. Wie kann man auf eine solche Ansicht eine intelligente Antwort geben?

Krishnamurti: Liegt es daran, dass wir alle so furchtbar persönlich sind? Was ich sehe, was Sie sehen, ist das die einzige Wahrheit? Sind meine Meinung und Ihre Meinung die einzigen Fakten, die wir haben? Das ist es, was in der Frage enthalten ist, ob alles relativ ist. Also ist Güte relativ, das Böse ist relativ, die Liebe ist relativ. Und da alles relativ ist – das heißt, nicht die ganze, vollständige Wahrheit –, ist auch unser Tun, unsere Zuneigung in einer persönlichen Beziehung relativ und kann abgebrochen werden, wann immer wir wollen, wann immer es uns nicht mehr freut, und so fort. Das ist es, was diese Frage impliziert.

Gibt es nun – wir beide untersuchen dies, ich sage es Ihnen nicht – so etwas wie eine Wahrheit jenseits von persönlicher Meinung, persönlicher Überzeugung, persönlicher Wahrnehmung? Diese Frage wurde von den alten Griechen und Hindus sowie von den Buddhisten gestellt. Und es ist eine merkwürdige Tatsache, dass der Zweifel in den östlichen Religionen ermutigt wurde, das Zweifeln, das In-Frage-Stellen, während es in den westlichen Religionen verpönt war. Wenn einer Zweifel hat, wird das als Häresie bezeichnet. Also, jenseits der persönlichen Meinungen, Wahrnehmungen, Erfahrungen, die immer relativ sind, muss man selbst herausfinden, ob es eine Wahrnehmung, eine Sichtweise gibt, die absolute und nicht relative Wahrheit ist.

Wie wollen Sie das also herausfinden? Wenn wir sagen, dass persönliche Meinung, persönliche Wahrnehmung relativ ist und dass es so etwas wie eine absolute Wahrheit nicht gibt, dann ist die Wahrheit relativ. Und daher wird auch unser Verhalten, unser Benehmen, unsere Lebensweise relativ, beliebig, unvollständig, nicht ganzheitlich, sondern bruchstückhaft sein. Und wir versuchen nun, herauszufinden, ob es so etwas wie eine Wahrheit gibt, die nicht nur eine persönliche Meinung, eine persönliche Wahrnehmung ist.

Wenn diese Frage Ihnen gestellt würde, wie würden Sie herausfinden, ob es eine Wahrheit gibt, die absolut und vollständig, nicht nur relativ und wandelbar entsprechend dem Klima der persönlichen Meinung ist? Wie findet Ihre Vernunft, Ihr Intellekt oder Ihr Denken dies heraus? Interessiert Sie das? Denn hier untersuchen Sie etwas, das eine Menge Forschung und Handeln im täglichen Leben erfordert und Sie nötigt, das Falsche abzulegen. Das ist die einzige Vorgehensweise. Denn wenn wir eine Illusion haben, eine Phantasie, ein Bild, eine romantische Vorstellung von Wahrheit oder Liebe oder was auch immer, dann ist genau das die Schranke, die uns daran hindert voranzukommen.

Kann man einer Illusion ehrlich auf den Grund gehen? Lebt der Geist in der Illusion? Oder haben wir Illusionen über alles, über Menschen, über Nationen, über Religion, über Gott? Wie entstehen Illusionen? Wie kommt man dazu, eine Illusion zu haben, was ist ihre Wurzel? Was verstehen wir unter dem Wort »Illusion«? Es kommt aus dem lateinischen *ludere,* was »spielen« bedeutet. Die Wurzelbedeutung ist also »spielen«, mit etwas spielen, das nicht wirklich ist. Das Wirkliche ist das, was geschieht, was tatsächlich stattfindet, ob wir es gut, schlecht oder gleichgültig finden. Und wenn man unfähig ist, das anzuschauen, was in uns selbst tatsächlich vor sich geht, dann erzeugt die Flucht davor eine Illusion.

Bitte, stimmen Sie mir nicht zu. Ich untersuche das, wir untersuchen es zusammen.

Wenn man also nicht gewillt ist oder sich fürchtet, etwas anzuschauen, oder wenn man sich drücken will vor dem, was tatsächlich vorgeht, dann erzeugt dieses Vermeiden eine Illusion, eine Phantasie, eine romantische Bewegung fort von dem, »was ist«. Können wir dies als die Bedeutung des Wortes »Illusion« annehmen, ein Sich-fort-Bewegen von dem, »was ist«, und von hier aus weitergehen? Bitte, stimmen Sie mir nicht zu; sehen Sie die Tatsache.

Die nächste Frage lautet: Können wir diese Bewegung, diese Flucht vor der Wirklichkeit vermeiden? Daher fragen wir, was ist das Wirkliche? Das Wirkliche ist das, was geschieht, die wirklichen Antworten,

Ideen, der wirkliche Glaube, die wirkliche Meinung, die Sie haben. Und das anzuschauen heißt, keine Illusion zu erzeugen. Sind wir in unserer Untersuchung so weit gekommen? Sonst können Sie nicht weitergehen.

Solange es also Illusionen, Meinungen, Wahrnehmungen gibt, die auf dem Sichdrücken vor dem, »was ist«, beruhen, müssen diese relativ sein – muss es Relativität geben. Das muss unweigerlich so sein, wenn es eine Bewegung fort von der Tatsache gibt, fort von dem, was geschieht, von dem, »was ist«. Im Verstehen dessen, »was ist«, ist es nicht Ihre persönliche Meinung, nicht Ihre persönliche Wahrnehmung, die das, »was ist«, beurteilt, sondern die tatsächliche Beobachtung dessen, »was ist«. Man kann nicht beobachten, was tatsächlich vor sich geht, wenn Sie sagen, dass mein Glaube die Beobachtung bestimmt, wenn die Konditionierung die Beobachtung bestimmt. Das ist ein Sichdrücken vor der Erkenntnis dessen, »was ist«.

Können Sie mir folgen? Tun wir das denn? Tun Sie das wirklich – sehen Sie, nehmen Sie wahr, was wirklich ist, Ihren tatsächlichen Glauben, Ihr tatsächliches Gefühl von Abhängigkeit, Ihren tatsächlichen Konkurrenzgeist, ohne sich davon zu entfernen, sondern beobachten Sie dies alles nur? Diese Beobachtung ist nichts Persönliches. Doch wenn Sie sagen: »Ich muss« oder: »Ich darf nicht« oder: »Ich muss besser sein«, wird sie persönlich und daher relativ. Wenn wir aber das, was sich wirklich abspielt, anschauen können, vermeiden wir damit vollständig jede Form von Illusion.

Bringen wir das fertig? Sie stimmen mir vielleicht verbal zu, aber können wir unsere Abhängigkeit, sei es von einer Person, einem Glauben, einem Ideal oder irgendeiner Erfahrung, die uns aufgewühlt hat, wirklich wahrnehmen? Diese Abhängigkeit wird unweigerlich eine Illusion hervorrufen. Können wir also die Tatsache beobachten, dass wir abhängig sind?

Auf dieselbe Weise wollen wir herausfinden, ob es so etwas gibt wie eine absolute Wahrheit – wenn wir an dieser Frage interessiert sind, denn sie wurde nicht nur vom gegenwärtigen Redner, sondern auch von Mönchen gestellt, die ihr Leben dieser Frage gewidmet haben, von Philosophen, sowie von jedem religiösen Menschen, der sich nicht von einer Institution vereinnahmen lässt, sondern dem es in der Tiefe um das Leben, um die Wirklichkeit und die Wahrheit geht. Wenn es uns also wirklich um die Frage geht, was Wahrheit ist, müssen wir uns sehr, sehr tief darauf einlassen.

Zunächst muss man verstehen, was Wirklichkeit ist. Was ist Wirklichkeit? Das, was Sie wahrnehmen, was Sie berühren, was Sie spüren, wenn Sie Schmerzen haben, und so fort. Wirklichkeit ist also eine Empfindung und die Reaktion auf diese Empfindung, die Antwort auf diese Empfindung als eine Idee, und diese Idee wird vom Denken hervorgerufen. So hat also das Denken die Wirklichkeit hervorgerufen – die fabelhafte Architektur, die großen Kathedralen der Welt, die Tempel, die Moscheen und die Idole, die Bilder, die wir hineingestellt haben, alle wurden vom Denken geschaffen. Und wir sagen, das ist die Wirklichkeit, weil man sie berühren, schmecken und riechen kann.

F: Wie steht es mit Halluzinationen? Dabei kann es sich um physiologische Störungen des Gehirns handeln.

K: Natürlich. Halluzinationen, Illusionen, Verblendungen treten bei Schädigungen des Gehirns auf, wenn man sich vor dem drückt oder vor dem flieht, »was ist«. Alle diese Worte, Illusionen, Halluzinationen, Verblendungen gehören in diese Kategorie.

Wir sagen also, dass alle Dinge, die das Denken geschaffen hat – das Wissen, die Aneignung von Kenntnissen durch die Wissenschaft, durch Mathematik und so weiter –, die Wirklichkeit sind. Die Natur wurde jedoch nicht vom Denken geschaffen. Dieser Baum, die Berge, die Flüsse, die Gewässer, das Reh, die Schlange sind nicht vom Denken geschaffen; sie sind da. Doch aus dem Baum machen wir einen Stuhl, und dieser wird vom Denken geschaffen. Das Denken hat daher die tatsächliche Welt geschaffen, in der wir leben, doch die Natur, die unsere Umwelt einschließt, wird offensichtlich nicht vom Denken geschaffen.

Dann fragen wir: Ist die Wahrheit Wirklichkeit? Dann stellt man fest, dass das Denken zwar die Welt, in der wir leben, geschaffen hat, aber das Denken hat nicht das Universum geschaffen. Das Denken kann das Universum erforschen. Die Kosmologen, die Astrophysiker gehen ihren Forschungen mittels dem Denken nach und kommen zu bestimmten Schlussfolgerungen, bestimmten Hypothesen, und sie versuchen, diese Hypothesen zu beweisen, immer durch das Denken. Das

Denken ist also relativ, und daher muss das, was immer es hervorbringt, wohin auch immer es sich bewegt, ebenfalls relativ, begrenzt sein.

Bitte, dies ist keine Vorlesung, ich bin kein Professor – Gott sei Dank. Wir gehen einfach als zwei Menschen, die herausfinden möchten, was Wahrheit ist – wenn es so etwas geben sollte –, einer Frage nach.

Der Geist ist also nicht länger in einer Illusion befangen, das ist das Erste. Er stellt keine Hypothesen auf, hat keine Halluzinationen oder Verblendungen, er will nicht etwas an sich reißen oder eine Erfahrung hervorrufen, die er Wahrheit nennt – wie die meisten Menschen es tun. Der Geist hat also bei sich aufgeräumt. Er hat eine Ordnung, es gibt keine Verwirrung aufgrund von Illusionen, Verblendungen, Erfahrungen. Der Geist, das Gehirn hat also die Fähigkeit aufgegeben, Illusionen zu erzeugen. Ist das richtig? Was ist dann die Wahrheit? Das heißt, was ist die Beziehung zwischen der Wirklichkeit – in dem vorhin erläuterten Sinn – und dem, was nicht vom Denken geschaffen wurde? Gibt es etwas, das nicht das Produkt des Denkens ist? Können wir damit fortfahren?

Nun, ist unser Geist an einem eher kühlen Tag, an dem wir hier unter diesen Bäumen sitzen, frei von jeder Form von Illusion? Denn sonst können Sie das andere nicht herausfinden. Und das bedeutet: Ist Ihr Geist völlig frei von jeglicher Verwirrung? So dass er absolute Ordnung ist. Denn wie kann ein verwirrter, unordentlicher, ein aufgewühlter Geist jemals herausfinden, was Wahrheit ist? Er kann etwas erfinden. Er kann sagen, hier ist Wahrheit oder dort ist keine Wahrheit. Aber nur ein Geist, der sich in absoluter Ordnung weiß, ein Geist, der völlig frei ist von jeder Form von Illusion, kann vorwärts gehen und das herausfinden.

Hier gibt es einen interessanten Punkt, wenn es Sie interessiert. Die Astrophysiker, die Wissenschaftler bedienen sich des Denkens, um etwas zu entdecken, indem sie nach außen gehen. Sie erforschen die Welt um sich herum, die Materie, und bewegen sich dabei immer nach außen. Doch wenn Sie sich nach innen wenden, dann ist dieses »Ich« ebenfalls Materie – das Denken ist Materie. Wenn Sie daher nach innen gehen können, bewegen Sie sich von einer Tatsache zur anderen. Sie beginnen also zu entdecken, was jenseits der Materie liegt. Das hängt von Ihnen ab.

Das ist eine sehr ernsthafte Angelegenheit, die man nicht einfach in einer Morgenstunde abhandeln kann. Man muss ihr das ganze Leben widmen, sich nicht vom Leben fort bewegen. Das Leben sind meine Kämpfe, meine Sorgen, meine Ängste, Langeweile, Einsamkeit, Kummer – folgen Sie mir? –, mein Unglück, meine ganze Trauer – all dies ist mein Leben. Das muss ich begreifen, da muss ich hindurch und darf mich nicht davon entfernen. Dann, wenn Sie hindurchgegangen sind, gibt es so etwas wie eine absolute Wahrheit.

Es gibt nur grenzenloses Beobachten

Mary Zimbalist: Wollen Sie zum Ausdruck bringen, dass das Forschen weitergehen muss, dass man nicht an einen Punkt gelangt, wo man aufhört zu fragen oder eine so genannte Antwort erhält, sondern dass der Geist des Fragens etwas Kontinuierliches ist?

Krishnamurti: Diese Frage ist nicht leicht zu beantworten. Fragen Sie weiter, wenn Sie an etwas geraten, das weder Raum noch Zeit hat? Sehen Sie, wenn wir von Forschen sprechen, wer ist der Forschende? Das führt uns zu der alten Geschichte zurück. Der Forschende ist das, was er erforscht. Ich weiß nicht, ob ich mich hier verständlich machen kann. Wenn ich die Materie erforsche, durch ein Teleskop, durch alle möglichen Experimente, dann forsche ich. Aber die Person des Forschenden unterscheidet sich von dem, was er erforscht. Das ist klar. Doch hier, in der subjektiven Welt, in der Welt der Psyche, ist der Fragesteller ein Teil der Psyche; er ist nicht getrennt von ihr. Wenn das klar ist, dann gewinnt der Forschende eine ganz andere Bedeutung.

M Z: Wollen Sie damit sagen, dass es dann nur die Forschung gibt, nichts zu Erforschendes und keinen Forscher?

K: Nein, ich würde sagen, es gibt nur grenzenloses Beobachten. Im Akt des Beobachtens gibt es keinen Beobachter, sondern eine außerordentliche Kraft und Energie des Beobachtens, weil Sie die gesamte psychische, subjektive Welt beobachtet haben. Und jetzt, während Sie beobachten, gibt es nichts im Hintergrund, das beobachtet. Es gibt nur das Beobachten dessen »was ist«, und zwar mit großer Aufmerksamkeit, und in dieser Aufmerksamkeit gibt es kein Subjekt, das aufmerksam ist. Es gibt nur die Aufmerksamkeit, die hier Raum hat, die völlig ruhig und still ist, in der sich eine ungeheure Energie sammelt, und deshalb ist nicht das geringste eigennützige Interesse vorhanden. Nun, ist einem menschlichen Wesen so etwas möglich?

Menschen finden das entsetzlich schwer, und dann kommt einer und sagt: »Schau, mein Freund, tu dies und das oder jenes, dann wirst du dahin gelangen. Ich werde dein Guru sein.« Diesen ernenne ich dann zu meiner spirituellen Autorität, und ich bin verloren, ich sitze wieder in der Klemme. So läuft das ab, das kann man überall sehen, wo es Heilige gibt, eine spirituelle Hierarchie, die den Heiligen anerkennt, und dieser Ablauf findet unentwegt statt. Der Mensch ist unfähig, auf eigenen Füßen zu stehen. Er möchte sich auf etwas verlassen können, auf seine Frau, seinen Job, einen Glauben oder eine außerordentliche Erfahrung, die er vielleicht einmal gemacht hat.

Ich sage, dass es vollkommene Freiheit geben muss. Diese Freiheit ist gar nicht so kompliziert, sie ist da, wenn nicht das geringste eigennützige Interesse vorliegt. Denn Eigennutz ist etwas sehr Kleinliches und Enges, und solange man sich davon nicht völlig befreit hat, ist Wahrheit unmöglich. Zur Wahrheit gelangt man nicht auf irgendeinem Pfad. Die Wahrheit ist ein pfadloses Land. Sie können nicht durch irgendein System, eine Methode, eine Meditationsweise zu ihr gelangen. Man kann sie gar nicht erlangen – sie ist.

Wer süchtig ist nach Wissen,
kann die Wahrheit nicht finden

Lassen Sie uns in diese Frage eindringen, ob es verschiedene Pfade gibt, die zur höchsten Wirklichkeit führen. Ein Pfad kann nur zu etwas Bekanntem hinführen, und das Bekannte ist nicht die Wahrheit. Wenn Sie etwas wissen, hört es auf, Wahrheit zu sein, weil es Vergangenheit ist, etwas völlig Fixiertes. Deshalb ist das Bekannte, die Vergangenheit, im Netz der Zeit gefangen. Demnach ist es nicht die Wahrheit, ist es nicht das Wirkliche. Daher kann ein Pfad, der zu etwas Bekanntem führt, Sie nicht zur Wahrheit führen, denn ein Pfad kann lediglich zu etwas Bekanntem und nicht zum Unbekannten hinführen. Sie schlagen einen Weg zu einem Haus oder einem Dorf ein, weil Sie wissen, wo dieses Haus liegt, und es gibt viele Wege zu diesem Haus und Dorf. Die Wirklichkeit ist jedoch das Unermessliche, das Unbekannte. Wenn Sie es messen könnten, wäre es nicht die Wahrheit. Und was Sie aus Büchern oder aus den Worten anderer gelernt haben, ist nicht wirklich, sondern lediglich eine Wiederholung, und das, was wiederholt wird, ist nicht mehr die Wahrheit.

Gibt es also irgendeinen Pfad zur Wahrheit? Bisher dachten wir, dass alle Wege zur Wahrheit führen. Ist das wirklich so? Führt der Pfad des Unwissenden, der Weg eines Menschen mit schlechten Absichten zur Wahrheit? Er muss alle Pfade verlassen, nicht wahr? Kann jemand, der damit beschäftigt ist, im Namen des Staates Menschen zu ermorden, zur Wahrheit finden, solange er seinen Beruf nicht aufgibt? Es führen also nicht alle Wege zur Wahrheit. Wer sich dem Wissen verschrieben hat, kann die Wahrheit nicht finden, weil es ihm um Wissen und nicht um Wahrheit geht. Wird jemand die Wahrheit finden, der die Spaltung akzeptiert? Offensichtlich nicht, denn er hat einen besonderen Weg und nicht das Ganze gewählt. Wird der Mensch der Tat zur Wirklichkeit finden? Offensichtlich nicht, aus dem einfachen Grund, weil wir nicht das Ganze finden können, wenn wir nur einem Teil nachgehen.

Das bedeutet, dass Wissen, Spaltung und Tat für sich allein nirgendwo hinführen als zu Zerstörung, Illusion und Ruhelosigkeit. Das ist auch so geschehen. Der Mensch, der um des Wissens willen nach Wissen strebt, da er meint, es würde ihn zur Wirklichkeit führen, wird ein Wissenschaftler, doch was hat die Wissenschaft der Welt gebracht? Es geht mir nicht darum, die Wissenschaft herabzusetzen. Der Wissenschaftler ist ein Mensch wie Sie und ich; er unterscheidet sich von uns nur in seinem Labor. Davon abgesehen ist er so wie Sie und ich mit seiner Beschränktheit, seinen Ängsten, seinem Nationalismus.

Es ist außerdem grotesk zu glauben, dass es einen Weg gebe, den irgendwelche »Meister« ihre »Schüler« lehren könnten, nicht wahr? Denn zur Weisheit kommt man nicht durch eine Disziplin oder einen Meister. Das Glück kann man nicht finden, wenn man nicht von der Vorstellung ablässt, dass wir, die wenigen Auserwählten, auf einem besonderen Pfad sind. Diese Vorstellung wiegt uns lediglich in einem Gefühl von Sicherheit und wertet uns auf. Die Vorstellung, dass Sie den direkten Weg besitzen und dass der unsrige ein längerer sei, ist das Ergebnis unreifen Denkens. Teilt es die Menschheit nicht in ein System von Pfaden?

Reife Menschen werden die Wahrheit finden. Der reife Mensch folgt nie dem Pfad eines »Meisters« oder dem Pfad des Wissens, der Wissenschaft, der Verehrung oder der Tat. Der Mensch, der sich auf einen bestimmten Pfad festgelegt hat, ist unreif, und ein solcher wird niemals das Ewige, das Zeitlose finden, weil der besondere Weg, auf den er sich eingelassen hat, der Zeit angehört. Durch die Zeit können Sie nie das Zeitlose finden. Durch Elend können Sie nie zum Glück gelangen. Das Elend muss abgelegt werden, wenn Glück da sein soll. Wenn Sie lieben, so kann es in dieser Liebe keine Zwietracht und keinen Konflikt geben. Inmitten der Finsternis gibt es kein Licht, und wenn Sie die Finsternis loswerden, dann haben Sie Licht. In gleicher Weise ist Liebe da, wenn es keine Besitzgier, kein Verurteilen, keinen Drang zur Selbstverwirklichung gibt.

Diejenigen von uns, die sich auf einen Pfad eingelassen haben, verfolgen damit geistige, emotionale und physische Interessen, und deshalb finden wir es so außerordentlich schwierig, zur Reife zu gelangen. Wie können wir etwas ablegen, an das wir uns fünfzig oder sechzig Jahre lang geklammert haben? Wie können Sie Ihr Haus verlassen und wieder ein Bettler werden wie damals, als Sie wirklich auf der Suche waren? Nun haben Sie sich einer Organisation verschrieben, dessen Leiter, Sekretär oder Mitglied Sie sind. Für den Suchenden ist die Suche selbst Liebe, sie selbst ist Hingabe, sie selbst ist Wissen. Wer sich einem bestimmten Weg oder einer bestimmten Tat verschrieben hat, verstrickt sich in Systeme und wird die Wahrheit nicht finden. Das Ganze kann niemals durch einen Teil gefunden werden. Durch eine kleine Ritze im Fenster können wir den Himmel, den wundervollen klaren Himmel nicht sehen. Der Mensch, der den Himmel klar zu sehen vermag, ist derjenige, der draußen im Freien ist, fern von allen Pfaden, allen Traditionen.

Es gibt keine Technik

Krishnamurti: Wir führen einen Dialog miteinander, das heißt ein Gespräch zwischen Menschen, die von bestimmten menschlichen Problemen betroffen sind und ihnen auf den Grund gehen wollen, mit Sorgfalt und Zuneigung, ohne irgendwelche Behauptungen oder Argumente. Die dialektische Methode versucht, die Wahrheit durch Meinungen ausfindig zu machen. Wir aber wollen keine dialektische Untersuchung anstellen. Vielmehr wollen wir wie zwei Freunde sein, die ihre menschlichen Probleme miteinander besprechen und hoffen, sie zu lösen und die Wahrheit zu entdecken.

Sehen Sie, ich fürchte, dass hier falsche Erwartungen herrschen, als würden wir versuchen, auf dem Wege irgendeiner Technik die Wahrheit zu finden, und das bedeutet, eine Methode zu erlernen und zu üben, die Ihnen helfen wird, zur Wahrheit zu gelangen. Wir bestreiten, dass es eine solche Technik gibt. Machen Sie sich dies ganz klar. Technik setzt voraus, dass man eine Methode erlernt. Natürlich braucht man, wenn man ein Raumschiff auf den Mars schickt – und das ist eine ganz außerordentliche Leistung – eine Menge Technologie, angehäuftes Wissen oder »Know-how«. Doch da die Wahrheit pfadlos ist, eben ein pfadloses Land, lässt sich keine Linie, keine Richtung, kein Weg dahin festlegen, den man dann einüben kann, indem man sich diszipliniert und eine Technik erlernt.

Wir bieten also keine Technik an, wir sprechen nicht von einer Methode oder einem System. Wir sind schon so mechanistisch eingestellt, dass wir meinen, wir könnten unseren Geist von allem mechanistischen Tun irgendwie lösen oder befreien, wenn wir nur eine Technik praktizieren, Worte wiederholen oder uns im Schweigen üben. Ich fürchte, dem ist nicht so. Wir sagen, dass Sie den Elan, das Interesse, die Intensität haben müssen, es selbst herauszufinden – nicht sich sagen zu lassen, wie Sie es tun sollen. Dann gehört das, was Sie entdeckt haben, Ihnen. Dann werden Sie frei sein von allen Gurus, allen Techniken, jeder Autorität. Bedenken Sie das, bitte, wenn wir über diese Dinge einen Dialog führen.

(Danach wurde vom Publikum eine Reihe von Fragen gestellt, die Krishnamurti zusammenfasste.)

K: Sie möchten einen Dialog führen über Erkenntnis, über die Beziehung zwischen Sprechen, Wort, Denken und Schweigen, und dass man die Verantwortung dafür trägt, sich in einer Beziehung kein Bild zu machen. Das sind die Fragen, die gestellt wurden. Außerdem über Verletzlichkeit und ob wir ohne eine Motivation leben können. Welche dieser Fragen sollen wir nun herausgreifen, damit wir sie ganz durchdenken, anschauen oder ihr bis zum Ende nachspüren können, ohne in andere Richtungen abzuschweifen, so dass wir einer Frage, die vielleicht alle anderen Fragen miteinschließt, auf den Grund gehen können?

Fragesteller: Erkenntnis.

K: Erkenntnis, richtig. Ich denke, das ist gut; ich hätte dieselbe Frage aufgegriffen. Was verstehen wir unter diesem Wort *Erkenntnis*? Bitte, gehen Sie behutsam, nicht vorschnell darauf ein. Was setzt die Erkenntnis einer Sache voraus? Handelt es sich um eine verbale Erkenntnis, um ein Verstehen durch eine verbale Beschreibung, oder ein Verstehen durch Zuneigung – ich habe dich gern, ich bin dein Freund, ich sage dir etwas, und deshalb verstehst du, was ich sage? Oder handelt es sich um eine Einsicht in etwas eher Komplexes und Verworrenes? Wie findet Erkenntnis statt? Findet Erkenntnis durch verbale Kommunikation statt, als eine Beschreibung? Wenn Sie und ich Englisch, Französisch oder Italienisch oder was immer sprechen, findet dann durch diese verbale Kommunikation und Schilderung eine Einsicht oder Erkenntnis statt? Oder findet Erkenntnis nicht bloß durch Worte, nicht bloß durch eine Beschreibung statt, sondern indem man über das Wort hinausgeht, und das bedeutet, dass Sie und der andere frei sind von der verbalen Struktur, auf der das Denken beruht, dass Sie es durchdringen und eine Einsicht gewinnen?

Wenn wir über ein Auto reden, so ist das sehr einfach. Ich habe es angeschaut, ich habe damit gespielt und weiß, wie es funktioniert. Ich verstehe es, ich weiß zum Beispiel, wie man auf diesen Berg hinaufkommt. Aber wir reden von einem psychischen, nicht nur von einem Allerweltsverständnis, sondern von einem Verständnis in einem viel tieferen Sinn, das Einsicht bringt. Einsicht bedeutet, dass ich in etwas hineinsehe, was dann zur Wahrheit wird. Und dahinter kann ich nie mehr zurück. Wenn ich etwas verstehe, habe ich Einsicht in etwas, und daher wird diese Einsicht jedes Missverständnis, alles Komplexe hinwegfegen. Ich bin mir im Klaren darüber.

Erkenntnis setzt also voraus, dass der Geist, das Gehirn, die gesamte geistige Struktur nicht nur auf die Worte hört, sondern über sie hinausgeht und die tiefe Bedeutung dieser besonderen Aussage erfasst. Dann ist eine Einsicht da, und dann sagen Sie: »Ich verstehe es. Ich habe es begriffen.« Einsicht setzt also einen Geist voraus, der still ist, bereit zuzuhören, über Worte hinaus zu gehen und die Wahrheit einer Sache zu beobachten.

Nehmen wir zum Beispiel an, der Redner macht eine Aussage wie: »Das Ende des Leids ist der Anfang der Weisheit.« Er spricht diesen Satz aus. Wie nehmen Sie ihn auf? Hören Sie bitte zu. Wie nehmen Sie ihn auf? Wie reagieren Sie auf ihn? Verwandeln Sie ihn in etwas Abstraktes und versuchen Sie mit dieser Abstraktion, die eine Vorstellung ist, zu verstehen, was er gesagt hat? Oder hören Sie zu – das heißt, hören Sie dem Wort zu, der Bedeutung des Wortes, und gehen Sie über das Wort hinaus und erkennen Sie das Wahre oder Falsche dieser Aussage? Nicht wie man dem Leid ein Ende setzt oder wie man zur Weisheit gelangt, sondern ob diese Aussage etwas Wahres oder Falsches vermittelt. Um beobachten zu können, was wahr oder falsch ist, muss Ihr Geist still sein, dann gewinnen Sie eine Einsicht in den Sachverhalt, und dann sagen Sie: »Himmel, wie wahr das ist.« In derselben Weise bedeutet Erkenntnis, dass man eine Einsicht in ein Problem gewonnen hat. Stimmt's? So dass Sie über alle Argumente, alle dialektischen Ansätze hinausgehen – so ist es, daran ist nicht zu rütteln.

Nehmen wir zum Beispiel an, der Redner sagt: »Es gibt keine Technik, durch die man zur Wahrheit gelangt. Die Wahrheit ist ein pfadloses Land.« Er macht dieselbe Aussage, die er schon vor fünfzig Jahren gemacht hat. Wie nehmen Sie das auf? Sagen Sie es nur. Wie nehmen Sie diese Aussage auf? Dies ist ein Dialog. Haben Sie eine Meinung dazu, indem Sie etwa sagen: »Das kann nicht wahr sein, weil jeder von einer Technik, von Methoden, von einem System spricht«, und da kommt dieser Mann daher und behauptet: »Es gibt keine Technik, es gibt keinen Weg zur Wahrheit.« Darauf erwidern Sie: »Wer hat denn jetzt

Recht – dieser Mann oder der andere?« Also argumentieren, vergleichen, urteilen Sie, oder Sie hören dieser Aussage zu, ohne zu wissen, was richtig oder falsch ist? Denn eigentlich wissen Sie es nicht, oder? Zehn Menschen oder eine Million Menschen haben gesagt: »Es gibt eine Technik«, und dann kommt einer und sagt: »Es gibt überhaupt keine Technik.« Dieser Mann ist vielleicht völlig im Unrecht!

Aber er erläutert, was er meint. Eine Technik setzt Übung voraus, Zeit, einen mechanistischen Prozess. Unser Geist ist schon mechanistisch genug, und das macht ihn noch mechanistischer. Er erklärt also all das, und Sie sagen noch immer: »Aber tausend andere haben eine Technik.« Wägen Sie diese Aussagen gegeneinander ab, und sagen Sie dann: »Nun, ich ziehe das eine dem anderen vor«? Oder nehmen Sie das, was er sagte, mit einem vollkommenen, objektiven Schweigen auf, ganz still, ohne zu wissen, was die Wahrheit ist? Und wenn Sie still, das heißt, mit gesammelter Aufmerksamkeit, zuhören, dann entdecken Sie etwas, dann gewinnen Sie eine Einsicht in das Gesagte, und dann gehört es Ihnen, nicht mir. Ich weiß nicht, ob Sie das einsehen können – nämlich wie man herausfindet, was wahr und was falsch ist, wie man das Wahre im Falschen erkennt. Ihr Geist muss also außerordentlich offen und empfindsam sein. Verstehen wir einander?

Die Wahrheit im Spiegel einer Beziehung finden

Krishnamurti: Nehmen wir einmal an, meine Frau hat gestern etwas zu mir gesagt, sie hat mit mir geschimpft und mich herumkommandiert, oder sie war zufrieden mit mir, sie hat es mir gemütlich gemacht und so weiter, und so habe ich mir in Gedanken ein Bild von ihr gemacht. Ich lebe diesem Bild entsprechend, und sie tut dasselbe, entsprechend dem Bild, das sie von mir hat. Dann frage ich mich: Warum tut das Denken so etwas? Bitte, antworten Sie nicht gleich, lassen Sie sich zwei Minuten Zeit, um der Sache nachzugehen. Das können Sie nur, wenn Sie sich keine Vorstellungen von der Sache machen, wenn Sie nicht sagen: Das verhält sich so oder so, und sich sofort auf Worte stürzen. Wir müssen also herausfinden, warum das Denken so etwas tut. Das Denken tut das, weil es im Bild Sicherheit findet. Ich fühle mich geborgen in dem Bild, das ich von meiner Frau habe. Warten Sie einen Moment, hören Sie einfach zu. Mein Land – stimmt's? – bedeutet Geborgenheit, meine Gruppe. Geborgenheit. Das Bild, das ich mir von der Gruppe, von der Nation gemacht habe, oder das Bild, das ich mir durch religiöse Indoktrinierung geschaffen habe, sei es von Christus oder den Hindu-Gottheiten. Und so bringt das Denken diese Bilder hervor, weil es darin Geborgenheit findet. Ob man diese Geborgenheit in einer Neurose, in neurotischen Ansichten oder einem schönen Bild der Phantasie findet, es ist derselbe Vorgang. Das Denken findet also Geborgenheit, es will Sicherheit. Warum?

Fragesteller: Mir scheint, dass das Denken sich selbst erhalten will, dass der Gedanke unbeständig ist und deshalb Sicherheit sucht.

K: Ja, gehen Sie nur ein Stück weiter, bleiben Sie nicht dabei stehen. Sie haben etwas gesagt, untersuchen Sie es, gehen Sie mit. Sind Sie sich dessen gewiss, was Sie eben gesagt haben? Theoretisieren Sie nicht darüber. Wenn Sie nicht von einer Tatsache reden, ist alles andere sinnlos.

F: Sicherheit, Geborgenheit, Gewissheit.

K: Und das bedeutet was? Sich einer Sache gewiss, sicher zu sein, all das bedeutet, dass man nach vollständiger, unerschütterlicher Geborgenheit strebt. Einen Moment mal. Warum? Warum strebt das Denken danach? Nehmen wir zum Beispiel den Fall meiner Frau: Ich besitze sie, sie gehört mir usw. Darin liegt eine große Gewissheit, eine große Geborgenheit. Ich habe mich mit ihr identifiziert. Sie hat meine Wünsche erfüllt. Und sie tut dasselbe mit mir; es ist eine gegenseitige, wechselseitige Ausbeutung. Tut mir Leid, dass ich ein so hässliches Wort gebrauche, aber es entspricht den Tatsachen. Ich sage mir also, das Denken sucht Geborgenheit; doch kann es Geborgenheit in einem Bild geben? Ich habe in meiner Frau oder Freundin Geborgenheit gesucht, ich habe mir ein Bild von ihr gemacht, und in diesem Bild liegt für mich Geborgenheit. Aber es ist nur ein Bild. Verstehen Sie? Es ist ein Wort, eine Erinnerung, etwas ungemein Zerbrechliches, und doch halte ich daran fest.

F: Ich bin mir dessen bewusst, dass die Zeit vergeht, und ich fürchte, dass sie ein Ende nehmen wird, daher suche ich Dauer in den Bildern, die ich mir schaffe.

K: In allem suchen wir Dauer. Ich frage also, warum strebt das Denken danach? Untersuchen Sie das. Ich suche Geborgenheit in dem überlieferten Symbol, im Kreuz. Das Kreuz, die ganze Struktur und alles, was dahinter liegt, Rituale, Dogmen, all das, darin finde ich Geborgenheit – warum? Von der Logik her weiß ich, wenn ich mir logisch dessen überhaupt bewusst bin, dass es ein Produkt des Denkens ist. Und trotzdem klammert sich das Denken daran – warum?

F: Aus Konditionierung.

K: Ist das ein Teil Ihrer Konditionierung? Gehört es zu unserer Konditionierung von Kind auf, an ein Symbol zu glauben – Rama, Krishna oder Christus. Warum? Das Denken findet Geborgenheit darin, aber wenn ich dies denkend untersuche, dann sage ich, mein Gott, dort gibt es ja gar keine Geborgenheit, das ist nur eine Idee, die das Denken sich gemacht hat. Wenn das Denken sich also an ein Bild klammert, liegt darin der Kern des Neurotischen. Ich weiß, dass das eine Gefahr ist, und trotzdem klammere ich mich daran. Begreifen Sie, wie absurd das ist?

F: Ja.

K: Nein, warten Sie einen Augenblick, begreifen Sie wirklich, wie absurd das ist?

F: Ja.

K: Dann nimmt das ein Ende. Dann schaffen Sie keine Bilder mehr. Aber warten Sie. Wenn meine Frau mich einen Dummkopf nennt, höre ich ihr dann zu, ohne mir ein Bild zu machen? Oder verhalte ich mich gemäß der alten Tradition, Gewohnheit, Konditionierung, der Reaktion des Bildermachens? Können Sie mir folgen? Sie nennt mich einen Dummkopf, aber es findet kein Bildermachen statt. Ist das möglich? Oder wenn sie mir schmeichelt, was dasselbe ist, die Kehrseite der Medaille. Sollen wir das untersuchen? Also, meine Frau nennt mich einen Dummkopf, weil ich etwas gesagt oder getan habe, das ihr nicht passt. Das Denken ist konditioniert, und daher ist die unmittelbare Reaktion ein Bild. Ich bin kein Dummkopf. Hier ist ein Bild. Kann ich ihr nun zuhören – bitte, stellen Sie das fest – bin ich imstande, ihr zuzuhören ohne diese Reaktion? Was nicht bedeutet, mit Gleichgültigkeit. Kann ich ihr zuhören, wenn sie sagt: »Liebling, du bist großartig« – was nur ein anderes Bild ist? Kann ich ihr genauso zuhören, wenn sie mich einen Dummkopf oder wenn sie mich großartig nennt, ohne das zu speichern, ohne es zu registrieren? Verstehen Sie meine Frage? Es ist sehr wichtig; machen Sie sich das ein wenig klar. Der Mechanismus des Gehirns will registrieren. Stimmt's? Das Gehirn registriert. Und es ist so konditioniert, dass es das Wort *Dummkopf* sofort registriert. Oder wenn meine Frau sagt, was für ein großartiger Mensch ich bin, dann registriert es *großartig*. Ist es möglich, dass es kein Registrieren gibt, wenn sie mich einen Dummkopf oder wenn sie mich großartig nennt? Was nicht bedeutet, dass ich gleichgültig, hart und gefühllos werde. Ich kann nur dies tun – bitte, hören Sie zu –, ich kann nur nicht-registrieren, und das ist nur möglich, wenn ich mich mit meiner gan-

52

zen Aufmerksamkeit dem zuwende, was sie sagt. Ob sie mich einen Dummkopf oder großartig nennt, wenn ich vollkommen aufmerksam bin, findet kein Registrieren statt.

Tun Sie das, bitte, während Sie jetzt hier sitzen, tun Sie es jetzt. Das heißt, Sie haben ein Bild von Ihrer Frau oder Ihrer Freundin oder Ihrem Freund – meine Güte, dieser Junge und dieses Mädchen, dieser Mann und diese Frau, wie langweilig! Wir machen so weiter, bis wir sterben, wie albern das ist. Ich stelle fest, dass es dem Denkprozess entspricht, sich Bilder zu machen. Das Denken erzeugt das Bild, und daher ist darin ein Konflikt. Ich erkenne die ungeheure Gefahr von Konflikten, ob zwischen Indien und Pakistan oder Russland und Amerika. Die Gefahr ist ungeheuer groß, weil Menschen einander töten. Daher frage ich, kann dieses Bildermachen aufhören? Es kann. Warum ruft das Denken diese Bilder hervor? Weil es Geborgenheit, Sicherheit darin findet – und doch weiß das Denken, wie absurd das ist. Und wenn das Denken sich an etwas Irrationales klammert, ist es neurotisch.

Menschen haben in ihrem Inneren Bilder
als Schutzwall errichtet

Wir untersuchen gemeinsam das Problem der Beziehung. Der Mensch kann ohne Beziehung nicht existieren. Das Leben ist Beziehung und Handeln. Beides gehört grundsätzlich zum Menschen. Worin bestehen unsere gegenwärtigen Beziehungen zueinander? Was ist Ihre Beziehung zu Ihrer Ehefrau? Zu Ihrem Mann? Was für eine Beziehung haben Sie zu Ihrem buddhistischen, hinduistischen oder christlichen Priester? Worin besteht Ihre Beziehung?

Wenn Sie es genau prüfen, beruht Ihre Beziehung auf Bildern – das Bild, das Sie sich von Gott, von Buddha, von Ihrer Frau aufgebaut haben, und das Bild, das Ihre Frau sich von Ihnen aufgebaut hat. Das ist eine Tatsache, nicht wahr? Bilder in einer Ehe, in der intimsten Beziehung, kommen täglich vor. Der Mann macht sich ein Bild von seiner Frau, und die Frau macht sich ein Bild von ihrem Mann, und die Beziehung findet zwischen diesen beiden Bildern statt. Würden Sie dem zustimmen?

Diese Bilder werden durch den täglichen Kontakt, durch Sex, Irritationen, Bequemlichkeit und dergleichen aufgebaut. Jeder macht sich sein eigenes Bild von einem anderen und hat zusätzlich ein Bild von sich selbst. Er hat außerdem ein Bild von Gott, seiner religiösen Gottheit, denn wenn Sie ein Bild schaffen, ist in diesem Bild Geborgenheit, und sei sie noch so verkehrt, noch so unwirklich, noch so wahnhaft. In dem Bild, das der Geist geschaffen hat, liegt Sicherheit. Wenn Sie sich ein Bild von Ihrer Frau machen oder Ihre Frau sich ein Bild von Ihnen macht, so ist das Bild nicht die Wirklichkeit. Aber es ist viel schwerer, mit der Wirklichkeit, und viel einfacher, mit einem Bild zu leben.

Die Beziehung besteht also zwischen Bildern, und daher gibt es überhaupt keine Beziehung. Ich hoffe, Sie können all dem folgen. Es ist eine Tatsache. Der Christ verehrt ein Bild. Dieses Bild wurde über Jahrhunderte von Priestern, von dem Anbetenden geschaffen, der sagt: »Ich brauche Trost, Geborgenheit, jemanden, der sich meiner annimmt. Ich bin durcheinander, verwirrt, unsicher, und in diesem Bild finde ich Geborgenheit.« Wir sind Verehrer von Bildern geworden, nicht Verehrer der Wahrheit, nicht Verehrer des rechten Lebens, sondern Verehrer von Bildern, dem Bild einer Nation mit ihrer Flagge, dem Bild, das man sich vom Wissenschaftler, von der Regierung und so weiter gemacht hat. Dieses Bildermachen ist eine Schwäche des Menschen. Ist es möglich, kein Bild von irgendetwas zu haben, sondern nur mit Tatsachen zu leben, wobei eine Tatsache das ist, was tatsächlich geschieht? Kommen wir hier zusammen?

Warum schafft der Geist ein Bild? Das Leben ist kein Bild. Das Leben ist Kampf, leider. Das Leben ist ständiger Konflikt. Ein Konflikt ist kein Bild. Er ist eine Tatsache, das, was geschieht. Warum schafft der Geist also Bilder? Unter »Bild« versteht der Redner ein Symbol, einen Begriff, eine Schlussfolgerung, ein Ideal. Das alles sind Bilder – das heißt, das, was ich sein sollte. Ich bin es nicht, aber ich wäre es gern. Das ist ein vom Geist in die Zeit, in die Zukunft projiziertes Bild. Daher ist es unwirklich. Das Wirkliche ist das, was sich jetzt tatsächlich in Ihrem Geist abspielt. Können wir von hier aus weitergehen?

Wir fragen also, warum erzeugt der Geist ein Bild? Geschieht es deshalb, weil in dem Bild Geborgenheit liegt? Wenn ich eine Ehefrau habe, mache ich mir ein Bild von ihr. Das Wort *Ehefrau* ist an sich schon ein Bild. Meine Ehefrau ist jedoch etwas Lebendiges, ein sich wandelndes, vitales menschliches Wesen. Um sie zu verstehen, bedarf es viel mehr Aufmerksamkeit, viel mehr Energie, doch ich denke, dass ich viel leichter mit ihr zurecht komme, wenn ich ein Bild von ihr habe und mit diesem Bild lebe.

Zunächst einmal, haben Sie nicht auch ein Bild von sich selbst? Dass Sie ein großer Mann oder kein großer Mann sind, dass Sie dies oder jenes und dergleichen mehr sind? Wenn Sie mit Bildern leben, dann leben Sie mit Illusionen, nicht mit der Wirklichkeit. Nun, was ist das für ein Mechanismus, wenn man sich Bilder macht? Alle organisierten, anerkannten, angesehenen Religionen haben immer irgendeine Art von Bild gehabt. Und die Menschheit hat mit Hilfe der Priester immer das Symbol, die Idee, den Begriff und dergleichen angebetet. In dieser Anbetung findet der Mensch Trost, Sicherheit, Geborgenheit. Aber das Bild ist eine Projektion des Denkens. Und wenn man das Wesen und die Entstehung von Bildern verstehen will, muss man den ganzen Prozess des Denkens verstehen. Können wir tiefer in diesen Gedanken eindringen? Werden Sie mich begleiten? Schön!

Was ist also das Denken? Es ist das, was Sie den ganzen Tag über tun. Ihre Städte sind auf dem Denken errichtet; Ihre Waffen beruhen auf dem Denken. Die Politiker haben ihren Stand im Denken, Ihre religiösen Leitfiguren, alles in der Welt gründet im Denken. Die Dichter mögen wunderschöne Verse schreiben, aber der Denkprozess geht weiter. Daher muss man fragen, wenn man es ernst meint und gewillt ist, sich auf die Frage einzulassen: Was ist das Denken? Sie denken in diesem Augenblick.

Wir sagten vorhin, dass der Mensch die Angewohnheit hat, sich Bilder zu machen, insbesondere in der Welt des Religiösen, und er hat auch Bilder von sich selbst, und wir fragen nun, warum macht der Geist, Ihr Geist, sich Bilder? Geschieht das, weil in Bildern Geborgenheit ist, und wenn diese Bilder noch so falsch sind und jeglicher Realität entbehren? Der Mensch sucht offensichtlich Geborgenheit in einer Illusion. Wenn man daher das Bildermachen, das allen Menschen gemeinsam ist, verstehen will, muss man das Wesen des Denkens und der Gedanken untersuchen. Alles Denken. Das Denken hat nicht die Natur erschaffen. Den Tiger, den Fluss, die herrlichen Bäume, den Wald und die Berge, die Schatten, die Täler und die Schönheit der Erde, dies alles hat der Mensch nicht geschaffen. Der Mensch hat durch das Denken die zerstörerische Maschinerie des Krieges und gleichermaßen den großen Fortschritt der Medizin, Chirurgie, Telekommunikation und so fort geschaffen. Das Denken ist für sehr viel Gutes verantwortlich und für sehr viel Schlechtes. Das ist eine Tatsache. Und wer es ernst meint, will erforschen, ob das Denken jemals in der Lage ist, an irgendeines der Probleme, die wir haben, heranzukommen? Ist es Ihnen also ernst genug damit, dass Sie herausfinden wollen, was das Denken ist?

Das Denken ist die Reaktion des im Gehirn als Wissen gespeicherten Gedächtnisses. Wissen kommt aus der Erfahrung. Die Menschheit hat Tausende von Erfahrungen gemacht, aus denen sie eine Menge Wissen angehäuft hat, von dem einiges faktisch und einiges illusorisch oder neurotisch ist. Und wenn Ihnen eine Frage gestellt wird, dann antwortet das Gedächtnis als Gedanke. Das ist eine Tatsache. Wir haben diese Angelegenheit mit vielen Wissenschaftlern erörtert. Manche stimmen zu, andere nicht. Aber Sie können das selbst herausfinden: nämlich dass Sie eine Erfahrung machen, dass diese Erfahrung als Wissen im Gedächtnis gespeichert wird und dass das erinnerte Wissen Gedanken projiziert. Ist das klar? Bitte, stimmen Sie mir nicht einfach zu. Prüfen Sie es selbst. Schauen Sie in sich hinein. Wenn Sie keine Erfahrung, kein Wissen, kein Gedächtnis haben, können Sie nicht denken. Es gibt also im Gedächtnis gespeichertes Wissen, das aus der Erfahrung kommt, und es gibt die Reaktion dieses Gedächtnisses, das das Denken ausmacht, auf eine Herausforderung – und aus diesem Denken leben wir.

Doch Wissen ist immer begrenzt. Es gibt kein vollständiges Wissen über irgendetwas. Das ist eine Tatsache. Das Denken ist also immer begrenzt, und sei es noch so schön – denn das Denken kann eine Kathedrale erschaffen, eine wunderbare Statue, ein herrliches Gedicht, ein großes Epos und so fort. Doch das aus dem Wissen stammende Denken muss immer begrenzt sein, weil das Wissen stets unvollständig ist, stets im Schatten des Nichtwissens steht. So hat das Denken diese Bilder geschaffen, das Denken hat das Bild zwischen Ihnen und Ihrer Ehefrau geschaffen, das Denken hat die Idee der Nationalität mit ihrer Technologie erschaffen, die unsere Welt zerstört, und so fort.

Nun stellen wir die Frage: Ist das tägliche Leben möglich ohne ein einziges Bild? Das Denken muss funktionieren, damit Sie von hier nach Hause gehen können. Sie müssen wissen, wo Sie zu Hause sind, welcher Straße Sie folgen müssen und so fort. Dieses Wissen muss es geben, sonst würden Sie völlig in die Irre gehen. Wissen ist nötig, um eine Sprache zu sprechen, damit der Redner Englisch sprechen kann, und so fort. Aber ist es notwendig, überhaupt ein Bild zu erschaffen? Verstehen Sie meine Frage? Können wir ohne ein einziges Bild leben? Das heißt, ohne irgendeinen Glauben – was nicht bedeutet, dass man ein chaotisches Leben führt, sondern ohne einen Glauben, ohne ein Ideal, ohne einen Begriff, denn das sind alles Projektionen des Denkens und daher begrenzt? Daraus ergibt sich die Frage: Was ist Handeln? Denn ein auf dem Denken beruhendes Handeln ist immer unvollständig. Daher ist zu fragen: Gibt es ein Handeln, das unter allen Umständen richtig ist? Denn dies ist eine sehr ernsthafte Angelegenheit.

Die Last dieser Bilder beherrscht das Denken, die Beziehungen und das tägliche Leben

Krishnamurti: Vor allem sehe ich, dass der Geist träge ist und sich gern im alten Trott bewegt – der alte Trott, das sind Glaubenssätze, Meinungen, Schlussfolgerungen. Sagen wir mal, ich hätte mit verschiedenen Leuten gesprochen, die sich über jemanden eine Meinung gebildet haben, die nicht zu erschüttern ist. Man weist sie auf die Fakten, die Logik, die Wahrheit hin, aber es nützt alles nichts, denn für sie ist ihre Meinung die richtige. Sind Sie solchen Leuten nicht Ihr ganzes Leben lang begegnet? Christus existiert, basta; Marx hat Recht, basta; die Worte des Vorsitzenden Mao sind wunderbar, basta. Warum tut der Geist so etwas? Weil er in den Worten Maos, in Marx, in Jesus vollkommene Geborgenheit findet, und das heißt, vollkommene Trägheit – er muss nicht mehr denken. Er fürchtet sich davor, etwas anderes zu lernen, denn etwas anderes zu lernen heißt, das, »was ist«, Ihre Schlussfolgerung, Ihr Bild zu erschüttern. Ich sehe also, dass der Verstand gern in Geborgenheit, in Abstraktionen lebt, die dann wichtiger sind als die Tatsache. Ich habe mir über Sie eine Meinung gebildet, ob richtig oder falsch, und diese Meinung ist eine Schlussfolgerung. Um diese zu ändern und zu sagen: »Weiß Gott, ich habe mich geirrt, du bist ja ganz anders«, ist etwas Nachdenken, etwas Energie erforderlich – ich möchte nämlich nicht im Unrecht sein, es wäre mir lieber, dass Sie Unrecht haben.

Der Verstand sagt also: »Ich möchte Geborgenheit, und meine Geborgenheit liegt in einem Glauben, einer Schlussfolgerung, und Sie sollen mir diese nicht erschüttern.« Stimmt's? Wenn der Verstand also einen Glauben gefunden hat, und wenn er sich einbildet, dass er Geborgenheit gefunden hat und deshalb träge wird, dann will er nicht erschüttert werden. Beobachten Sie einmal Ihren Geist, nicht den meinigen – ich habe dieses Durcheinander nicht mitgemacht.

Fragesteller: Mir scheint, wenn jemand etwas beobachtet – sagen wir, einen Berg in seiner ganzen Pracht –, dann erhält man einen Eindruck. Worin besteht dieser? Er hinterlässt nicht unbedingt ein Bild.

K: Natürlich, einen Eindruck. Ich habe einen Eindruck von den Bergen, ich habe einen Eindruck von Ihnen – ich kenne Sie nicht, ich habe einen Eindruck, ein verschwommenes Gefühl. Sie haben mich beeindruckt, Sie haben einen angenehmen oder unangenehmen Eindruck auf mich gemacht. Wenn ich Ihnen das nächste Mal begegne, wird dieser Eindruck verstärkt, und ich sage: »Weiß Gott, das ist ein netter Kerl« oder kein netter Kerl, und von da an, beim dritten Mal, steht das Bild fest. Schauen Sie es bitte an – der Verstand möchte lieber in einer Abstraktion verharren, wo er Geborgenheit zu finden glaubt, und selbst wenn das sehr beunruhigend ist, so ist das die einzige Sicherheit, die er hat.

Der Verstand braucht also Sicherheit. Und deshalb ist das Bild das Wichtigste. Ich bin zu dem Schluss gekommen, dass es kein Leben nach dem Tod gibt oder dass es doch ein Leben nach dem Tod gibt, was mich ungemein tröstet, also reden Sie nicht mehr davon. Ich lebe in diesem Glauben. Er gibt mir eine ungemeine Sicherheit – ob dieser Glaube nun neurotisch, wahr oder illusorisch ist, spielt keine Rolle. Ich habe also entdeckt, dass ein Bild von Ihnen, von irgendetwas, dem Geist, dem Verstand Sicherheit gibt, und daher klammert er sich daran. Und das ist bei Ihnen allen das Problem.

F: Müssen wir nicht herausfinden, ob es so etwas gibt wie Sicherheit, oder ist das nur ein weiterer Begriff?

K: Dazu komme ich gleich. Wie ich schon sagte, der Verstand braucht Sicherheit, sonst können Sie nicht richtig funktionieren. Wie ein Kind, das vollkommene Geborgenheit hat, glücklich ist und schneller lernt. Und wenn die Familie kaputt ist, wenn Vater und Mutter streiten, fühlt das arme Kind sich verloren, es wird neurotisch und gewalttätig, beginnt herumzuknallen und Menschen zu töten. Wir haben das alles schon erlebt. Finden Sie also Geborgenheit in einem Bild? Untersuchen Sie es, machen Sie es sich bewusst, reden Sie nicht von einem guten Bild oder einem schlechten Bild – haben Sie Bilder, Schlussfolgerungen, die Ihnen Geborgenheit geben, ja?

F: Geborgenheit für eine gewisse Zeit. Oder man hat ein Bild, wenn man von einem geliebten Menschen getrennt ist.

K: Ja, Geborgenheit für eine gewisse Zeit, wenn man von einem geliebten Menschen getrennt ist – wenn Sie jemanden in Amerika lieben und Sie sind hier und empfinden die Trennung, und daher machen Sie sich ein Bild von ihm, und eine Zeit lang schenkt dieses Bild Ihnen Trost. Aber vielleicht läuft mein Geliebter in Amerika einem anderen Mädchen nach!

F: Die ganze Wissenschaft beruht doch auf Bildern, und das ist nur natürlich.

K: Belassen wir es beim Einfachen, es ist so schon komplex genug. Haben Sie ein Bild, an dem Ihr Verstand, Ihr Geist, Ihre Gefühle ein eigennütziges Interesse haben, und klammern Sie sich daher daran und lassen es nicht los? Und aus diesem Grund ist Ihr Geist träge. Dann sagen Sie sich: »Wie soll ich aufhören, mir Bilder zu machen? Wie soll ich zu irgendeiner Zeit keine Schlüsse ziehen, sondern immer einen Geist haben, der völlig frei ist, so dass er allen Dingen frisch begegnen kann – dem Baum, Ihnen, allen Dingen ganz neu, auf frische Weise, frei?« Ich habe gesehen, wie die Maschinerie des Denkens Bilder errichtet. Haben Sie es gesehen? Haben Sie es wirklich gesehen? Haben Sie es beobachtet, haben Sie eine Einsicht in den Prozess des Bildermachens gehabt? Wenn Sie eine Einsicht haben, dann werden Sie sich überhaupt kein Bild mehr machen, denn diese Einsicht ist Sicherheit. Begreifen Sie das?

F: Ist es das Gedächtnis, das einen das Bild bewusst werden lässt?

K: Nein. Von unserer ersten Begegnung an habe ich einen angenehmen oder unangenehmen Eindruck von Ihnen. Das kann ein sehr schwacher Eindruck sein, wie eine leichte Fußspur im Sand, aber wenn ich Sie das nächste Mal treffe, hat diese Fußspur etwas mehr Kontur angenommen. Und beim dritten Mal ist sie klar umrissen. Nun ist dieser Eindruck durch meinen Kontakt mit Ihnen stärker geworden, aber wenn ich keinen Eindruck gehabt hätte, müsste ich Sie jedes Mal neu anschauen, Sie beobachten, Ihnen zuhören, Sie jedes Mal neu spüren – und das ist viel mühsamer, als einfach zu sagen: »Ich habe ein Bild von Ihnen, so sind Sie – fertig.« Und wenn ich dieses Bild gefestigt habe, gibt es mir Sicherheit, und ich will nichts Neues über Sie erfahren.

Haben Sie so weit verstanden? Verstanden – das heißt, sind Sie zu einer Einsicht gekommen und haben daher Ihre Trägheit und Ihr Bild fallen gelassen? Haben Sie das getan? Wenn nicht, warum nicht, was ist los? Sie haben Geld und Energie investiert, um hierher zu kommen und in diesem heißen Zelt zu sitzen, Sie werden es heute verlassen, und Ihre Bilder sind immer noch intakt. Was hat das für einen Sinn? Warum machen Sie so weiter, wenn Sie die Dummheit einsehen, den Mangel an Sicherheit in den Dingen, auf die Sie Ihr Vertrauen gesetzt haben? Sehen Sie, wenn Sie Aktien besitzen und Sie erkennen eine Gefahr an der Börse, werden Sie dann nicht verkaufen? Kaufen Sie dann nicht etwas, das viel sicherer ist? Tun Sie doch hier dasselbe – obgleich dies nicht die Börse ist!

F: Wenn ich meinen Glauben, meine Bilder jetzt, da ich Einsicht in sie gewonnen habe, fallen lasse, bleibt mir nichts übrig. Und ich habe Angst davor, mit leeren Händen dazustehen.

K: Aha, wenn ich meine Bilder, meine Rückschlüsse, meine Trägheit fallen lasse, bleibt mir nichts übrig, und das erschreckt mich. Warum lassen Sie sie fallen? Weil Ihnen jemand sagt, dass Sie es tun sollen? Oder lassen Sie sie fallen, weil Sie eine Einsicht gewonnen haben, weil Sie zu einer Erkenntnis gekommen sind und daher Ihre Erkenntnis Ihre Sicherheit ist? Dann gibt es keine Angst. Wenn Sie einmal den Schlüssel zur Beobachtung haben, nämlich Einsicht, das heißt die Fähigkeit, mit Intelligenz hinzuschauen und zu verstehen, dann ist diese Intelligenz Ihre Sicherheit. Aber weil Sie träge sind, haben Sie ihn nicht.
Beobachten bedeutet also, nicht zu abstrahieren. Es gibt nur die Beobachtung, nicht den Beobachter, der eine Abstraktion ist. Der Beobachter ist eine Abstraktion, eine Idee, eine Schlussfolgerung, die Vergangenheit. Und durch die Augen der Vergangenheit betrachten Sie die Bäume, die Berge, Ihre Frau, Ihre Kinder und alles Übrige. Und das gehört zu Ihrer Trägheit. Das einzusehen, diese Einsicht zu haben, diese bemerkenswerte Struktur der Illusion, die eine Abstraktion ist, wahrzunehmen – diese Beobachtung selbst ist vollkommene Sicherheit. Haben Sie diese?
Können Sie also heute Morgen dieses Zelt frei von allen Bildern verlassen, nur mit diesem Licht der Erkenntnis? Sind Sie dazu in der Lage?

In einer Frage wurde darauf hingewiesen, dass die Berge und Bäume, die Flüsse und grünen Wiesen sich vom Menschen und der Masse von Menschen unterscheiden. Worin besteht also meine Beziehung zur Masse? Was ist meine Beziehung zu dieser gesamten, wimmelnden Menschheit mit all ihrem Elend und allem Übrigen? Hindert meine Trägheit mich daran, meine Beziehung zu ihr festzustellen? Ist es meine Gleichgültigkeit? Oder habe ich, wenn ich diese Frage stelle, meine Energie aktiviert, um es herauszufinden? Schauen Sie nicht mich an; was sagen Sie? Die Dame sagt, dass es leicht ist, von Hügeln, Bäumen, Bergen und Blumen zu reden, aber wenn es um menschliche Beziehungen geht, ob mit einem oder mit vielen Menschen, wird das Leben sehr schwierig. Es ist schwierig, wie wir schon sagten, weil wir zu nichts eine Beziehung haben – wir haben nur in der Abstraktion eine Beziehung. Und daher leben wir in Abstraktionen – die Masse, das »Ich«, die Schlussfolgerung, das Bild – wir leben in Abstraktionen. Begreifen Sie, was das bedeutet? Dass wir überhaupt nicht leben – außer in Bildern, in Schlussfolgerungen, die keinen Wert haben!

F: Wie können wir all das loswerden?

K: Ich habe es Ihnen gezeigt. Sehen Sie, lassen Sie es uns ganz einfach halten. Wenn Sie eine physische Gefahr sehen, reagieren Sie darauf, nicht wahr? Warum? Wenn Sie eine Gefahr sehen, reagieren Sie sofort, weil Sie auf Gefahr konditioniert sind, ob es sich um ein wildes Tier handelt, einen Autobus, der Sie überfahren, oder einen Menschen, der Sie schlagen will, Sie reagieren sofort. Das heißt, Sie reagieren im Augenblick entsprechend Ihrer Konditionierung. Und Sie sind jetzt psychisch, mental, intellektuell in den Gehirnzellen konditioniert, Sie sind konditioniert, in Spekulationen, Begriffen und Formeln zu leben – darauf sind Sie konditioniert, und Sie sehen die Gefahr nicht, die darin liegt. Wenn Sie die Gefahr sähen, so wie Sie die Gefahr eines wilden Tieres sehen, würden Sie das Bild sofort fallen lassen. Sie sagen also: »Ich sehe keine Gefahr, und daher kann ich es nicht fallen lassen. Wie wollen Sie mir helfen, damit ich die Gefahr sehe?« Ist das Ihre Arbeit oder ist es meine? Ich mache die Arbeit, und Sie hören bloß zu. Sie arbeiten nicht.

Sie wollen, dass ich Ihnen sage, wie man diese Bilder zerschlägt. Das heißt, Sie setzen Ihre Energie nicht ein, um es selbst herauszufinden.

Das bedeutet, dass Sie träge sind und möchten, dass man es Ihnen sagt. Dann können Sie sagen: »Nun, ich stimme zu oder ich stimme nicht zu, es ist nicht praktikabel.« Sie spielen also damit. Doch wenn Sie sagen: »Schauen Sie, ich möchte es herausfinden«, weil Sie die Wahrheit darin sehen – dass Sie nicht mit Bildern leben können, weil sie destruktiv und gefährlich sind –, dann ist das etwas anderes. Und um das einzusehen, müssen Sie Energie aufbringen, Sie müssen daran arbeiten. Es ist nicht etwas, das ein anderer Ihnen sagen kann. Ich habe es Ihnen gesagt, aber Sie stecken Ihre Kraft nicht hinein.

Daher ist ein Geist, ein Verstand, der alt und konditioniert ist und immer in der Vergangenheit lebt oder die Zukunft aus der Vergangenheit projiziert, nicht in der Lage, etwas Lebendigem gegenüberzutreten, denn das heißt, dass man etwas umsetzen, sich bewegen und beobachten muss. Und daher sagt der Geist: »Bitte schön, ich bin träge, aber nein, ich möchte mit meinen Bildern leben, ich möchte es bequem haben.« Das ist alles, was Sie sich wünschen. Aber wenn Sie die Wahrheit entdecken wollen, müssen Sie ungeheuer lebendig sein, ohne Sicherheiten mit Ausnahme der Sicherheit der Intelligenz, die durch Einsicht kommt. Dann können Sie auch ein erstklassiger Techniker sein, weil Sie kein Bild projizieren, wenn Sie Ihre technische Arbeit machen. Und dann haben Sie auch eine prächtige Beziehung zu allen anderen.

Freiheit von der Sklaverei der Vergangenheit

Worin liegt vor allem der Sinn dieser Vorträge? Entweder Sie sehen in dem Redner eine Autorität, von der Sie etwas lernen wollen, was keineswegs, zu keiner Zeit und in keiner Hinsicht seine Absicht ist. Oder wir kommen zusammen, um uns freundschaftlich über etwas zu unterhalten, wobei wir unser Inneres öffnen, denn das ist eine Gelegenheit, etwas aufzudecken, zu entdecken und darüber hinauszugehen. Das ist die Intention dieser Vorträge, aber es ist nicht so, dass der Redner irgendwelche Vorschriften macht, ein Dogma aufstellt, eine Autorität, einen Glauben, einen Weg. Indem wir miteinander reden, hören wir vielmehr uns selbst zu statt einem anderen. Und wenn wir uns selbst zuhören, entdecken wir unendlich viel, eine große Tiefe hinter all unseren Worten und deren Bedeutungen. Das ist zumindest die Absicht.

Wenn wir diese Diskussionen lediglich als einen intellektuellen, verbalen Meinungsstreit betrachten, dann werden sie, so fürchte ich, sehr wenig Wert haben. Angesichts des Elends, der Verwirrung in unserem Inneren und in der Welt, des ständigen Kampfes zwischen den Menschen, geht es uns darum, ob es eine völlig andere Lebensweise geben könne, nicht nur in bestimmten wirtschaftlichen und sozialen Bereichen. Ist es möglich, in allen Bereichen ein gänzlich anderes Leben zu führen? Deshalb kommen wir zusammen. Lernen heißt zuhören, nicht nur dem Redner, sondern dem Fluss in der Nähe. Zuhören, während wir sprechen, den Rufen des Jungen dort zuhören, auf Ihre eigenen Gedanken, Ihre Gefühle hören, so dass Sie vollkommen vertraut mit ihnen werden. Vertraut werden heißt verstehen, und um zu verstehen, muss man bereit sein zuzuhören, nicht nur Ihren Meinungen, denn Sie wissen sehr gut, was Ihre Meinungen sind. Ihre Meinungen sind Ihre Vorurteile, Ihre Vergnügungen, die Umstände, unter denen Sie aufgewachsen sind. Man muss nach Möglichkeit auch auf alle Wirkungen äußerer Einflüsse und die eigene Reaktion darauf hören; und durch dieses Hören, dieses Sehen kommt man dazu, etwas zu lernen. Das ist auch der Zweck dieser Diskussionen.

Es wurde die Frage gestellt, ob es möglich sei, den ganzen Tag über zu meditieren, aus der Meditation keine schlampige Angelegenheit von zehn Minuten oder ein, zwei Stunden zu machen, sondern sie den ganzen Tag durchzuhalten und mittels dieser Meditation das Wesen des Sterbens zu verstehen und was es heißt, neu zu leben.

Außerdem wurde die Frage gestellt, ob es möglich sei, all diesen unbewussten oder bewussten Träumen, Trieben und Zwängen ein Ende zu setzen. Beschränken wir uns vorläufig auf diese Fragen. Und indem wir darüber sprechen, diskutieren und meditieren, können wir vielleicht den Weg des Sterbens in alles einbeziehen, so dass der Geist erneuert wird, und außerdem die zwanghaften Triebe verstehen, die wir Menschen haben.

Dieses Wort *Meditation* muss sehr vorsichtig, mit großem Zögern ausgesprochen werden. Denn in der westlichen Welt – und es ist sehr bedauerlich, dass wir die Welt in West und Ost aufgespalten haben – bedeutet *Meditation* sehr wenig. Dem Westen ist das Wort *Kontemplation* geläufiger. Ich meine, dass Kontemplation und Meditation zwei verschiedene Dinge sind. Im Osten ist Meditation etwas, das man tagtäglich praktiziert, nach einer bestimmten Methode, einem Muster, das von einer Autorität des Altertums oder der Moderne vorgegeben wurde, und indem man diesem Muster folgt, lernt man das Denken zu besiegen, zu kontrollieren und darüber hinauszugehen. Das ist die Bedeutung, die diesem Wort im Allgemeinen zukommt. Dem Westen ist diese Bedeutung nicht so vertraut.

Lassen wir daher für diesen Augenblick Ost und West beiseite und versuchen wir zu erfahren, nicht, wie man meditiert, sondern von welcher Qualität ein Geist ist, der wach, bewusst und stark ist, der kein Trauma hat, der weder etwas verdrängt noch sich gehen lässt, der sich nicht ständig oder irgendwann kontrolliert, der frei ist und daher nie im Schatten des Gestern lebt. Das wollen wir jetzt bedenken. Wir müssen das von Anfang an verstehen, weil der erste Schritt viel mehr zählt als der letzte. Freiheit steht nicht am Ende, sondern am Anfang, und das zu verstehen ist sehr schwierig. Ohne Freiheit gibt es keine Bewegung außer in einem äußerst beschränkten Bereich, und diese Beschränkung beruht auf dem Bild oder der Idee des organisierten Vergnügens. Ich mache Ihnen keine Vorschriften und sage Ihnen nicht, was Sie tun oder lassen sollen, ob Sie zustimmen oder nicht zustimmen sollen, aber wir müssen die Idee, das Prinzip, das Bild erkennen, von dem alles Denken ausgeht, dem alle unsere Reaktionen entspringen. Wenn wir das nicht verstehen, können wir unmöglich die Freiheit gewinnen, über die gegenwärtige Begrenztheit des Geistes oder der Gesellschaft oder der Kultur, in der wir aufgewachsen sind, weit hinauszugehen. Daher darf ich den Vorschlag machen, dass Sie, wenn Sie zuhören, eine doppelte Aufgabe erfüllen, nämlich dass Sie nicht nur dem Redner zuhören, sondern dass Sie auch sich selbst zuhören.

Wir alle möchten Erfahrungen machen, die mehr in die Breite und in die Tiefe gehen, Erfahrungen, die intensiver, lebendiger sind und sich nicht wiederholen. Und so suchen wir sie in Drogen, in der Meditation, in Visionen, durch Sensibilisierung. Drogen können einem vorläufig zu einer außergewöhnlichen Feinfühligkeit verhelfen. Der ganze Organismus erlebt eine Steigerung. Die Nerven, der ganze Mensch fühlt sich befreit von der Kleinlichkeit des Alltags, und das führt zu einer großen Intensität. In diesem Zustand der Intensität kann es geschehen, dass es keinen Erfahrenden und keine Erfahrung mehr gibt, sondern nur die Sache selbst. Wenn man eine Blume betrachtet, gibt es nur die Blume. Es gibt keinen Betrachter, der die Blume betrachtet. Die verschiedenen Arten von Drogen verleihen dem Körper, dem ganzen Organismus und daher dem Gehirn eine außergewöhnliche Feinfühligkeit. Wenn Sie ein Dichter, wenn Sie ein Künstler sind, wenn Sie dies oder jenes sind, werden Sie in diesem Zustand eine Ihrem Temperament entsprechende Erfahrung machen.

Bitte, ich habe nie Drogen genommen, weil für mich jedes Reizmittel in Form von Alkohol, Sex oder Drogen oder dadurch, dass man in die Messe läuft und sich in einen bestimmten Zustand emotionaler Spannung versetzt, absolut schädlich ist – auch die Stimulierung durch den Redner. Denn jedes noch so subtile Reizmittel stumpft den Geist durch seine Abhängigkeit von diesem Stimulans ab. Das Stimulans wird gewissermaßen zur Gewohnheit und macht den Geist stumpf.

Die meisten von uns nehmen keine Drogen, aber wir möchten so gerne breitere und tiefere Erfahrungen haben. Also meditieren wir und hoffen, durch Meditation, Gedankenkontrolle, Lernen, das Sichversetzen in einen absonderlichen psychischen, emotionalen oder mystischen Zustand, in dem wir Visionen haben und Erfahrungen machen, einen außerordentlichen Bewusstseinszustand zu erlangen. Wenn Sie

Meditation als Mittel zu irgendeinem Zweck verwenden, dann wird Meditation zu einer weiteren Droge. Sie erzeugt eine Gewohnheit, und daher zerstört sie jedes feinere Denken, die Sensibilität, die Qualität des freien Geistes.

Die meisten von uns möchten einem System folgen, und es gibt so viele Systeme in Asien, die aus mir unerfindlichen Gründen in den Westen transportiert wurden. Jeder geht diesen Systemen auf den Leim. Da gibt es Mantras und was sonst noch alles. Die ständige Wiederholung von Worten, in Latein, Sanskrit oder in irgendeiner anderen Sprache, macht den Geist zwar still, aber auch dumpf und stupide. Ein kleinlicher, engstirniger Geist, der ein christliches Gebet wiederholt, ist immer noch ein kleinlicher, engstirniger Geist. Er kann es zehn Millionen mal wiederholen und bleibt dennoch engstirnig, seicht und stumpfsinnig.

Meditation ist etwas ganz anderes. Um sie zu verstehen, müssen wir mit Drogen aufhören und alle Methoden zurückweisen, inklusive der Wiederholung von Worten, um einen besonderen Zustand der Stille zu erreichen, der in Wirklichkeit Stagnation ist. Wir müssen außerdem jegliches Verlangen nach weiteren Erfahrungen ablegen. Das ist sehr schwer, weil die meisten von uns so durchdrungen sind von der Hässlichkeit, Brutalität, Gewalt und Verzweiflung des Lebens, dass wir mehr wollen. Wir sehnen uns nach neuen Erfahrungen, nach äußeren Erfahrungen, etwa indem man in die Messe geht, oder nach inneren, tieferen Erfahrungen. Doch all dies muss abgelegt werden. Nur dann gibt es Freiheit. Die Art und Weise, wie man diese Dinge ablegt, ist von großer Bedeutung. Ich kann aufhören, dieses oder jenes zu wünschen, weil es wirklich zu dumm ist, aber innerlich möchte ich vielleicht noch immer Erfahrungen machen.

Ich möchte vielleicht Christus oder Buddha, diese oder jene Person sehen, aber das ist offensichtlich zu albern, denn es ist eine Projektion meines eigenen Lebenshintergrunds. Mit dem Verstand, logisch, lehne ich das vielleicht ab, aber innerlich möchte ich meine eigene Erfahrung machen, die nicht von der Vergangenheit beschmutzt ist. Doch alle Erfahrungen, alle Visionen, die ich haben möchte, sind von der Vergangenheit vergiftet.

Ich muss die Tiefe, die Höhe, die Bedeutung, die Qualität der Vergangenheit verstehen; und in diesem Verstehen sterbe ich ihr, mein

Verstand stirbt ihr. Der Verstand ist das Vergangene; die gesamte Struktur des Gehirns mit all ihren Assoziationen ist das Ergebnis der Vergangenheit. Sie setzt sich aus der Zeit, aus zwei Millionen Jahren zusammen; und das alles kann man nicht mit einer Geste vom Tisch fegen. Man muss die Vergangenheit mit jeder Reaktion, die hochkommt, verstehen. Da die meisten von uns noch viel Animalisches in sich haben, müssen wir das alles verstehen. Und wenn wir es verstehen wollen, müssen wir uns dessen gewahr werden, und gewahr werden heißt beobachten, zuhören, nicht verurteilen oder rechtfertigen.

Indem wir äußerlich und innerlich gewahr werden und auf diesem Gewahr- oder Bewusstsein der äußeren Bewegung wie auf einer Welle dahingleiten, die kommt und geht – wenn wir das tun, beginnt der Geist, seine eigenen Reaktionen, Antworten, Forderungen und Zwänge zu entdecken. Um diese Forderungen, Triebe, Reaktionen zu verstehen, dürfen Sie sie nicht verurteilen. Denn wenn Sie das tun, werden Sie nichts verstehen. Das ist so, wie wenn man ein Kind abstraft, weil man es sich damit sehr leicht macht, mit dem Kind umzugehen. Wir fällen ein Urteil und denken, dass wir verstanden haben, aber dem ist nicht so. Wir müssen herausfinden, warum wir etwas verurteilen. Warum urteilen Sie? Warum erklären Sie, warum rechtfertigen Sie etwas? Verurteilung, Rechtfertigung und Erklärung sind Formen der Flucht vor einer Tatsache. Die Tatsache ist da, sie ist das, was ist, sie ist da. Warum soll ich sie wegerklären? Warum soll ich sie verurteilen? Warum soll ich sie rechtfertigen? Wenn ich das tue, verschwende ich nur Energie. Wenn Sie daher eine Tatsache verstehen wollen, müssen Sie vollständig mit ihr leben, ohne zwischen Geist und Tatsache eine Distanz zu setzen, denn die Tatsache ist der Geist.

Sie haben Drogen und den Drang nach Erfahrung abgelehnt, weil Sie eingesehen haben, dass der Wunsch, aus dieser hässlichen, monströsen Welt in etwas Außerordentliches zu flüchten, zu Erfahrungen führt, die nur eine Flucht vor der Tatsache sind. Da Verstand und Gehirn ein Resultat der Vergangenheit sind, muss man sowohl die bewusste wie die unbewusste Vergangenheit verstehen. Das kann in einem Augenblick geschehen, ohne dass man dafür Zeit benötigt, Monate, Jahre, in denen man zu einem Analytiker geht oder sich selbst analysiert. Man kann das Ganze sofort erfassen, mit einem einzigen Blick, wenn man weiß, wie man schauen muss. Wir werden also herausfinden, wie man schaut. Man kann nicht richtig schauen, wenn man das, was man sieht, urteilend oder rechtfertigend betrachtet. Das muss völlig klargestellt sein. Um ein Kind zu verstehen, darf man es nicht negativ beurteilen. Man muss es beobachten, man muss zusehen, wie es spielt, weint, lacht, schläft. Das eigentlich Wichtige ist nicht das Kind, sondern wie Sie ihm zuschauen. Wir stellen jetzt keine Überlegungen über eine Methode des Sehens an. Vielmehr versuchen wir zu verstehen, ob es möglich sei, mit einem Blick – nicht mit Ihrer Vision, nicht nur mit Ihren Augen, sondern mit einem Blick nach innen – die gesamte Struktur zu verstehen und uns davon zu befreien. Das verstehen wir unter Meditation und nichts sonst.

Der Geist ist an diesem Punkt angelangt, weil er Drogen, Erfahrungen, Autorität, Nachfolge, Wortwiederholungen, Kontrolle, den Zwang, in eine bestimmte Richtung zu gehen, zurückgewiesen hat. Er hat es angeschaut, studiert, sich damit befasst, es beobachtet, ohne zu sagen, es sei richtig oder falsch. Was ist dadurch geschehen? Der Geist ist jetzt auf natürliche Weise wach und feinfühlig geworden, nicht durch Drogen, nicht durch irgendein Reizmittel. Er ist überaus empfindlich geworden.

Lassen Sie uns auf dieses Wort *feinfühlig* eingehen. Möchten Sie eine Frage stellen? Hören Sie dem Redner zu oder hören Sie auf sich selbst, während diese Dinge gesagt werden?

Fragesteller: Wenn Sie sprechen, kann ich mich selbst nicht sehen.

Krishnamurti: Wann sehen Sie sich selbst? Sehen Sie sich selbst je, wie Sie sind, nicht hier, aber wenn Sie das Zelt verlassen? Sehen Sie jemals die Posen, die Allüren, die Eitelkeiten, das Imponiergehabe, die Selbstgefälligkeit?

Wir versuchen jetzt herauszufinden, was unter Feinfühligkeit zu verstehen ist. Das ist ungemein wichtig – Feinfühligkeit des Körpers, des Organismus, des Gehirns, eine totale Feinfühligkeit. Das Wesen dieser Feinfühligkeit ist eine innere Verletzlichkeit in dem Sinn, dass man keinen Widerstand, kein Bild, keine Formel hat, dass man nicht sagt: »Hier ist für mich die Grenze« und von dieser Grenze aus reagiert. Das ist bloß ein Widerstand. Ein solcher Geist, solch ein innerer Zustand der Abwehr, des Widerstands, der Akzeptanz, des Gehorsams, des Folgens einer Autorität macht den Geist unempfindlich. Und Furcht irgendwelcher Art – eines der Dinge, von denen man sich am schwersten befreien kann – macht den Geist unverwundbar, macht ihn stumpf und unsensibel. Ebenso wenig gibt es eine Feinfühligkeit, wenn Sie auf Ruhm bedacht sind, wenn Sie dogmatisch, wenn Sie gewalttätig sind, wenn Sie sich in einer Machtposition befinden und diese Macht missbrauchen, indem Sie grob, vulgär und tyrannisch sind. All dies macht den Geist, das ganze Wesen unempfindlich. Nur ein verwundbarer Geist ist der Zuneigung, der Liebe fähig – nicht einer, der eifersüchtig, besitzergreifend, dominierend ist. Jetzt verstehen wir also mehr oder weniger, ohne zu sehr auf Einzelheiten einzugehen, was Sensibilität bedeutet. Es ist etwas anderes, ob man sich in diesem Zustand befindet oder nur intellektuell zustimmt, oder ob man fragt: »Wie kann ich in diesen Zustand gelangen, wo ich doch total verwundbar und daher total feinfühlig bin?« Sie können nicht mit irgendeinem Trick dorthin kommen. Sie werden auf natürliche Weise dorthin gelangen, sachte, mühelos, ohne Anstrengung, wenn Sie alles verstehen, was wir vorhin über Drogen, Erfahrung, Ehrgeiz, Gier, Neid gesagt haben.

Feinfühligkeit gibt es nur, wenn Freiheit da ist. Freiheit bedeutet Freiheit an sich, nicht Freiheit von etwas. Da wir die Vergangenheit verstanden haben, wollen wir nun überlegen, wie man sich mit einem Blick von der ganzen Struktur befreien kann. Um hinschauen, beobachten, der ganzen Situation auf Anhieb gewahr sein zu können, muss Feinfühligkeit vorhanden sein. Diese Feinfühligkeit wird verneint, wenn ein Selbstbild in irgendeiner Form vorhanden ist beziehungsweise ein Bild, wie man sein sollte, ein lustvolles Bild. Ein Geist, der auf Lustgewinn in irgendeiner Form bedacht ist, lädt das Leiden ein.

Ein feinfühliger Geist – in dem Sinn, wie wir das Wort gebrauchen, nicht nur neurologisch und biologisch sensibel, sondern grenzenlos verwundbar, ohne jeden Widerstand – besitzt eine außerordentliche Stärke, Vitalität und Energie, weil er nicht mit dem Leben kämpft, das Leben weder akzeptiert noch zurückweist. Wenn man dieses ganze Phänomen versteht, wenn man durch all das hindurchgegangen ist, dann genügt ein Blick, um die ganze Struktur zu zerstören. Dieser ganze Prozess ist Meditation. Wenn man Meditation verstehen will, muss man verstehen, was Kontrolle und Identifikation ist. Kontrolle des Denkens bedeutet Widerstand gegen jede andere Form des Denkens. Ich möchte an etwas Bestimmtes denken, aber meine Gedanken schweifen ab, so wie ein Blatt ziellos umherflattert. Ich konzentriere mich, ich übe Kontrolle aus, ich mache eine ungeheure Anstrengung, um alle Gedanken zu verbannen außer diesem einen. Dieser eine Gedanke gründet in einer Empfindung höchster Lust. Konzentration setzt Ausschluss voraus, Enge, Beleuchtung eines Gegenstandes, während alles andere im Dunkeln bleibt. Doch wenn man verstanden hat, was es heißt, aufmerksam zu sein, mit dem ganzen Körper, den Nerven, den Augen, den Ohren, dem Gehirn, der Gesamtheit des Wesens … aufmerksam zu sein für die Farben, die Gedanken, die eigene Sprechweise – dann liegt in dieser Aufmerksamkeit eine Konzentration, die nichts ausschließt. Ich kann darauf achten, ich kann hinschauen, ich kann arbeiten, ohne etwas auszuschließen.

Man muss außerdem verstehen, was Identifikation ist. Ein Kind ist von einem Spielzeug gefesselt. Das Spielzeug ist faszinierender als irgendein anderes Ding, und das Kind ist seiner Faszination völlig hingegeben. Es wird still, es ist nicht mutwillig oder unartig, es tobt nicht und rennt nicht herum. Das Spielzeug ist zu einem Gegenstand geworden, der seinen Geist, seinen Körper, alles gefangen nimmt. Das Spielzeug hat es gefesselt. Und so möchten auch wir wie das Kind von einer Idee, von unseren Bildern oder von den Bildern, die man uns vorgesetzt hat, etwa einem Buddha oder Jesus Christus, gefesselt sein. Wo der Geist gefesselt ist, durch Alkohol oder ein Bild, sei es ein handgefertigtes oder geistiges, gibt es keine Feinfühligkeit mehr und deshalb auch keine Liebe.

Der Geist, der frei ist, ist eigentlich ein leerer Geist. Wir kennen Leere nur als Raum, der einen Gegenstand enthält. Wir kennen diese Leere hier im Zelt nur, weil das äußere Gerüst des Zeltes da ist, und das nennen wir Leere. Wir kennen keinen Raum – nicht zwischen Erde und Mars, davon sprechen wir nicht – ohne einen Gegenstand, und daher wissen wir nicht, was Leere bedeutet. Ein Geist, der nicht völlig leer ist, ohne einen Gegenstand, ist niemals frei. Man kann intellektuell begreifen, dass jedes Verlangen, jede Beziehung, jede Handlung in dem von einem Gegenstand, einem Mittelpunkt oder einem Bild erzeugten Raum stattfindet. In diesem Raum gibt es niemals Freiheit. Sie ist wie eine Ziege, die nur innerhalb der Reichweite ihrer Leine Auslauf hat.

Wer die Natur der Freiheit verstehen will, muss das Wesen der Leere und des Raumes verstehen, und all das ist wieder Meditation. Nur wenn der Geist vollkommen leer ist, wenn es keinen Mittelpunkt gibt, der einen Raum erzeugt, so dass kein Raum vorhanden ist, ist der Geist vollkommen still. Dann herrscht eine außerordentliche Stille des Geistes; und einzig und allein dieser Stille, die es nur in der Leere des Raumes ohne Gegenstand gibt, entspringt jegliche Energie – eine Energie ohne Bewegung.

Wenn Energie nicht mehr zerstreut wird, wenn sie ohne Bewegung entsteht, muss sie zur Handlung werden. Wenn kochendes Wasser kein Ventil hat, muss der Topf zerspringen. Nur wenn der Geist völlig still ist – nicht als Stille der Stagnation, sondern einer ungeheuren Vitalität und Energie – ereignet sich etwas, eine Explosion, und das ist eine schöpferische Tat. Ein Buch, ein Gedicht zu schreiben, berühmt zu werden, ist nichts Schöpferisches. Die Welt ist voll von Büchern. Ich glaube, dass jede Woche Tausende und noch mehr Bücher produziert werden. Sich selbst auszudrücken ist in keiner Weise eine schöpferische Tat. Und ein Geist, der sich nicht in jenem Zustand des Schöpferischen befindet, ist ein toter Geist. Wenn man verstehen will, was Meditation ist, muss man mit dem Anfang beginnen. Und der Anfang ist Selbsterkenntnis. Sich selbst zu erkennen ist der Anfang von Weisheit, und dem Leiden ein Ende zu setzen ist der Beginn eines neuen Lebens.

Das Denken ist immer begrenzt

»Warum ist das Denken so beharrlich? Es scheint ruhelos, auf so ärgerliche Weise hartnäckig. Man kann tun, was man will, es ist immer aktiv gleich einem unruhigen Affen, und diese Aktivität an sich hat etwas Erschöpfendes. Wir können dem Denken nicht entrinnen; es verfolgt uns unerbittlich. Wenn man es zu unterdrücken versucht, ist es einige Sekunden später wieder da. Es ist nie ruhig, es rastet nie. Immer verfolgt, immer analysiert es etwas, immer quält es sich. Ob man schläft oder wacht, das Denken ist in ständigem Aufruhr, es kennt keinen Frieden, keine Ruhe.«

Kann das Denken jemals im Frieden sein? Ich kann über Frieden nachdenken und versuchen, friedlich zu sein, indem ich das Denken zwinge, still zu sein. Aber kann das Denken selbst zur Ruhe kommen? Ist es nicht von Natur aus ruhelos? Ist es nicht die ständige Antwort auf eine ständige Herausforderung? Es gibt kein Zur-Ruhe-Kommen, weil jeder Augenblick des Lebens eine Herausforderung ist. Wenn man sich dieser Herausforderung nicht bewusst wird, gibt es nur Verfall und Tod. Das Leben besteht ja eben in der Herausforderung und in der Reaktion darauf. Diese Reaktion kann angemessen oder nicht angemessen sein, und es ist die unangemessene Reaktion auf eine Herausforderung, die zum Denken mit seiner Rastlosigkeit anregt. Eine Herausforderung erfordert Handlung, nicht Verbalisierung. Verbalisieren ist Denken. Das Wort, das Symbol verzögert das Handeln, und eine Idee ist das Wort, so wie Erinnerung das Wort ist. Es gibt kein Erinnern ohne Symbol, ohne das Wort. Erinnern geschieht durch das Wort, den Gedanken. Kann das Denken daher eine echte Antwort auf eine Herausforderung sein? Ist eine Herausforderung eine Idee? Eine Herausforderung ist immer neu und frisch, aber kann ein Gedanke, eine Idee jemals neu sein? Wenn das Denken, das nie neu ist, einer Herausforderung begegnet, ist diese Antwort dann nicht das Resultat des Alten, der Vergangenheit?

Wenn das Alte dem Neuen begegnet, ist diese Begegnung unweigerlich unvollständig, und diese Unvollständigkeit ist das Denken in seiner rastlosen Suche nach Vollständigkeit. Kann jedoch das Denken, die Idee, jemals vollständig sein? Das Denken, die Idee ist die Antwort der Erinnerung, und Erinnerung ist immer unvollständig. Erfahrung ist die Antwort auf eine Herausforderung. Diese Antwort ist durch die Vergangenheit, durch die Erinnerung konditioniert; eine solche Antwort verstärkt lediglich die Konditionierung. Eine Erfahrung befreit nicht, sie stärkt den Glauben, die Erinnerung, und so ist es dieses Erinnern, das auf die Herausforderung reagiert. Die Erfahrung ist also das, was konditioniert.

»Doch welchen Platz hat das Denken?«

Meinen Sie, welchen Platz das Denken im Handeln hat? Hat die Idee irgendeine Funktion im Handeln? Die Idee wird zu einem Faktor im Handeln, um dieses zu modifizieren, zu kontrollieren, zu gestalten, aber die Idee ist nicht die Tat. Eine Idee, ein Glaube ist eine Absicherung gegen das Handeln. Ihr Platz ist der des Kontrollierens, des Modifizierens und Gestaltens einer Handlung. Die Idee ist das Muster des Handelns.

»Gibt es ein Handeln ohne Muster?«

Wenn man es auf ein Resultat abgesehen hat, nicht. Ein Handeln zum Zweck eines vorbestimmten Zieles ist überhaupt kein Handeln, sondern ein Konformgehen mit einem Glauben, einer Idee. Die Funktion des Denkens besteht darin, das Muster für so genanntes Handeln zu schaffen und die Handlung dadurch zunichte zu machen. Den meisten von uns geht es um ein solches Vernichten des Handelns. Eine Idee, ein Glaube, ein Dogma leisten dieser Vernichtung Vorschub. Handeln setzt Unsicherheit voraus, Verwundbarkeit durch das Unbekannte; und Denken, Glaube, also das Bekannte, ist eine wirksame Barriere gegenüber dem Unbekannten. Das Denken kann nie das Unbekannte durchdringen; es muss aufhören, damit das Unbekannte sein kann. Die Handlung des Unbekannten ist jenseits der Handlung des Denkens, und da das Denken dessen gewahr ist, klammert es sich bewusst oder unbewusst an das Bekannte. Das Bekannte reagiert immer unangemessen auf etwas Unbekanntes, auf eine Herausforderung, und aus dieser unangemessenen Reaktion entstehen Konflikte, Verwirrung, Leiden. Erst wenn das Bekannte, die Idee aufhört, gibt es eine Handlung des Unbekannten, die unermesslich ist.

Der Inhalt unseres Bewusstseins ist unsere gesamte Existenz

Seit urdenklichen Zeiten hat der Mensch versucht, das Problem zu lösen, wie ein Leben zu führen sei, das ganzheitlich ist und ohne Reibung gelebt werden kann. Reibung führt zwar zu einer bestimmten Art von Aktivität, doch eine solche Aktivität richtet sehr viel Unheil an. Wenn man ein Leben ohne Reibung führen will, muss man sich sehr tief auf das ganze Problem des Bewusstseins einlassen, und das schließt den Geist ein, die gesamte Struktur unseres Denkens, unseres intellektuellen, moralischen, spirituellen und organischen Lebens. Wir müssen uns also mit dieser Frage befassen: Was ist das Bewusstsein, in dem alle Aktivitäten des Denkens sich vollziehen? Die Aktivität des Denkens, mit all seinen Schwierigkeiten, seiner Komplexität, seinen Erinnerungen, seinen Projektionen in die Zukunft, befindet sich innerhalb des Bereichs des Bewusstseins, nicht wahr? In diesem Bewusstsein, das mein »Ich« ausmacht. Ich benütze gewöhnliche Worte, keinen neumodischen Jargon, den Sie erst erlernen müssten.

Sehen Sie, wenn die Totalität des Bewusstseins das Resultat von Zersplitterung ist, kann dieses Bewusstsein unmöglich dessen gewahr sein, was es heißt, heil und ganz zu sein. Wenn mein Geist, die Basis meines Bewusstseins, zersplittert ist und dann die Welt als Ganzes betrachten soll, hat das keinen Sinn. Wie kann ein fragmentarisches Bewusstsein das Leben als eine umfassende, nichtfragmentarische Bewegung in den Blick fassen? Deshalb ist es wichtig, das Wesen des Bewusstseins zu erforschen. Der Splitterhaftigkeit bewusst sein, sie wahrnehmen – und wenn man sie wahrnimmt, ist es dann so, als würde ein Bruchstück andere Bruchstücke sehen? Wenn eine derartige Wahrnehmung stattfindet, ist das immer noch Fragmentiertheit. Und das geschieht unentwegt in unserem Bewusstsein.

Wenn man einen solchen Geist auffordert, das Leben zu betrachten, in dem Liebe, Tod, Lebensunterhalt, Beziehung, die Frage nach der Existenz Gottes lauter Bruchstücke sind – ist dieser Geist in der Lage, das alles ohne Zersplitterung zu betrachten? Daher ist es wichtig, sich zu fragen, was das Bewusstsein eigentlich ist. Bewusstsein existiert nur aufgrund seines Inhalts. Sein Inhalt macht das Bewusstsein aus. Mein Bewusstsein besteht aus meiner Konditionierung als Hindu, als Brahmane, der in Indien geboren wurde mit seiner Überlieferung, seinem Aberglauben, seinen Glaubensinhalten, Dogmen, Spaltungen, mit all den Göttern und dem neuen, erst kürzlich erworbenen Übel des Nationalismus und so fort. Der bewusste und unbewusste Rückstand der Vergangenheit, das rassische Erbe sowie die jüngsten Erfahrungen, Entsagungen und Opfer, die Temperamente, die Aktivität persönlichen Verlangens, all das ist der Inhalt meines Bewusstseins ebenso wie des Ihren. Und dieser Inhalt macht unser Bewusstsein aus. Ohne ihn gibt es kein Bewusstsein.

Es ist sehr wichtig, dass wir das verstehen, denn wenn wir auf die Frage eingehen wollen, was der Tod und was die Liebe ist, müssen wir das verstanden haben, weil die Frage sonst keinen Sinn hat. Wenn man stirbt, schwindet der Inhalt der Gehirnzellen, der das ganze Gedächtnis gespeichert hat, woraus das Bewusstsein mit allen Erinnerungen, Erfahrungen und Wissen besteht. Was ist also mit dem Bewusstsein, dem »Ich« geschehen, das in dieser Welt gelebt hat, das gekämpft und sich durchgeschlagen hat, das unglücklich und voll von Ängsten und endlosem Kummer war?

Unser Geist muss das Wesen und die Struktur des Bewusstseins begreifen, das heißt, das, was wir sind, was unser Bewusstsein ist. Dieses Bewusstsein mit seinem Inhalt macht die Gesamtheit dessen aus, was wir das »Ich« nennen, das Ego, die Person, die psychische Struktur unseres Temperaments, unsere Eigenheiten und Konditionierungen. Das muss man in einer nichtverbalen Tiefe verstehen, obwohl wir Worte gebrauchen. Eine tiefe Verständigung zwischen zwei Menschen findet nur dann statt, wenn eine Beziehung vorhanden ist, in der beide sich gleichzeitig tief und intensiv auf das Problem eingelassen haben. Dann gibt es nicht nur eine verbale, sondern auch eine nichtverbale Kommunikation. Und das ist es, was wir hier tun müssen.

Mein Geist begreift also, dass der gesamte Inhalt meines Daseins, meine Bewusstheit, mein Konflikt sich in diesem Bereich von Zeit, Denken, Erinnerung, Erfahrung und Wissen abspielt. Das heißt, dass all die religiösen Bilder, die zweitausendjährige, im Osten sogar drei- bis fünftausendjährige Propaganda der Priester Sie nötigen, an etwas zu glauben, mit dem Lesen der Schriften und allem Übrigen, und all dies spielt sich auf der Bewusstseinsebene ab, welche die Zeit und das Denken ausmacht. Ohne diese gibt es kein Bewusstsein. Und da der Inhalt bruchstückhaft ist, beobachtet ein Bruchstück die anderen Bruchstücke und versucht sie zu kontrollieren oder zu formen. Das tun wir die ganze Zeit. Ein Bruchstück bezeichnet sich als tugendhaft, edel, religiös, wissenschaftlich, modern oder was auch immer und versucht andere Bruchstücke in dem Bereich von Zeit, der unser Bewusstsein ist, zu formen, zu dominieren, zu unterdrücken. Kommen Sie mit?

Mein Problem – und das ist zugleich das Ihre –, unser Problem ist also: Wie kann der Geist etwas auf nichtfragmentarische Weise, wie kann er das Leben als eine totale Bewegung betrachten? Das heißt, ist der Geist imstande, vom Inhalt des Bewusstseins frei zu sein?

Gehen wir es anders an: Was ist Liebe? Ist Liebe Lust? Ist Liebe Begehren? Ist Liebe die Suche nach einer Lust, die ich gestern gekostet habe und wieder begehre, sexuell oder wie auch immer? Ist das Liebe? Ist Liebe Angst, Eifersucht, Sorge, Verhaftetsein? Das ist es doch, was wir für Liebe halten, nicht wahr? Nein? Halten wir das nicht für Liebe?

(Das Publikum antwortet: »Nein!«)

Aha, wir schämen uns, nicht wahr? Das ist es, was wir als Liebe bezeichnen, und darin ist Verhaftetsein, Abhängigkeit, das Gefühl einer Bindung, die aus der Einsamkeit, dem Ungenügen in uns selbst kommt, dass wir nicht fähig sind, allein zu stehen, und uns deshalb anlehnen müssen und von jemandem abhängig sind. Wir sind vom Milchmann, vom Schaffner, vom Polizisten abhängig – ich spreche nicht von dieser Art der Abhängigkeit – ich rede von der psychischen Abhängigkeit mit all ihren Problemen, den Problemen des Bildes in einer Beziehung – des Bildes, das der Geist sich von einem anderen gemacht hat, und dem Verhaftetsein an dieses Bild, der Verweigerung eines Bildes und der Erzeugung eines anderen. All das ist es, was wir Liebe nennen. Und die Priester haben noch etwas anderes erfunden, die Liebe zu Gott, denn es ist viel leichter, Gott zu lieben, ein Bild, eine Idee, ein Symbol, eine Schöpfung des Geistes oder der Hände, als herauszufinden, was Liebe in einer Beziehung wirklich ist.

Was also ist Liebe? Sie ist ein Teil unseres Bewusstseins. Dieses Ding, das Liebe genannt wird, in dem das »Ich« und das »Du« vorkommt. Das »Ich«, das an ein »Du« gebunden ist, welches das Du in Besitz nimmt und dominiert, oder ein Du, das an mich gebunden ist und mich in Besitz nimmt und dominiert. Du befriedigst meine körperlichen, sexuellen Ansprüche, und ich befriedige dich ökonomisch und so fort. All dies nennen wir Liebe; es ist Teil unseres Bewusstseins. Aber ist das Liebe? Die romantische Liebe, die körperliche Liebe, die Liebe zum eigenen Land, um derentwillen Sie bereit sind, andere zu töten, sich selbst zu verstümmeln und zu zerstören, ist es das, was Liebe ist? Offensichtlich ist Liebe nicht Gefühlsduselei, Sentimentalität, das rührselige Hinnehmen von, Sie wissen schon: »Ich liebe dich und du liebst mich«. Und das Gerede von der Schönheit der Liebe, den »schönen Menschen«. Ist all das Liebe?

Ist Liebe ein Produkt des Denkens? Das ist sie, so wie wir sie kennen, weil du mir physisch, sexuell und psychisch Lust bereitet hast, und ich liebe dich, weil ich ohne dich nicht leben kann. Ich muss dich legal, moralisch, ethisch besitzen, du musst mir gehören. Und wenn du dein Gesicht abwendest, bin ich verloren, werde ich ängstlich, eifersüchtig, zornig, bitter, hasserfüllt. Das ist es, was wir Liebe nennen. Und wie wollen wir Abhilfe schaffen? Indem wir nur dasitzen und zuhören? Das haben Sie jahrhundertelang getan. Sie sind bloß dagesessen und haben zugehört oder etwas darüber gelesen, oder irgendein Priester hat Ihnen etwas davon erzählt und Ihnen tausend Erklärungen gegeben. Ist das also Liebe? Und kann der Geist, der das bruchstückhafte Bewusstsein ist, kann dieser Geist all diese Dinge ablegen? All dies vollkommen verneinen, die Abhängigkeit, die Suche nach Lust, kann er völlig auf sich gestellt sein und begreifen, was es heißt, einsam zu sein, ohne davon abzurücken und von dieser Einsamkeit wegzulaufen? Ist der Geist in der Lage, indem er das beobachtet, dies nicht nur verbal zu beobachten, sondern tatsächlich hinzuschauen, so dass der Akt des Schauens selbst das Ganze verneint?

Kann der Geist also den Bewusstseinsinhalt ohne die Bewegung der Zeit beobachten? Verstehen Sie? Wir sagten, dass Zeit natürlich Denken bedeutet. Ob dieses Denken das Resultat von Erinnerungen, Erfahrung, Wissen ist – und das ist offensichtlich so –, ob es sich in irgendeine Phantasie, eine Illusion, ein zukünftiges Bild projiziert, es ist immer noch ein Teil der Zeit. Kann also der Geist diese Sache, die wir Liebe nennen, so beobachten, wie sie ist, nicht wie sie sein sollte, so wie es auch in diesem Bereich stattfindet, der als Liebe bezeichnet wird?

Kann es eine Beobachtung geben ohne die Bewegung des Denkens, die an die Zeit gebunden ist? Und diese Beobachtung erfordert eine ungemeine Aufmerksamkeit, sonst sind wir dazu nicht in der Lage.

Betrachten wir dies noch von einem anderen Gesichtspunkt. Der Tod tritt an uns alle heran, an Junge, Alte oder Leute mittleren Alters. Das geschieht unweigerlich, ob durch Unfall oder Alter, durch Krankheit, Unannehmlichkeiten, Schmerzen und Agonie, und die Ärzte verabreichen Ihnen Medikamente, um Sie ewig am Leben zu erhalten – wozu, weiß ich nicht. Es gibt den Tod. Mit dem Tod hört das Gehirn mit seinem gespeicherten Gedächtnis, der Erfahrung, dem Wissen auf: das Gehirn, das Sicherheit, Geborgenheit im »Ich« gesucht hat, das eine Reihe von Symbolen, Ideen, Worten ist; das Sicherheit in einem Glauben gesucht hat – ich bin ein Christ, ich glaube an Gott oder ich glaube an den Heiland; oder ich bin ein Kommunist etc., der Sicherheit in einem Glauben, einer Ideologie gesucht hat, die zu allen möglichen neurotischen Umtrieben führt. Und dieses Gehirn mit seinem ganzen Bewusstsein stirbt also, nimmt ein Ende.

Der Mensch hat sich davor gefürchtet. Und die Christen haben sich mit der Vorstellung der Auferstehung getröstet und die Hindus und Buddhisten mit einem künftigen Leben. Einem künftigen Leben wovon? Die Auferstandenen, die Zukunft, was ist das? Dieses Bewusstsein mit seinem ganzen Inhalt ist gestorben, und da ist diese Hoffnung, dieses Verlangen, die Suche nach Trost in einem künftigen Leben. Noch immer in diesem Bereich des Bewusstseins. Können Sie all dem folgen? Ich weiß nicht, warum ich das mit so viel Leidenschaft behandle, aber es ist mein Leben – solange ich lebe, weiß ich, dass ich sterben muss, ich habe darüber nachgedacht, ich habe es betrachtet, habe gesehen, wie Tote fortgeschafft, begraben, verbrannt oder eingeäschert wurden, und um sie herum baute sich dieses Bild auf. Ich habe gesehen, wie all das um mich herum stattfand. Und ich fürchte mich, und da es so ist, muss ich Trost, Sicherheit, irgendeine Hoffnung suchen, und das spielt sich noch immer innerhalb des Bereichs meines Bewusstseins, des lebendigen Bewusstseins ab.

Und wenn das Gehirn durch Krankheit, Unfall oder Alter ein Ende nimmt, was geschieht dann? Der Geist ist vollkommen gewahr, dass das Bewusstsein aus seinem Inhalt besteht und dass es kein Bewusstsein gibt, wenn kein Inhalt mehr vorhanden ist. Wenn das Gehirn abstirbt, dann stirbt offensichtlich auch der Inhalt. Das »Ich«, das sich aus dem Denken zusammensetzt, das »Ich«, das aus dem Bild besteht, welches das Denken aufgrund von Umgebung, Angst, Lust, Zufall, durch verschiedene Reize und Forderungen aufgebaut hat, dieses »Ich« ist der Inhalt, und dieser Inhalt ist mein Bewusstsein. Dieses Bewusstsein – die ganze Bewegung von Erinnerung, Wissen, Erfahrung – nimmt im Tod ein Ende. Ich kann das rational erklären, ich kann darin Trost finden oder auch in einer Ideologie, einem Glauben, einem Dogma, einem Aberglauben, aber das ist nicht real, das hat nichts mit der Wirklichkeit zu tun, auch wenn alle Religionen verkünden, dass es das gebe oder nicht, so hat das nicht das Geringste mit der Wirklichkeit zu tun, denn das ist nur Gerede, ein bloßes Hörensagen von irgendjemand anderem. Der Geist muss selbst die Antwort finden. Kann der Geist, der jeden Tag in einer alltäglichen Beziehung lebt, ohne den Inhalt leben, der das Bewusstsein, das Wesen des »Ich« und seiner Umtriebe ausmacht? Und was geschieht, wenn der Geist, das Gehirn, der Organismus tatsächlich, nicht theoretisch, aufhört zu existieren? Das ist ein Problem für den Menschen, der so viel angehäuft, sich so viel Wissen, so viele Informationen über so viele Dinge angeeignet hat, und am Ende von all dem steht das, was wir Tod nennen. Und da er das Problem nicht lösen kann – wenigstens war er bis jetzt dazu nicht in der Lage –, hat er sich all diese tröstlichen Bilder, Spekulationen und Glaubenslehren zurechtgelegt: Ich werde weiterleben, oder ich werde nicht weiterleben. Und wenn Sie mit all diesen Dingen leben, führt das Bewusstsein seinen Inhalt weiter, und dieser wird zum Strom, in dem der Mensch sich verfängt – doch das ist eine andere Sache, auf die wir jetzt nicht eingehen wollen, weil das eine andere Fragestellung wäre.

Was geschieht also, wenn im Leben jetzt, heute, an diesem Morgen, das Gehirn wirklich zum Stillstand kommt, wenn seine Erinnerungen, seine Bilder, seine Schlussfolgerungen aufhören? Das heißt, der Inhalt des Bewusstseins. Kann mein Gehirn, mein Bewusstsein, welches das »Ich« mit seinem ganzen Inhalt ist, kann das ein Ende nehmen, während wir leben, nicht in zehn Jahren durch eine Krankheit, sondern jetzt, während wir leben? Kann dieser Geist, kann dieses Bewusstsein sich seines Inhalts entleeren und daher leer werden vom »Ich«? Können Sie das alles verstehen? Ist so etwas jemals möglich? Nachdem ich hier gesprochen habe, werde ich aufstehen und in mein Zimmer gehen.

Das Wissen, wo dieses Zimmer sich befindet, muss vorhanden sein, sonst wäre jegliches Leben unmöglich. Das ist klar. Wissen, das auf Erfahrung und Gedächtnis beruht – aus dem alles Denken kommt und das daher nie frei und nie neu ist –, dieses Wissen muss es geben. Es ist ein Teil des Bewusstseins, nicht wahr? Können Sie dem folgen? Wie man Rad fährt oder ein Auto lenkt, wie man eine fremde Sprache spricht, dieses Wissen muss sein, auch das ist ein Teil des Bewusstseins. Aber dieses Wissen wird vom »Ich« als etwas Trennendes eingesetzt. Es benützt dieses Wissen für sein eigenes psychisches Wohlbefinden, für Macht, Position, Prestige und alles Übrige. Daher frage ich, ob dieses Bewusstsein mit seinem ganzen Inhalt als psychische Bewegung, als das »Ich«, jetzt aufhören kann, so dass der Geist dessen gewahr ist, was Tod bedeutet, und zusehen kann, was geschieht.

Wenn Sie wirklich sterben – ich hoffe, dass das nicht so bald sein wird –, wenn Sie also sterben, dann wird genau das passieren, nicht wahr? Ihr Herz hört auf zu schlagen und sendet daher kein Blut mehr zum Gehirn, und das Gehirn kann nur dreieinhalb oder zwei Minuten oder so ohne frische Blutzufuhr überleben, und deshalb kommt es zum Stillstand. Ihre Gehirnzellen enthalten alles, was Sie in der Vergangenheit getan haben, Ihr Bewusstsein, Ihre Wünsche, Ihre Erinnerungen, Ihre Verletzungen, Ihre Sorgen, alles ist da, und all das hört auf. Nun, kann das alles jetzt, heute, während wir noch am Leben sind, ein Ende nehmen? Wenn ja, was spielt sich dabei ab? Die Frage mag überflüssig sein oder an einen Geist gerichtet sein, der sie nie gestellt hat und bloß Angst davor hat aufzuhören. Aber ein Geist, der keine Angst hat, ein Geist, der nicht auf der Suche oder auf der Jagd ist nach Lust – was nicht heißt, dass man nicht die Schönheit des Sonnenlichts, die Bewegung der Blätter, die Biegung eines Astes genießen oder hier und dort etwas Schönes betrachten kann, was echter Genuss ist; ist ein solcher Geist in der Lage, das gesamte »Ich« mit seinem Inhalt zu beobachten und es zum Stillstand zu bringen?

Ist das die Unsterblichkeit? Gewöhnlich wird das Sterbliche in etwas Unsterbliches verwandelt. Aber das Sterbliche stirbt, und Unsterblichkeit ist eine Vorstellung des sterblichen Menschen, welcher der Inhalt seines Bewusstseins ist. So sucht der Mensch Unsterblichkeit in seinen Büchern, seinen Gedichten, seinen Bildern, im Ausdruck seiner Sehnsucht und ihrer Erfüllung. Er sucht Unsterblichkeit in seiner

Familie, seinem Namen. All das ist noch immer ein Teil dieses Bewusstseins mit seinem Inhalt in der Zeit und daher nicht der zeitlose Geist, der Unsterblichkeit sieht. Was widerfährt also einem Geist, einem Wesen, dessen Bewusstseinsinhalt stirbt, während es noch lebt? Legen Sie sich diese Frage einmal ernsthaft vor, nehmen Sie sich Zeit, darüber nachzudenken, ihr auf den Grund zu gehen, ohne nach einer schnellen oder oberflächlichen und albernen Antwort Ausschau zu halten.

Man hat immer so beobachtet, als würde der Beobachter sich von dem Beobachteten unterscheiden. Der Beobachter ist ein Teil des Bewusstseins mit seinem Inhalt, der einen anderen Bestandteil dieses Bewusstseins beobachtet, und daher gibt es eine Spaltung zwischen dem Beobachter und dem Beobachteten. Aber der Beobachter befindet sich innerhalb des Bewusstseinsfeldes. Und wenn man einsieht, dass der Beobachter tatsächlich das Beobachtete ist, unterscheidet sich dann der Bewusstseinsinhalt, in dem es keinen Beobachter gibt, von dem Beobachteten? Denn es ist sehr wichtig, das zu fragen und festzustellen. Der Beobachter ist der Inhalt seines Bewusstseins. Der Beobachter spaltet sich selbst von dem Beobachteten ab, das ebenfalls ein Bestandteil dieses Bewusstseins ist. Daher ist diese Spaltung unwirklich und künstlich. Und wenn Sie einsehen, dass der Beobachter das Beobachtete ist, dann setzt der Geist jeglichem Konflikt ein Ende.

Schauen Sie, machen wir es ganz einfach. Jede Beziehung beruht auf einem Bild, das Sie von einem anderen errichtet haben und das ein anderer von Ihnen errichtet hat. Und diese beiden Bilder treten in Beziehung zueinander. Sie sind das Resultat jahrelanger Einnerungen, Erfahrungen, Kenntnisse, die Sie von Ihrer Frau angesammelt haben und die sie von Ihnen angesammelt hat. Das ist ein Bestandteil Ihres Bewusstseins. Und worin besteht die Beziehung, wenn es zwischen Ihnen und Ihrer Frau kein Bild gibt, und wenn auch sie kein Bild von Ihnen hat? Sind Sie sich bewusst – wenn ich fragen darf –, dass Sie ein Bild von Ihrem Mann haben, dem Sie schrecklich verhaftet sind? Und sind Sie sich bewusst, dass Sie ein Bild von ihrer Frau haben, an das Sie sich klammern? Nehmen Sie das wahr, sind Sie sich dessen bewusst? Und wenn Sie sich dessen bewusst sind, sehen Sie dann ein, dass Ihre Beziehung zu Ihrer Frau oder ihre Beziehung zu Ihnen auf diesem Bild, auf diesen Bildern beruht? Können wir mit diesen Bildern Schluss machen?

Was ist also eine Beziehung? Wenn wir mit dem Bild Schluss gemacht haben, das der Bewusstseinsinhalt ist und das unser Bewusstsein ausmacht, wenn die verschiedenen Bilder, die Sie von sich selbst und allen Dingen haben, wenn diese Bilder also aufhören, worin besteht dann die Beziehung zwischen Ihnen und Ihrer Frau? Gibt es dann einen Beobachter, der sich vom Beobachteten unterscheidet? Oder gibt es eine ganzheitliche Bewegung der Liebe in Beziehung? Liebe ist also eine Bewegung in einer Beziehung, in der es keinen Beobachter gibt.

Der Geist – wir verwenden das Wort *Geist (mind)* hier in einem Sinn, der das Gehirn, den physischen Organismus, die Ganzheit einschließt – dieser Geist hat im Bereich der Zersplitterung gelebt, die das Bewusstsein ist, und ohne diesen Inhalt gibt es keinen Beobachter. Und wenn es keinen Beobachter gibt, dann findet die Beziehung nicht im Bereich der Zeit statt, die entsteht, wenn es ein Bild gibt, das Sie von Ihrer Frau haben und das sie von Ihnen hat. Können Sie mit diesem Bild Schluss machen in Ihrem täglichen Leben? Wenn dieses Bild nicht aufhört, gibt es keine Liebe. Dann steht ein Bruchstück einem anderen gegenüber. Nachdem Sie das jetzt gehört haben, ziehen Sie keinen Schluss daraus, betrachten Sie einfach die Wahrheit – und diese Wahrheit können Sie nicht verbal erfassen. Sie können die Worte hören und was sie bedeuten, aber Sie müssen den Sinn des Ganzen begreifen, Sie müssen eine Einsicht gewinnen, Sie müssen die Wahrheit sehen, das, »was ist«.

Die Wahrnehmung des Lebens wird aus vorgefassten Begriffen gebildet

Wir akzeptieren Schlagworte, Klischees, fadenscheinige Theorien oder erfinden neue Theorien, neue Systeme, doch stets im Bereich des Bewusstseins, das der Mensch jahrhundertelang mit sich herumgetragen hat. Und das Bewusstsein ist sein Inhalt. Ohne seinen Inhalt gibt es kein Bewusstsein, wie wir es kennen. Wie wir gesagt haben, wollen wir dieses Problem gemeinsam untersuchen. Daher müssen Sie an der Untersuchung teilnehmen, sich darauf einlassen. Sie können nicht einfach dem Sprecher zuhören und akzeptieren oder ablehnen, was er sagt, sondern wir wollen in Gemeinschaft, in Zusammenarbeit versuchen herauszufinden, wie die Welt um uns herum und die Welt in unserem Inneren beschaffen ist – ob es eine Beziehung zwischen dem Innen und dem Außen gibt. Oder sind sie eines und unteilbar? Das ist unser Anliegen. Wir müssen uns fest vornehmen, das zu begreifen. Und deshalb dürfen wir uns nicht führen lassen, sondern müssen zusammen forschen, so dass es dabei keine Autorität, keinen Anführer gibt. Um forschen zu können, müssen Sie Ihrem Anliegen wirklich verpflichtet sein, nicht nur an einem Tag, um es dann wieder zu vergessen. Es muss Tag für Tag, Monat für Monat, Jahr für Jahr, Ihr ganzes Leben lang Ihr Anliegen bleiben – denn das ist Ihr Leben.

Wo finden Sie daher die Antwort, die logische, vernünftige, gesunde Antwort auf alle Probleme? Nicht nur auf die Probleme, die außerhalb von uns liegen, die Kriege, die Gewalt, die schlauen Politiker, die Kriegsvorbereitungen, während vom Frieden geredet wird – Sie wissen, was rund um uns geschieht, es ist böse, teuflisch, abscheulich –, sondern auch das Problem unserer Beziehung dazu. Wir müssen herausfinden, wo inmitten von all dem unser Standort ist, was unsere Verantwortung ist. Verantwortlich sein heißt, angemessen oder ganzheitlich auf ein Geschehen reagieren, und dazu müssen wir von tödlichem Ernst sein, unser ganzes Leben lang. Deshalb müssen Sie, wenn Sie an dem, was der Redner sagt, Anteil nehmen wollen, zuhören und es selbst herausfinden. Sie sollen nicht bloß herausfinden, was der Redner sagt, sondern Sie müssen die richtige Antwort selbst finden. Sie müssen Ihre Vorurteile, Ihren Nationalstolz, Ihre Annahmen, Erfahrungen, Ihr Wissen, Ihre Hoffnungen, all das ablegen, um erkennen zu können. Und dies erfordert eine ungeheure Ernsthaftigkeit.

Ich denke, dass die meisten von uns gar nicht begreifen, was auf der Welt eigentlich los ist. Wir lesen Zeitungen, sehen fern, hören uns politische oder religiöse Vorträge an, aber all das gibt uns nur oberflächliche Erklärungen. Doch wenn man darüber hinausgehen, all das beiseite lassen und genauer beobachten kann, dann sieht man, wie der Mensch tiefer sinkt, wie er degeneriert. Eine solche Degeneration findet statt, wenn man völlig vom Äußeren abhängt, das heißt, wenn die Materie, das Stoffliche, das einzig Wichtige geworden ist. Wenn Sie all das betrachten, die divergierenden Meinungen, Ideologien, politischen Systeme der Rechten, der Linken oder der politischen Mitte, wobei alle davon reden, dass sie Institutionen und Regierung einrichten oder reformieren wollen, dann sehen Sie, dass all das noch immer ein Handeln im Bereich der Zeit, des Denkens und der Materie ist.

Ich gebrauche sehr einfache Worte, keinen Spezialjargon oder Begriffe mit einer subtilen oder verborgenen Bedeutung, sondern Worte, die im Wörterbuch stehen. Um uns zu verständigen, müssen wir uns einer einfachen, klaren Sprache bedienen. Und in der Kommunikation müssen wir nicht nur die Bedeutung von Worten herausfinden, sondern auch den Sinn, der dahinter steht. Nur dann kann es zwischen dem Redner und Ihnen eine Kommunikation geben. Doch wenn Sie sich nur in Worte und deren verbale, semantische Bedeutung verstricken, dann werden Sie verfehlen, was dahinter steht. Kommunikation erfordert eine Menge echter Anteilnahme, eine Menge ernsthafter Aufmerksamkeit.

Wenn man sieht, was geschieht, wenn man die Politiker, die religiösen Leute, die verschiedenen Sekten und Konfessionen beobachtet, dann sieht man, dass es ihnen nur darum geht, mit dem Denken zu operieren. Das Denken hat diese Welt geschaffen, die Welt der Politik, der Wirtschaft, des Business, der Sozialmoral und der ganzen religiösen Struktur – sei es in Indien, hier oder sonst wo –, und all das gründet im Denken, ob es jüdisches Denken, arabisches Denken, christliches Denken oder hinduistisches Denken ist. Alles ist im Wesentlichen eine Operation des Denkens als Materie.

Wenn Sie meditieren, sind Sie noch immer in diesen Denkmustern verstrickt, noch immer in jenem Bewusstseinsbereich, der sich aus dem Denken zusammensetzt. Und wenn Sie versuchen, politische Antworten zu finden, geschieht das nach wie vor in diesem Bereich. Alle unsere Probleme, all unser Verlangen, eine Antwort auf diese Probleme zu finden, sind in diesem Bewusstsein. Wenn Sie mit seriösen Politikern gesprochen haben, dann werden Sie sehen, wie der Redner es in Indien, in Amerika, hier oder anderswo beobachtet hat, dass alle versuchen, eine Antwort, eine politische Philosophie, eine Reform der Institutionen innerhalb des Bereichs zu finden, den das Denken geschaffen hat.

Das Denken versucht also, eine Antwort auf das zu finden, was es geschaffen hat, eine Antwort auf das heillose Durcheinander, das es in unseren persönlichen Beziehungen, in unserem Verhältnis zur Gemeinschaft oder zur Regierung angerichtet hat. Leider spielen Politiker eine sehr wichtige Rolle in unserer sozialen, moralischen und umweltmäßigen Konditionierung, und auch die Politiker – sofern sie überhaupt seriös sind – versuchen eine Antwort auf diese Probleme in dem Bereich oder durch die Funktion des Denkens zu finden. Das ist so. Ich erfinde es nicht, es ist nicht etwas, das ich mir ausdenke, sondern eine Tatsache. Das Denken hat die Welt in Amerikaner, in Kommunisten, in Sozialisten, in Deutsche, Schweizer, Hindus, Buddhisten und andere religiöse Kategorien gespalten.

Gibt es nun eine Antwort auf all diese Probleme durch die Operationen des Denkens? Selbst Ihre Meditation, Ihre Götter, Ihr Christus und Ihre Buddhas und dergleichen sind Schöpfungen des Denkens, das Materie ist und das nur innerhalb des Bereichs der Zeit operieren kann. Aber wenn das Denken auf all diese Probleme keine Antwort geben kann, wo findet man eine? Das ist es, was wir untersuchen wollen.

Wir meinen, dass wir durch das Denken, durch Willen, Ehrgeiz, Triebkraft und Aggression alle diese Probleme lösen können, die Probleme der persönlichen Beziehung zwischen Ihnen und einem anderen und die religiösen Probleme durch Einführung »neuer« Religionen aufgrund der alten Überlieferungen, die in Indien bereits abgestorben sind und hierher oder nach Amerika gebracht werden von Gurus, die durchtränkt sind von Tradition.

Was ist Bewusstsein? Wie operiert das Denken? Das Denken hat alles um uns herum geschaffen, das ganze Gebiet der Technik mit seinen wissenschaftlichen Kenntnissen und die Kultur, in der wir leben: die christliche Kultur, die westliche oder die östliche Kultur – sie sind alle vom Denken geschaffen. Die Götter, die Erlöser – unser Denken hat sie hervorgebracht. Gott hat uns nicht nach seinem Ebenbild erschaffen; vielmehr haben wir Gott nach unserem Ebenbild geschaffen, und wir folgen diesem vom Denken geschaffenen Bild und nennen es religiöses Handeln.

Wenn jemand sagt:»Ich bin bewusst«, dann bedeutet das, dass ich aller Dinge, die um mich geschehen, so bewusst wie irgend möglich bin, und außerdem, dass ich wahrnehme, was innerhalb dieses Bewusstseins geschieht. Zur Erforschung des Bewusstseinsinhalts gehört also auch das, was jenseits davon liegt – sofern es etwas jenseits des so genannten Bewusstseins geben kann. Alle unsere Meditationen finden in diesem Bereich statt, Ihr ganzes Streben nach Lust, Angst, Gier, Neid, Brutalität, Gewalt befindet sich in diesem Bereich. Und das Denken trachtet immer danach, dies zu transzendieren, indem es behauptet, dass es etwas Unergründliches, Namenloses, Unerfahrbares und dergleichen gibt.

Der Inhalt des Bewusstseins ist das Bewusstsein. Ihr Bewusstsein oder das Bewusstsein eines anderen ist sein Inhalt. Wenn es in Indien zur Welt kam, sind alle Traditionen, der Aberglauben, die Hoffnungen, Ängste, das Leiden, die Sorgen, die Gewalttätigkeit, die sexuellen Forderungen, die Aggression, die Glaubenslehren, Dogmen und Bekenntnisse dieses Landes der Inhalt seines Bewusstseins. Dennoch ist der Bewusstseinsinhalt bemerkenswert ähnlich, egal ob man im Osten oder im Westen geboren ist.

Betrachten Sie einmal Ihr eigenes Bewusstsein, sehen Sie es sich an, wenn Sie dazu in der Lage sind. Sie sind in einer christlich-religiösen Kultur aufgewachsen. Sie glauben einerseits an einen Heiland, an Rituale, Bekenntnisse und Dogmen, und andererseits an soziale Unmoral. Sie akzeptieren Kriege, die Spaltung in Nationalitäten und beschränken daher die wirtschaftliche Expansion anderer und die Rücksichtnahme auf sie. Ihr persönliches Unglück, Ihre Ambitionen, Ängste, Ihre Gier, Aggressivität, Ihr Begehren, Ihre Einsamkeit, Ihr Kummer, Ihre mangelnde Beziehung zu anderen, Ihre Isolation, Frustration, Verwirrung, Ihr Elend, all dies ist Bewusstsein, ob Sie im Osten oder im Westen leben. Mit Variationen, mit Freuden, mit mehr Wissen oder mit weniger Wissen, all dies ist der Inhalt Ihres Bewusstseins.

Ohne diesen Inhalt gibt es kein Bewusstsein, wie wir es kennen. Die gesamte Ausbildung in den Schulen, den Colleges, den Universitäten beruht darauf, mehr Wissen, mehr Information zu erwerben, aber das findet immer in diesem Bereich statt. Jede politische Reform aufgrund einer neuen politischen Philosophie, die sich vom Marxismus oder einer anderen gängigen Philosophie abgewandt hat, ist gleichwohl eine Neuerung innerhalb dieses Bereichs. Und so fährt der Mensch fort zu leiden, unglücklich und einsam zu sein, sich vor dem Tod und vor dem Leben zu fürchten, darauf zu hoffen, dass ein großer Führer kommen und ihn aus seinem Elend herausführen werde – ein neuer Erlöser, ein neuer Politiker. In dieser Verwirrung sind wir so unverantwortlich, weil wir aus unserer eigenen Unordnung heraus Tyrannen hervorbringen, während wir hoffen, dass sie in diesem Bereich Ordnung schaffen werden. Das ist es, was außerhalb von uns und in unserem Inneren geschieht.

Was sollen wir daher tun? Nicht, was werden die Politiker tun, denn diese sind ebenso konfus, unglücklich, ehrgeizig und neidisch wie wir. Jeder Führer, den wir wählen, wird uns gleichen, denn wir wählen keinen, der sich von uns völlig unterscheidet. So sieht es also tatsächlich in unserem Leben aus: Konflikte, innerlich und äußerlich, Kampf einer gegen den anderen, eine entsetzliche Selbstsucht – Sie kennen das ganze Bild.

Das Erste, was ansteht, wenn man es überhaupt ernsthaft angehen will – und wir müssen ernsthaft sein, da es so viel Leid auf der Welt gibt –, ist, dass wir durch sorgfältige, behutsame, geduldige und vorsichtige Untersuchung für uns selbst herausfinden, ob es irgendeinen Weg gibt, um all diese Probleme zu lösen, unabhängig von der Operation des Denkens. Gibt es ein Handeln, das nicht auf Denken beruht? Gibt es eine Intelligenz, die nicht eine Funktion oder ein Resultat des Denkens ist, die sich nicht aus dem Denken zusammensetzt, die nicht aus List, Reibung und Kampf kommt, sondern etwas gänzlich anderes ist? Das ist es, was ich Ihnen vermitteln möchte. Deshalb muss man nicht nur dem Redner zuhören – sondern dem Akt des Zuhörens selbst. Wie hört man zu? Hört man jemals wirklich zu? Ist man frei zu hören oder hört man immer mit den listigen Operationen des Denkens, mit Interpretation oder Voreingenommenheit zu? Wenn man frei ist, muss man auf den Inhalt des eigenen Bewusstseins hören. Hören Sie nicht nur auf das, was an der Oberfläche und ziemlich einfach ist, sondern auf die tieferen Schichten. Das heißt, hören Sie auf die Totalität des Bewusstseins.

Daraus ergibt sich nun die Frage: Wie hört man auf das Bewusstsein und wie betrachtet man es? Der Redner wurde in einem Land geboren, in dem man als Brahmane eine Menge Vorurteile, Irrationalität und Aberglauben, Glaubensinhalte und Klassenunterschiede in sich aufnimmt. Der junge Geist nahm das alles auf, die Tradition, die Rituale, die außerordentliche Strenggläubigkeit und die ungeheure Disziplin, die diese Gruppe sich selbst auferlegte. Und dann kommt er in den Westen. Wieder nimmt er alles auf, was er vorfindet. Sein Bewusstseinsinhalt ist das, was ihm eingegeben worden ist, was er gelernt hat, wie seine Gedanken sind, und das Denken, das seine eigenen Gefühle erkennt, und so fort. Das ist der Inhalt und das Bewusstsein dieses Menschen. In diesem Bereich liegen alle seine Probleme – die politischen, religiösen, persönlichen, die Gemeinschaft betreffenden – alle Probleme sind da. Und weil er nicht in der Lage ist, sie selbst zu lösen, wendet er sich den Büchern zu oder anderen Menschen mit der Bitte: »Bitte, sag mir, was ich tun soll, wie ich meditieren soll, wie ich mich in meiner persönlichen Beziehung zu meiner Frau oder meiner Freundin oder zu meinen Eltern oder zu wem auch immer verhalten soll. Soll ich an Jesus oder an Buddha oder an den neuen Guru glauben, der mit einem Haufen Unsinn daherkommt? So suche ich nach einer neuen Philosophie des Lebens, einer neuen Philosophie der Politik und so weiter, alles in diesem Bereich, wie der Mensch es seit unvordenklichen Zeiten getan hat.

Innerhalb dieses Bereichs gibt es keine Antwort. Sie können stundenlang meditieren, in einer bestimmten Haltung sitzen, auf bestimmte Weise atmen, aber das geschieht noch immer innerhalb dieses Bereichs, weil Sie etwas von Ihrer Meditation erwarten. Ich weiß nicht, ob Sie all das verstehen. Wir haben also diesen Inhalt des Bewusstseins, das stumpfsinnige, stupide überlieferte Denken, das all seine Emotionen erkennt – sonst wären es keine Emotionen –, immer ist es das auf Erinnerung, Wissen und Erfahrung reagierende Denken, das am Werk ist. Nun, kann der Geist das anschauen? Können Sie das Denken anschauen, während es in Aktion ist? Und wenn Sie hinschauen, wer ist der Beobachter, der den Inhalt anschaut? Unterscheidet er sich von dem Inhalt? Es ist wirklich ungemein wichtig, diese Frage zu stellen und eine Antwort auf sie zu finden. Unterscheidet sich der Beobachter von dem Inhalt und ist er daher in der Lage, den Inhalt zu verändern und darüber hinauszugehen? Oder verhält es sich so, dass der Beobachter dasselbe ist wie der Inhalt?

Schauen Sie zuerst hin. Wenn der Beobachter – das schauende »Ich« – sich von dem Beobachteten unterscheidet, dann liegt eine Spaltung vor zwischen dem Beobachter und dem Beobachteten und folglich ein Konflikt. Ich darf dies nicht tun, ich soll jenes tun – ich muss ein besonderes Vorurteil ablegen und mir ein neues aneignen, meine alten Götter verwerfen und mir neue Götter zulegen. Wenn zwischen dem Beobachter und dem Beobachteten also eine Spaltung besteht, muss es einen Konflikt geben. Das ist ein Prinzip, ein Gesetz. Beobachte ich also den Inhalt meines Bewusstseins, als würde ich von außen hereinschauen, die Bestandteile verändern, sie an einen anderen Platz stellen? Oder bin ich, der Beobachtende, der Denkende, der Erfahrende, dasselbe wie das beobachtete, erfahrene, gesehene Denken?

Wenn ich den Inhalt meines Bewusstseins von außen betrachte, muss es einen Konflikt zwischen dem Gegenstand der Beobachtung und dem Beobachter geben. Was geschieht also, wenn ich diese Aussage höre, dass es einen Konflikt gibt, wenn zwischen dem Beobachter und dem Beobachteten eine Spaltung besteht? In dieser Spaltung muss es einen Konflikt geben, und in diesem Konflikt haben wir gelebt, das »Ich«, das »Nicht-Ich«, »wir« und »sie«. Wenn »ich«, der Beobachter, mich von meinem Zorn unterscheide, versuche ich, ihn zu kontrollieren, zu unterdrücken, zu beherrschen, zu überwinden und so fort, und dann gibt es einen Konflikt. Aber ist der Beobachter überhaupt etwas anderes, oder ist er im Wesentlichen dasselbe wie der Gegenstand seiner Beobachtung? Wenn er dasselbe ist, dann gibt es keinen Konflikt, nicht wahr? Wenn man das versteht, hat man Intelligenz. Dann ist Intelligenz am Werk, nicht Konflikt.

Es wäre unendlich schade, wenn Sie diesen einfachen Sachverhalt nicht einsehen würden. Der Mensch hat im Konflikt gelebt und möchte Frieden haben, aber durch Konflikt kann es niemals Frieden geben. Wenn Sie noch so viele Waffen gegenüber dem gleichfalls mächtigen Waffenarsenal eines anderen besitzen, wird es nie Frieden geben. Erst wenn Intelligenz am Werk ist, wird Frieden sein; eine Intelligenz, die sich einstellt, wenn man begreift, dass es keine Trennung zwischen dem Beobachter und dem Beobachteten gibt. Die Erkenntnis dieses Sachverhalts, diese Wahrheit bewirkt diese Intelligenz. Haben Sie das verstanden? Das ist eine sehr ernste Angelegenheit, denn dann begreifen Sie, dass Sie keine Nationalität haben – Sie mögen zwar einen Pass besitzen, aber Sie besitzen keine Nationalität. Sie haben keine Götter mehr, keine äußere oder innere Autorität. Die einzige Autorität ist die Intelligenz, aber nicht die listige Klugheit des Denkens, die bloß ein in einem bestimmten Bereich operierendes Wissen ist – das ist nicht Intelligenz.

Das ist also das Erste, das Sie begreifen müssen, wenn Sie Ihr Bewusstsein anschauen: Die Trennung zwischen dem Denker und dem Gedachten, dem Beobachter und dem Beobachteten, dem Erfahrenden und dem, was er erfährt, ist ein Irrtum, denn beide sind eins. Es gibt keinen Denker, wenn Sie nicht denken. Das Denken hat den Denker geschaffen. Das ist das Erste, das wir verstehen, was wir als Wahrheit einsehen müssen, als Sachverhalt, so handgreiflich, wie Sie hier sitzen, so dass es keinen Konflikt zwischen dem Beobachter und dem Beobachteten gibt.

Worin besteht also der Inhalt Ihres Bewusstseins, der verborgene wie der offen liegende? Können Sie ihn anschauen? Aber strengen Sie sich nicht an. Sie können es herausfinden, nicht indem Sie hier sitzen, sondern in Ihren Beziehungen. Das ist der Spiegel, in dem Sie es sehen werden. Nicht, indem Sie die Augen schließen oder sich in die Wälder verdrücken und irgendwelchen Träumen nachhängen, sondern in der wirklichen Tatsache der Beziehung zwischen Mann und Frau, mit Ihrem Nachbarn, Ihren Politikern, Ihren Göttern, Ihren Gurus, werden Sie Ihre Reaktionen, Einstellungen, Vorurteile, Bilder, Ihr tastendes Suchen und alles Übrige beobachten – es ist darin. Was Sie jetzt tun, ist bloß Pflügen, und wir können so weitermachen, indem wir immer nur pflügen, pflügen, pflügen und niemals säen. Sie können nur dann säen, wenn Sie Ihre Beziehungen beobachten und wahrnehmen, was eigentlich geschieht.

Vom Hören gelangen Sie hin zum Schauen. Sie können schauen, solange Sie wollen, und beginnen, zwischen verschiedenen Qualitäten und Tendenzen und so fort zu unterscheiden; doch wenn Sie als Beobachter anders schauen als das Beobachtete, werden Sie mit Sicherheit Konflikte und daher mehr Leiden schaffen. Wenn Sie diese Erkenntnis, diese Wahrheit einsehen, dass der Beobachter das Beobachtete ist, dann wird dem Konflikt ein für alle Mal ein Ende gesetzt. Dann ist eine völlig andere Art von Energie am Werk. Es gibt verschiedene Arten von Energie: physische Energie, etwa durch gute Ernährung. Des Weiteren gibt es eine Energie, die durch Emotionen, durch Sentimentalität hervorgerufen wird, und es gibt eine Energie, die durch verschiedene Konflikte und Spannungen vom Denken erzeugt wird. Innerhalb dieses Energiefeldes haben wir gelebt. Und wir versuchen immer noch, innerhalb dieses Feldes eine größere Energie zu finden, um unsere Probleme zu lösen, und dazu bedarf es einer gewaltigen Energie. Aber es gibt noch eine andere Art von Energie oder die Fortsetzung dieser Energie in völlig anderer Form, wenn der Geist vollständig nicht im Bereich des Denkens, sondern mit Einsicht am Werk ist.

Kann der Geist seinen Inhalt beobachten, ohne irgendeine Wahl zu treffen bezüglich des Inhalts – indem er keinen Bestandteil des Inhalts, keinen Teil des Bruchstücks wählt, sondern total beobachtet? Wie kann man aber total beobachten? Wenn ich eine Landkarte von Frankreich ansehe, wenn ich von England komme und den Ärmelkanal überquere, dann sehe ich die Straße, die nach Gstaad* führt. Ich kann die Kilometerzahl entnehmen, ich kann die Richtung erkennen, und das ist ganz einfach, weil sie auf der Landkarte eingezeichnet ist, und ich folge ihr. Indem ich das tue, schaue ich keinen anderen Teil der Landkarte an, weil ich die Richtung kenne, in die ich gehen will, so dass diese Richtung alle anderen ausschließt.

In der gleichen Weise sieht ein Geist, der in einer gegebenen Richtung auf der Suche ist, nicht das Ganze. Wenn ich etwas suche, das ich für real halte, dann ist die Richtung festgelegt, und ich folge ihr, und mein Geist ist nicht in der Lage, das Ganze zu sehen. Wenn ich aber meinen Bewusstseinsinhalt betrachte – der der gleiche ist wie der Ihre –, habe ich bereits eine Richtung eingeschlagen, die darüber hinausgeht. Eine Bewegung in eine bestimmte Richtung, weil ich ein bestimmtes Vergnügen suche, weil ich dieses oder jenes nicht tun will, macht mich unfähig, das Ganze zu sehen. Wenn ich ein Wissenschaftler bin, blicke ich

---

* Kurort im Berner Oberland, in dessen Nähe Krishnamurti jeden Sommer die *Saanen Gatherings* veranstaltete, die internationalen Treffen, auf denen er über Jahrzehnte seine Vorträge hielt (Anm. d. Übers.).

nur in eine bestimmte Richtung. Wenn ich ein Künstler bin, wenn ich ein bestimmtes Talent oder eine Begabung habe, blicke ich wiederum nur in eine bestimmte Richtung. Wenn die Bewegung aber in eine bestimmte Richtung geht, dann ist der Geist nicht in der Lage, die Totalität und die Unermesslichkeit dieser Totalität zu sehen.

Ist es also möglich, dass der Geist ohne irgendeine Richtung ist? Dies ist eine schwierige Frage – bitte, hören Sie gut zu. Natürlich muss der Geist eine Richtung haben, wenn ich mich etwa von hier zu dem Haus dort begeben will, wenn ich Auto fahren muss, oder wenn ich irgendeine technische Verrichtung auszuführen habe – das alles sind Richtungen. Aber ich spreche von einem Geist, der das Wesen der Richtung versteht und daher in der Lage ist, das Ganze wahrzunehmen. Wenn er das Ganze sieht, kann er auch in einer Richtung wirken.

Ob Sie das wohl verstehen? Wenn ich das gesamte Bild im Blick habe, kann ich mich einer Einzelheit zuwenden. Wenn mein Geist jedoch nur mit einer Einzelheit beschäftigt ist, bin ich nicht imstande, das Ganze wahrzunehmen. Wenn es mir um meine Meinungen, meine Ängste, meine Wünsche und Obliegenheiten geht, kann ich das Ganze nicht sehen – das ist doch klar. Wenn ich aus Indien komme, mitsamt meinen Vorurteilen, meinem Aberglauben und meinen Traditionen, kann ich nicht das Ganze sehen. Daher lautet meine Frage: Kann der Geist sich davon frei machen, gerichtet zu sein? – was nicht heißt, dass er ohne Richtung ist. Wenn er aus der Ganzheit handelt, wird die Richtung sehr klar, sehr stark und wirksam. Doch wenn der Geist nur in einer Richtung wirkt, entsprechend dem Muster, das er sich vorgegeben hat, kann er das Ganze nicht sehen.

Da haben wir also meinen Bewusstseinsinhalt – der Inhalt macht mein Bewusstsein aus. Nun, bin ich in der Lage, ihn als Ganzes wahrzunehmen? Ohne Richtung, ohne Urteil, ohne eine Wahl zu treffen, einfach nur zu schauen, und das bedeutet, dass kein Beobachter vorhanden ist, denn dieser Beobachter ist die Vergangenheit. Kann mein Geist mit jener Einsicht hinschauen, die nicht aus dem Denken zusammengesetzt ist, denn das Denken ist die Vergangenheit? Tun Sie das einmal – es erfordert eine ungeheure Disziplin, nicht die Disziplin des Unterdrückens, der Kontrolle, der Nachahmung oder Anpassung, sondern Disziplin als ein Akt, in dem die Wahrheit sichtbar wird. Das Wirken der Wahrheit bringt ihr eigenes Tun hervor, und das ist Disziplin.

Kann Ihr Geist seinen Inhalt anschauen, wenn Sie mit einem anderen Menschen sprechen, in Ihren Gesten, in der Art, wie Sie gehen, wie Sie sitzen und essen, in der Art, wie Sie sich verhalten? Das Verhalten gibt Aufschluss über den Inhalt Ihres Bewusstseins – ob Sie sich im Hinblick auf Lustgewinn, Belohnung oder Schmerz verhalten, denn all dies sind Bestandteile Ihres Bewusstseins. Die Psychologen sagen, dass der Mensch bisher nach dem Prinzip von Belohnung und Strafe, Himmel und Hölle erzogen wurde. Bestrafe ihn nicht, sondern belohne ihn – was dasselbe ist. Sie gehen von einem zum andern und denken, dass sie alles lösen können. Wenn man die Absurdität von Belohnung und Strafe erkennt, sieht man das Ganze. Wenn Sie das Ganze sehen, dann ist Intelligenz da, die Ihr Verhalten bestimmt. Dann verhalten Sie sich nämlich nicht im Hinblick auf Belohnung oder Strafe.

Ihr Verhalten gibt Einblick in den Inhalt Ihres Bewusstseins. Sie können sich hinter einem geschliffenen, sorgsam einstudierten Benehmen verstecken, aber ein solches Verhalten ist rein mechanisch. Daraus ergibt sich eine weitere Frage: Ist der Geist etwas gänzlich Mechanisches? Oder gibt es einen Teil des Gehirns, der ganz und gar nicht mechanisch ist?

Ich werde das bereits Gesagte noch einmal darlegen. Außerhalb von uns, in der Welt der Politik mit ihren neuen politischen Philosophien, in der Wirtschaft, in der religiösen oder sozialen Welt und so fort ist der Mensch auf der Suche, immer auf der Suche. Es gibt neue Götter, neue Gurus, neue Führer. Und wenn Sie all das sehr klar beobachten, dann sehen Sie, dass der Mensch innerhalb des Bereichs des Denkens funktioniert. Das Denken ist seinem Wesen nach nie frei, es ist immer alt, denn es reagiert auf Erinnerung als Wissen und Erfahrung. Das Denken ist Materie, es ist die materielle Welt. Das Denken versucht, aus dieser materiellen Welt in eine immaterielle Welt zu flüchten, aber wenn man durch das Denken in die nichtmaterielle Welt fliehen will, ist das trotzdem ein materieller Prozess.

Wir haben sämtliche moralischen, sozialen und ökonomischen Probleme des Individuums und des Kollektivs. Das Individuum ist seinem Wesen, seinem innersten Kern nach ein Teil des Kollektivs. Es unterscheidet sich vom Kollektiv, insofern es andere Neigungen, einen anderen Beruf, eine andere Gestimmtheit und so weiter haben kann, aber innerlich ist es ein Teil der Kultur, das heißt der Gesellschaft. Nun, das ist faktisch das, was um uns herum geschieht. Was in unserem Inneren vor sich geht, ist ein ganz ähnliches Faktum. Wir versuchen, auf die wichtigen Probleme unseres menschlichen Daseins eine Antwort zu finden, indem wir das Denken einschalten – das Denken, wie die Griechen es dem Westen vorgegeben haben, mit ihrer politischen Philosophie, ihrer Mathematik und so fort. Das Denken hat keine Antwort gefunden, und es wird auch nie eine finden. Wir müssen daher auf die gesamte Struktur des Denkens eingehen und auf den Inhalt, den es als Bewusstsein hervorgebracht hat. Dann müssen wir beobachten, wie das Denken in Beziehung, in unserem täglichen Leben operiert. Aus diesem Beobachten folgt, dass wir Einblick gewinnen, ob der Beobachter sich tatsächlich vom Gegenstand der Beobachtung unterscheidet, denn wenn es einen Unterschied gibt, ist Konflikt die unvermeidliche Folge, ebenso wie zwischen zwei Ideologien, die vom Denken erfunden und von der Kultur, in der sie sich entwickelt haben, geprägt sind.

Können Sie dies in Ihrem täglichen Leben beobachten? Dabei werden Sie entdecken, in welcher Weise Sie sich verhalten – ob Ihr Verhalten in dem Prinzip von Belohnung und Strafe wurzelt – wie es größtenteils bei uns der Fall ist, mag es noch so geschliffen und verfeinert sein. Aus dieser Beobachtung beginnt man zu lernen, was wahre Intelligenz ist. Nicht die Intelligenz, die man aus einem Buch oder aus der Erfahrung schöpft, das ist gar keine Intelligenz. Intelligenz hat nicht das Geringste mit dem Denken zu tun. Sie ist am Werk, wenn der Geist das Ganze sieht, das endlose Ganze, nicht mein Land, meine Probleme, meine kleinen Götter, meine Meditationen, ob das richtig oder jenes falsch ist. Sie erkennt, was es mit dem ganzen Leben auf sich hat. Und diese Qualität der Intelligenz besitzt eine eigene, ungeheure Energie.

Die Einzigartigkeit eines menschlichen Wesens liegt in der vollkommenen Freiheit von seinem Bewusstseinsinhalt

Die Frage lautet: Kann der Bewusstseinsinhalt, der das Bewusstsein so wie wir es kennen ausmacht, sich seiner selbst vollkommen entleeren? – Sind das spanische Dörfer für Sie? Können wir einander folgen? Der gesamte innere Gehalt des Bewusstseins ist das, was es gedacht hat, was es angesammelt hat, was es durch Tradition, Kultur, Kämpfe, Schmerz, Leid und Täuschung empfangen hat. Was ist Bewusstsein ohne diesen Inhalt? Ich kenne mein Bewusstsein nur aufgrund seines Inhalts. Ich bin ein Hindu, ein Buddhist, ein Christ, ein Katholik, ein Kommunist, ein Sozialist, ein Künstler, ein Wissenschaftler, ein Philosoph. Ich hänge an diesem Haus, das ist meine Frau, du bist mein Freund, die Bilder, die Schlussfolgerungen, die Erinnerungen, die ich in vierzig, fünfzig, hundert Jahren aufgebaut habe, sind der Inhalt.

Dieser Inhalt ist mein Bewusstsein, so wie der Ihre Ihr Bewusstsein ausmacht. Und dieser Bereich des Bewusstseins ist Zeit, weil sich darin das Denken vollzieht, das Messen – das Vergleichen, Bewerten, Beurteilen – geschieht in diesem Bereich. Hier sind alle meine bewussten und unbewussten Gedanken angesiedelt. Jede Bewegung in diesem Bereich geschieht innerhalb der Bewegung des Bewusstseins mitsamt seinem Inhalt. Daher ist sehr wenig Raum in diesem Bewusstsein-mit-Inhalt. Bitte, lassen Sie uns das gemeinsam lernen. Wenn wir es gemeinsam lernen, gehört es Ihnen, nicht mir. Dann sind Sie frei von allen Führern, frei von allen Lehren. Dann ist es Ihr Geist, der lernt, und deshalb ist Energie da, und Sie werden mit Leidenschaft erkennen wollen. Doch wenn Sie einem anderen folgen wie ein Hündchen, dann verlieren Sie die ganze Energie.

Wie gesagt, in diesem Bereich des Bewusstseins-mit-Inhalt, der Zeit ist, gibt es nur wenig Raum. Sie können diesen Raum mit Phantasie und Findigkeit ausdehnen, Sie können ihn durch verschiedene Vorgänge erweitern, indem Sie mehr, subtiler, sorgfältiger denken, aber all das geschieht innerhalb des begrenzten Raums des Bewusstseins-mit-Inhalt. Können Sie folgen?

Daher findet jede Bewegung, die über sich hinausgehen will, innerhalb des Inhalts statt. Wenn Sie daher Drogen irgendwelcher Art einnehmen, LSD, Marihuana, Opium und so fort, ist das immer noch eine Tätigkeit des Denkens innerhalb dieses Bewusstseins, und auch wenn Sie meinen, dass Sie darüber hinausgehen, sind Sie immer noch drin. Das ist nur eine Vorstellung, oder Sie erleben den Inhalt intensiver. Man sieht also, dass der Raum – wie immer auch erweitert – in dem Inhalt, der das »Ich« ausmacht, das Ego, die Person, das so genannte Individuum, innerhalb dieses Bewusstseins immer begrenzt sein muss. Wenn man also einen bewussten Versuch unternimmt, etwas darüber hinaus zu erreichen, macht man sich etwas vor – können Sie das verstehen? Wenn ein Guru Ihnen sagt, dass Sie es finden werden, so ist das ohne Verständnis und Entleerung dieses Inhalts völlig absurd; während das bloße Üben, um etwas zu erlangen, wie ein Blinder ist, der Blinde führt, und die Gurus sind generell blind und ebenso ihre Anhänger.

Das ist also die Frage: Der Geist ist sein Inhalt. Das Gehirn ist die Vergangenheit, und aus dieser Vergangenheit operiert das Denken, und das Denken ist nie frei und nie neu. Es erhebt sich daher die Frage: Wie kann dieser Inhalt entleert werden? Nicht durch eine Methode, denn in dem Augenblick, in dem Sie eine Methode anwenden, hat jemand sie Ihnen vermittelt, oder Sie erfinden Ihre eigene, die mechanisch wird, und daher ist das noch immer innerhalb des Gebietes von Zeit und begrenztem Raum.

Ich weiß nicht, ob Sie je nachgedacht oder sich die Frage vorgelegt haben, was der Raum ist – nicht Raum oder Zeit oder Zeitlosigkeit im Sinne von Science-Fiction, sondern um zu fragen, um zu erfahren, was Raum ist. Wir wollen das jetzt tun. Kann der Geist seine eigene Begrenztheit erkennen? Und die Wahrnehmung dieser Begrenzung ist das Ende dieser Begrenztheit. Es geht nicht darum, wie man den Geist entleert, sondern darum, den Inhalt zu sehen, der das Bewusstsein ausmacht, es in seiner Totalität zu sehen und wahrzunehmen, der gesamten Bewegung dieses Bewusstseins zuzuhören. Diese Wahrnehmung selbst setzt ihr ein Ende, nicht die Frage, wie man sie beendet. Wenn ich etwas Falsches erkenne, liegt in der Wahrnehmung des Falschen selbst eine Wahrheit. Allein in der Wahrnehmung, dass ich lüge, ist schon Wahrheit. Das heißt, Sie können nur dann wirklich klar sehen und beobachten, wenn es keinen Beobachter gibt – denn der Beobachter ist die Vergangenheit, das Bild, die Schlussfolgerung, die Meinung, das Urteil. Ist der Geist also in der Lage, seinen Inhalt klar und mühelos zu sehen, sowie seine Begrenztheit, das heißt den Mangel an Raum und die an die Zeit gebundene Qualität des Bewusstseins-mit-Inhalt?

Können Sie das sehen? Sie können die Gesamtheit, den unbewussten sowie den bewussten Inhalt, nur dann sehen, wenn Sie schweigend hinschauen können, wenn der Beobachter vollkommen still ist. Das heißt, wenn ich Sie sehen möchte, darf meine Sicht nicht verschwommen sein. Ich muss sehr gute Augen haben, damit ich Ihre ganze Gestalt, das Haar, die Struktur Ihres Gesichts und so weiter sehe. Ich muss sehr klar sehen. Das bedeutet, dass ich aufmerksam sein muss, und in dieser Aufmerksamkeit ist Energie. Wenn Sie sich dagegen anstrengen, um aufmerksam zu sein, dann ist diese Anstrengung ein Verschleiß von Energie. Wenn Sie versuchen, etwas zu kontrollieren, ist das Energieverschwendung – Kontrolle bedeutet Konformität, Vergleich, Unterdrückung – all dies ist eine Verschwendung von Energie. Wenn Wahrnehmung stattfindet, ist Aufmerksamkeit da, totale Energie, und darin ist nicht ein Hauch von Energieverschwendung.

Wenn Sie daher den gesamten bewussten wie unbewussten Inhalt mit Energie betrachten, dann ist der Geist leer. Das ist keine Einbildung von mir, das ist nicht meine Meinung oder irgendeine Schlussfolgerung, die ich gezogen habe. Wenn ich einen Schluss ziehe, wenn ich denke, das ist richtig, dann mache ich mir bereits eine Illusion. Und da ich weiß, dass es eine Illusion ist, rede ich nicht. Denn dann wäre es, als würde ein Blinder Blinde führen. Aber Sie können selbst sehen, wie logisch, wie vernünftig das ist. Das heißt, wenn Sie zuhören, wenn Sie aufmerksam sind, wenn es Ihnen wirklich darum geht zu erkennen. Nämlich, ob es dem Bewusstsein-mit-seinem-Inhalt möglich ist, seine ganze Tiefe darzulegen.

Betrachten Sie zuerst die Frage, und gehen Sie dann weiter. Wie alles im Leben sind wir gespalten, haben wir ein gespaltenes Bewusstsein – ein bewusstes und ein unbewusstes, wir sind Geschäftsmann und Künstler. Diese Spaltung, diese Zersplitterung, die durch unsere Kultur, durch unsere Erziehung herbeigeführt wurde, existiert. Und Sie stellen eine Frage, welche lautet: Wenn es diese Spaltung zwischen dem Bewussten und dem Unbewussten gibt und das Unbewusste seine Motive hat, sein rassisches Erbe, seine Erfahrung und so fort, wie kann das alles im Licht von Intelligenz, im Licht der Wahrnehmung dargestellt werden? Stellen Sie diese Frage? Wenn Sie diese Frage stellen, tun Sie dies als einer, der den Inhalt und daher die Spaltung, den Widerspruch, den Konflikt, das Leid und alles Übrige analysieren will? Oder stellen Sie diese Frage, ohne die Antwort zu wissen? Das ist nämlich wichtig. Wenn Sie aufrichtig und in allem Ernst sagen, dass Sie nicht wissen, wie Sie diese ganze verborgene Struktur des Bewusstseins darlegen sollen, wenn Sie es wirklich nicht wissen und die Sache dann mit diesem Nichtwissen angehen, dann werden Sie etwas lernen. Wenn Sie jedoch einen Rückschluss ziehen, eine Meinung dafür oder dagegen haben, dass es unmöglich oder möglich sei, dann gehen Sie mit einem Geist heran, der sich bereits auf eine Antwort oder keine Antwort festgelegt hat.

Wenn also ein Geist sagt: »Ich weiß es nicht«, ist das die Wahrheit, ist das Ehrlichkeit. Sie können im Sinne eines Philosophen, Psychologen oder Analytikers etwas wissen, aber das ist nicht *Ihr* Wissen – es ist *deren* Wissen, und Sie interpretieren es und suchen dieses zu verstehen, nicht das, was wirklich ist. Wenn Sie also sagen: »Ich weiß nicht«, was haben wir dann? Haben Sie verstanden? Wenn Sie sagen: »Ich weiß nicht«, hat der Inhalt nicht die geringste Bedeutung. Bitte, sehen Sie das ein. Denn dann ist der Geist ein frischer Geist – verstehen Sie? Es ist der neue Geist, der sagt: »Ich weiß nicht«. Wenn Sie das sagen, nicht nur obenhin zu Ihrem Vergnügen, sondern mit Tiefe, mit Bedeutung, mit Aufrichtigkeit, dann ist dieser Geisteszustand, der nicht weiß, ein seines Inhalts entleertes Bewusstsein. Es ist das Wissen, das der Inhalt ist. Leuchtet Ihnen das ein? Begreifen Sie es?

Der Geist kann also niemals sagen, dass er weiß. Deshalb ist er immer neu, lebendig, tätig. Deshalb ist er nirgends verankert. Denn nur, wenn er irgendwo verankert ist, sammelt er Meinungen, Rückschlüsse und Spaltung. Das ist Meditation. Meditation heißt, die Wahrheit jede Sekunde wahrnehmen – nicht die letztendliche Wahrheit, sondern das Wahre und Falsche in jeder Sekunde wahrnehmen. Die Wahrheit, dass der Inhalt das Bewusstsein ist, wahrnehmen. Die Wahrheit erkennen, dass ich nicht weiß, wie ich das bewältigen soll. Das ist Wahrheit: Es nicht zu wissen. Daher ist Nichtwissen der Zustand, in dem es keinen Inhalt gibt. Es ist so verblüffend einfach – und dagegen wehren Sie sich! Sie wollen etwas Schlaues, Kompliziertes, Ausgeklügeltes haben und wehren sich dagegen, etwas außerordentlich Einfaches und daher außerordentlich Schönes zu sehen!

Kann also der Geist, der das Gehirn ist, seine eigene Begrenztheit erkennen, die Fessel der Zeit und die Eingeschränktheit des Raumes? Und solange man in diesem begrenzten Raum und dieser zeitgebundenen Bewegung lebt, muss es Leiden geben, muss es seelische Verzweiflung, Hoffnung und Angst geben, all dies. Wenn der Geist diese Wahrheit eingesehen hat, was ist dann Zeit? Gibt es dann eine andere Dimension, die das Denken nicht berühren und daher nicht beschreiben kann? Wir haben gesagt, Denken ist Messen und daher Zeit. Wir leben vom Maßnehmen, unsere gesamte Denkstruktur beruht auf einem Messvorgang, dem Vergleichen, Bewerten, Werden. Und das Denken als Messvorgang versucht, über sich hinauszugehen und zu entdecken, ob es etwas Unermessliches gibt. Die Einsicht, dass das falsch ist, ist die Wahrheit. Ob Sie das wohl verstehen? Die Wahrheit besteht darin, das Falsche zu erkennen, und falsch ist, wenn das Denken nach etwas trachtet, das nicht messbar ist, das nicht der Zeit, nicht dem begrenzten Raum, dem Inhalt des Bewusstseins, unterliegt.

Gewahrsein ohne Wahl

Gewahrsein ohne Wahl bedeutet, einer Sache objektiv, äußerlich und innerlich gewahr zu sein, ohne eine Wahl zu treffen. Einfach der Farben gewahr zu sein, dieses Zeltes, der Bäume, der Berge, der Natur – einfach wahrzunehmen. Nicht zu wählen, indem man sagt: »Das gefällt mir«, »Das gefällt mir nicht« oder: »Das möchte ich haben« oder: »Das möchte ich nicht haben.« Zu beobachten ohne den Beobachter. Der Beobachter ist die Vergangenheit, die konditioniert ist, daher sieht er die Dinge immer von diesem konditionierten Standpunkt, und so gibt es ein Mögen und Nicht-Mögen, meine Rasse, deine Rasse, mein Gott, dein Gott, und alles, was damit zusammenhängt. Wir sagen, Gewahrsein bedeutet, dass man die ganze Umgebung beobachtet, die Berge, die Bäume, die hässlichen Kriege, die Städte, dass wir ihrer gewahr sind, sie anschauen. Und in diesem Anschauen gibt es keine Entscheidung, keinen Willen, keine Wahl.

Freiheit ist im Gewahrsein
ohne Wahl des täglichen Seins und
Handelns zu finden

Das ist wirklich ein sehr wichtiges Thema, und es bedarf gründlicher Forschung und Untersuchung, um festzustellen, ob der Geist jemals frei sein kann oder ob er immer an die Zeit gebunden ist. Ist es möglich, dass der Geist, während er in dieser Welt lebt und mit all den täglichen Problemen zurechtkommen muss – den vielen widerstreitenden Wünschen, den gegensätzlichen Elementen, Einflüssen und verschiedenen Widersprüchen, in denen man lebt, mit all den Qualen und vergänglichen Freuden – kann ein solcher Geist jemals frei sein, nicht nur oberflächlich, sondern in der Tiefe, an der Wurzel seiner Existenz? Und so stellen wir die Frage, ob der Mensch, der in dieser außerordentlich komplexen Gesellschaft lebt, wo er seinen Unterhalt verdienen muss, womöglich eine Familie gründet und in Konkurrenz und Erwerb leben muss, ob er über all das hinausgehen kann, nicht in der Abstraktion, nicht in einer Vorstellung, Formel oder in einem Begriff von Freiheit, sondern ob dieser Mensch tatsächlich frei sein kann.

»Freiheit von« ist eine Abstraktion, denn Freiheit besteht darin, zu beobachten »was ist« und darüber hinauszugehen. Lassen Sie sich nicht verwirren. Wenn ich einen Vorschlag machen darf, hören Sie erst einmal zu, ohne etwas anzunehmen oder zu verneinen, hören Sie einfach mit Einfühlsamkeit zu, ohne Schlüsse zu ziehen, ohne defensiv zu reagieren oder Widerstand zu leisten oder das, was hier gesagt wird, in Ihre ganz eigene Sprache zu übersetzen. Hören Sie zu, wie Sie diesen Krähen zuhören – die lärmen, umherflattern und sich für die Nachtruhe einen Baum suchen, wo sie ungestört sein können – und seien Sie still. Sie hören ihnen zu, und Sie können nichts dagegen tun, Sie können sie nicht ersuchen aufzuhören, sich gegenseitig ihre Rufe zu senden. Sie hören nur zu. Wenn Sie aber dem Lärm, den sie machen, Widerstand leisten, dann verneint dieser Widerstand die Freiheit, den Krähen zuzuhören. Und wenn Sie Widerstand aufbauen, weil Sie sagen: »Ich möchte hören, was hier gesprochen wird, und sie machen ein furchtbares Spektakel«, dann ist dieser Widerstand ein Akt, der Sie am Zuhören hindert und daher die Freiheit zu hören verneint.

Wenn es Ihnen recht ist, hören Sie jetzt nicht nur auf das Wort oder seine Bedeutung, sondern versuchen Sie, die ganze innere Bedeutung dieses Wortes *Freiheit* zu verstehen. Das heißt, wir werden diese Frage gemeinsam stellen, uns zusammen auf den Weg machen, zusammen forschen und zusammen verstehen, was mit dieser Freiheit gemeint ist, ob der Geist – Ihr Geist –, der in der Zeit herangebildet wurde, ein Gehirn, das sich von der Zeit genährt hat, das Tausende von Erfahrungen angesammelt hat, das von verschiedenen Kulturen geprägt ist, ob ein solcher Geist frei sein kann – nicht in irgendeinem utopischen oder religiösen Sinn von Freiheit, sondern im tatsächlichen Leben inmitten dieser verwirrten und in Widersprüchen verstrickten Welt.

Wir wollen die Frage stellen, ob dieser Geist, Ihr Geist, wie Sie ihn kennen, wie Sie ihn beobachtet haben, jemals sowohl an der Oberfläche als auch tief im Inneren vollkommen frei sein kann. Denn wenn wir uns diese Frage nicht beantworten können, werden wir immer im Gefängnis der Zeit leben, denn Zeit ist Vergangenheit, Zeit ist Denken, Zeit ist Leiden. Und solange wir diese Wahrheit nicht wirklich begreifen, werden wir immer im Konflikt, im Leiden, im Gefängnis des Denkens leben. Ich weiß nicht, was Sie von dieser Frage halten oder was Ihre religiösen Lehrer dazu gesagt haben, oder die Bhagavad Gita, die Upanishaden, Ihre Gurus, Ihre Sozialstruktur, Ihre wirtschaftliche Lage, sondern was Sie selbst denken, was Sie dazu sagen, was viel wichtiger ist als alle Bücher zusammen. Das bedeutet, Sie müssen die Wahrheit selbst finden, Sie müssen prüfen, was Sie denken und was Sie sehen, nicht was andere gesagt haben. Nur so sind Sie frei von jeder Autorität.

Wie ich schon sagte, bitte hören Sie zu. Während Sie zuhören, handeln Sie, und das bedeutet, dass Sie, noch während Sie zuhören, die Wahrheit erkennen. Wir sind auf wissenschaftliche Kenntnisse, auf die Experimente anderer angewiesen, auf das von anderen Leuten gesammelte mathematische, geographische, wissenschaftliche, biologische Wissen. Das ist unvermeidlich. Wenn Sie Ingenieur werden wollen, müssen Sie sich das Wissen aneignen, das von anderen über Mathematik, Struktur, Spannung und so fort gesammelt wurde. Wenn Sie aber selbst herausfinden wollen, was Wahrheit ist – sofern es so etwas gibt –, können Sie unmöglich das gesammelte Wissen, das, was andere gesagt haben, akzeptieren, wie Sie es bisher getan haben.

Entscheidend ist, was Sie denken, wie Sie leben. Um herauszufinden, wie Sie leben, was Sie tun, müssen Sie das ganze Wissen der Experten und Sachverständigen fallen lassen, die Ihnen beigebracht haben, wie Sie leben sollen. Bitte, begreifen Sie das. Freiheit heißt nicht, dass alles erlaubt ist. Freiheit ist nötig, damit der menschliche Geist gesund, normal, vernunftgemäß handeln kann. Wie ich gesagt habe, ist Freiheit von etwas – Freiheit von Zorn, Eifersucht oder Aggression – eine Abstraktion und daher nicht real. Ein Mensch, der sagt: »Ich muss mich vom Zorn oder von der Eifersucht befreien«, ist nicht frei. Doch wenn einer sagt: »Ich muss das Faktum des Zorns, wie er im Augenblick wirklich ist, betrachten und die ganze Struktur des Zorns kennen lernen«, indem er also selbst unmittelbar beobachtet, findet er Freiheit durch diese Beobachtung, und nicht, indem er sich zum Gegenteil erzieht. Sich zur Tapferkeit zu erziehen, wenn man nicht tapfer ist, ist nicht Freiheit. Ein Geist, der das Wesen, die Struktur von Feigheit versteht und dranbleibt, der sie anschaut, alles darüber lernt, der ihre Wahrheit schlagartig wahrnimmt, ein solcher Geist ist frei von Feigheit und Tapferkeit. Das heißt, unmittelbare Wahrnehmung ist Freiheit, nicht die Erziehung zum Gegenteil. Denn die Erziehung zum Gegenteil setzt Zeit voraus.

Denken ist Zeit

Wenn der Geist der Unordnung gewahr ist, erwächst aus diesem Gewahrsein eine Ordnung, die Tugend ist. Wenn diese wirklich, tief und wahrhaftig begründet ist, können wir uns der Frage zuwenden, ob es etwas Heiliges gibt. Um dahin zu kommen, müssen Sie in die Natur von Zeit und Denken eindringen.

Denn nur wenn die Zeit angehalten werden kann, ist der Geist in der Lage, etwas Heiliges, etwas Neues wahrzunehmen. Es ist daher sehr wichtig zu fragen, ob das Denken in irgendeiner Beziehung zur Zeit steht und was Zeit ist. Offensichtlich gibt es die Uhrzeit, es gibt heute, gestern und morgen. Wir machen Pläne, gehen von hier nach dort, planen bestimmte Dinge, die wir tun wollen. Um eine Sprache oder das Autofahren zu erlernen, um zu verstehen, wie man eine technische Tätigkeit verrichtet, braucht man Zeit. All dies ist Meditation.

Was ist daher Zeit, abgesehen von der chronologischen Zeit? Zeit ist eine psychische Bewegung von hier nach dort wie auch eine physische von hier zu jenem Haus. Die Bewegung zwischen diesem und jenem ist also Zeit. Der Zwischenraum zwischen diesem und jenem, das Zurücklegen dieses Raumes, die Bewegung dorthin ist Zeit. Jede Bewegung ist Zeit. Sowohl die physische, wenn man von hier nach New York oder wohin auch immer fährt, erfordert Zeit, als auch die psychische, wenn das, »was ist«, in das verwandelt werden soll, »was sein sollte«. Auch das ist Bewegung, zumindest halten wir es für eine solche. Zeit ist also Bewegung im Raum, geschaffen vom Denken, das ausgehend von etwas, etwas anderes erstrebt. Denken ist daher Zeit, Denken ist Bewegung in der Zeit. Hat das für irgendjemand von Ihnen eine Bedeutung? Sind wir gemeinsam unterwegs?

Bitte, dies erfordert ungeheure Aufmerksamkeit, Sorgfalt, ein Gefühl für etwas, das nicht persönlich ist, nichts mit Lust oder Begehren zu tun hat. Das verlangt große Sorgfalt, und diese Sorgfalt bringt ihre eigene Ordnung mit sich, ihre eigene Disziplin. Das Denken ist also die Bewegung zwischen dem, »was ist«, und dem, »was sein sollte«.

Denken ist Zeit, um diesen Raum zu überwinden, und solange es zwischen diesem und jenem eine psychische Spaltung gibt, gibt es auch eine Bewegung des Denkens in der Zeit. Denken ist Zeit als Bewegung. Kann es jedoch Zeit als Bewegung geben, ein Denken, wenn nur die Beobachtung dessen, »was ist«, vorhanden ist? – nämlich Beobachtung, nicht als Beobachter und Gegenstand der Beobachtung, sondern als reine Beobachtung, ohne die Bewegung, die über das, »was ist«, hinausgeht. Es ist sehr wichtig, dass der Geist das versteht, denn das Denken vermag die herrlichsten Bilder des Heiligen und Sakralen hervorzubringen, wie alle Religionen es getan haben. Alle Religionen gründen im Denken, in einem Denken, das sich über Glaubenslehren, Dogmen und Rituale organisiert hat. Wenn wir daher nicht vollständig begreifen, dass das Denken Zeit und Bewegung ist, kann der Geist unmöglich über sich hinausgehen.

Wie gesagt, sind wir dazu erzogen und gedrillt worden, das, »was ist«, in das zu verwandeln, »was sein sollte« – das Ideal. Und das Wort *Ideal* kommt von *Idee,* und das bedeutet »sehen«, nichts weiter. Das heißt, nicht von dem, was man sieht, zu abstrahieren, sondern wirklich dabei zu bleiben, was man sieht. Wir werden also dazu erzogen, das, »was ist«, in das zu verwandeln, »was sein sollte«. Dieses Training ist die Bewegung des Denkens, um die Entfernung zurückzulegen zwischen dem, »was ist«, und dem, »was sein sollte«, und das erfordert Zeit. Die ganze Bewegung des Denkens im Raum ist die Zeit, die man braucht, um das, »was ist«, in das, »was sein sollte«, zu verwandeln.

Aber der Beobachter ist das Beobachtete; daher gibt es gar nichts zu verwandeln. Denn es gibt nur das Seiende, das, »was ist«. Der Beobachter weiß nicht, was er mit dem Seienden machen soll und versucht daher mit verschiedenen Methoden, es zu kontrollieren oder zu unterdrücken. Doch der Beobachter ist das Beobachtete, das, »was ist«, ist der Beobachter selbst, wie Zorn oder Eifersucht – Eifersucht ist der Beobachter, es gibt keine vom Beobachter getrennte Eifersucht, sie sind eins. Wenn es also keine Bewegung gibt, um das, »was ist«, zu verändern – Bewegung als Denken in der Zeit –, wenn das Denken begreift, dass es keine Möglichkeit gibt, das Seiende zu verändern, dann wird das, »was ist«, völlig ausgelöscht, weil der Beobachter das Beobachtete ist. Lassen Sie sich tief darauf ein, dann werden Sie selbst sehen, dass es wirklich ganz einfach ist.

106

Nehmen wir an, ich kann jemanden nicht leiden und denke, dass dieser Widerwille sich von dem »Ich« unterscheidet. Die Entität, die jemanden nicht leiden kann, ist selbst der Widerwille, sie ist nicht getrennt von ihm, und wenn das Denken sagt: »Ich muss meinen Widerwillen überwinden«, dann ist das eine vom Denken erzeugte Bewegung in der Zeit, um das zu überwinden, was wirklich ist. Wenn man einsieht, dass der Beobachter, die Entität, und das Ding, das wir »Widerwillen« nennen, eins sind, dann findet ein komplettes Anhalten statt. Das ist nichts Statisches, sondern eine völlige Bewegungslosigkeit und daher vollkommene Stille. Zeit als Bewegung, Zeit als Denken, das ein Resultat erzielt, kommt völlig zu einem Ende; daraus entspringt ein Handeln aus der Gegenwart. Der Geist hat also den Grund gelegt und ist frei von Unordnung. Und auf dieser Grundlage gibt es daher ein Blühen und die Schönheit der Tugend. Auf dieser Grundlage kann es zwischen Ihnen und einem anderen eine Beziehung geben, in der kein Bild am Werk ist, in der nur die Beziehung vorhanden ist, nicht das Bild, das sich einem anderen Bild anpasst. Es gibt nur das, »was ist« und keine Veränderung dessen, »was ist«. Das Verwandeln des Seienden oder seine Transformation ist die Bewegung des Denkens in der Zeit.

Wenn Sie an diesem Punkt angelangt sind, werden der Geist und auch die Gehirnzellen vollkommen still. Das Gehirn, das die Erinnerungen, die Erfahrungen, das Wissen enthält, kann und muss im Bereich des Bekannten funktionieren. Aber jetzt ist dieser Geist, dieses Gehirn frei von der Tätigkeit der Zeit und des Denkens. Dann wird der Geist vollkommen still. All dies geschieht mühelos, es muss ohne ein Gefühl von Disziplin oder Kontrolle stattfinden, denn all dies gehört zur Unordnung. Was hier gesagt wird, unterscheidet sich gänzlich von dem, was Ihre Gurus, Ihre »Meister«, Zen und so weiter behaupten. Hierin gibt es keine Autorität, keine Gefolgschaft. Wenn Sie jemandem nachfolgen, zerstören Sie nicht nur sich selbst, sondern auch den anderen. Für einen religiösen Geist gibt es daher keine wie immer geartete Autorität. Aber er hat Intelligenz und wendet diese an. Es gibt die Autorität des Wissenschaftlers, des Arztes, des Fahrlehrers. Davon abgesehen, gibt es keine Autorität, keinen Guru.

Zeit ist der psychische Feind

Wir haben bereits vom Wesen der Zeit gesprochen. Bitte, seien Sie nicht ungeduldig, aber wir müssen uns noch einmal darüber unterhalten. Wir sagten, dass Zeit die Vergangenheit ist, Zeit ist die Zukunft, und die Zukunft ist jetzt. Zukunft ist, was Sie jetzt sind. Wenn ich gewalttätig bin und mich nicht jetzt radikal verändere, ist die Zukunft jetzt. Haben Sie das verstanden? Dies ist ein gemeinsames Unternehmen, es ist nicht meine Wahrheit oder Ihre Wahrheit, denn die Wahrheit ist nichts Persönliches, sie hat keinen Pfad. Und das ist eine Tatsache, es ist die Wahrheit, dass alle Zeit – Vergangenheit, Zukunft und Gegenwart – im Jetzt enthalten ist. Das ist logisch, rational und intellektuell nicht zu widerlegen. Aber es gefällt Ihnen vielleicht nicht. Und die meisten von uns leben damit, dass sie etwas mögen oder nicht mögen. Wir wollen uns nicht wirklich mit einer Sache auseinander setzen, wir möchten viel lieber darüber hinweggleiten. Da wir – wie ich hoffe – ernsthafte Leute sind, lassen Sie uns, wenn auch nur kurz, dieses Ding gemeinsam betrachten: dass die Zeit, Vergangenheit, Gegenwart und Zukunft, im Jetzt enthalten ist.

Nehmen wir an, jemand sei egozentrisch, was sehr, sehr beschränkend ist. Diese Selbstbezogenheit kann sich mit etwas Größerem identifizieren, aber sie wird immer Selbstbezogenheit bleiben. Wenn ich mich mit meinem Land, meiner Nation, meiner Religion, meinen Vorurteilen und so fort identifiziere, dann liegt in dieser Identifizierung schon die Fortsetzung meiner Selbstbezogenheit. Ich habe bloß andere Worte gebraucht, aber im Wesentlichen ist dieser Identifizierungsprozess Selbstbezogenheit. Bitte, der Redner versucht nicht, Sie von irgendetwas zu überzeugen. Im Gegenteil, zweifeln Sie, hinterfragen Sie, diskutieren Sie, nehmen Sie nichts hin. Prüfen Sie jedoch mit einem kritischen, scharfen Verstand. Tatsache ist, wir leben in Unordnung. Das können Sie nicht leugnen. Sie können es anders nennen, Sie können davor weglaufen, aber wir menschlichen Wesen leben in Unordnung. Wir hassen, lieben, ängstigen uns, wollen Sicherheit, denn wir wissen um die Unsicherheit, da wir ständig mit der Gefahr von Krieg und unter der Bedrohung des Todes leben. Also leben wir in Unordnung. Wird die Zeit uns von dieser Unordnung erlösen? Wir leben, wie Archäologen und Biologen uns mitteilen, seit etwa fünfundvierzigtausend Jahren als menschliche Wesen auf dieser Erde. Und trotz dieser langen Periode der Evolution sind wir immer noch, was wir sind, in Konflikt, in Unordnung.

Diese lange Zeitspanne hat das Problem nicht gelöst. Vielleicht haben wir die Zeit missverstanden. Das heißt, wir haben gehofft, dass wir in weiterer vierzigtausend Jahren, indem wir eine Menge Wissen erwerben und uns durch das Wissen entwickeln, schließlich ohne Konflikt, ohne Unordnung daraus hervorgehen werden. Indem wir uns also auf die Zeit verlassen haben, haben wir ihre Bedeutung wohl missverstanden. Ich war dies, oder ich bin jenes; gebt mir Zeit, damit ich mich ändern kann. Wir hatten vierzig- oder fünfzigtausend Jahre Zeit und sind immer noch höchst primitiv. Diese Art des Denkens in der Zeit ist daher vielleicht einfach verkehrt. Vielleicht gibt es eine neue Betrachtungsweise, eine neue Art, wie man das ganze Problem angehen kann.

Sie brauchen Zeit, um von hier zu Ihrem Haus zu gelangen und so fort, aber psychologisch – wenn Sie dieses Wort nicht mögen, dann innerlich, oder wenn Sie das auch nicht mögen, dann unter der Haut – haben wir Zeit als eine Zeitspanne hingenommen, aus der wir möglicherweise einmal als außerordentlich vernünftige, rationale, gesunde menschliche Wesen ohne Konflikte hervorgehen werden. Aber die Zeit hat das nicht geleistet. Sie haben vierzigtausend Jahre hinter sich, und wenn Sie weitere vierzigtausend Jahre warten, werden Sie an genau demselben Punkt stehen. Das ist logisch.

Lassen Sie uns also die ganze Bedeutung von Zeit betrachten. Zeit ist die Vergangenheit, der gesamte Inhalt unseres Bewusstseins, und wenn Sie das Wort *Bewusstsein* nicht mögen, dann eben die ganze Welt der Reaktionen, die Vergangenheit sind – die Vergangenheit mit all ihren ererbten, erworbenen, rassischen und umweltbedingten Erinnerungen, die wir seit Jahrtausenden ansammeln. Und diese Zeit, diese Vergangenheit ist jetzt. Sie sind die Vergangenheit. Einverstanden? Sie sind die Vergangenheit mit all den angesammelten Erinnerungen aus der Vergangenheit, Sie sind Erinnerung. Diese Erinnerung braucht Zeit, um weiter anzuwachsen. Und die Zukunft, das Morgen, tausend Morgen sind, was Sie jetzt sind – ist das klar? Es liegt auf der Hand. Die Zukunft ist also jetzt. Und ist es möglich – bitte, begreifen Sie das –, nicht zuzulassen, dass die alte Zeit sich einmischt, sondern dass dieser neue Sinn für die gesamte Zeit jetzt ist?

Verstehen Sie das? Nehmen wir an, ich lebe in Unordnung und bin mir dessen bewusst. Dann sage ich mir, ich werde nach und nach daran arbeiten, ich werde darüber nachdenken und mich darauf einlassen, und all dies bedeutet Zeit, das heißt morgen. Ich werde die Ursache herausfinden. All das erfordert Zeit. Bitte, stimmen Sie wenigstens damit überein, nehmen Sie diese Tatsache wahr. Und ich sehe, dass diese Art, an die Zeit heranzugehen, falsch ist. Daher lasse ich das vollkommen beiseite. Das heißt, ich durchbreche – oder besser gesagt, die Tatsache durchbricht – die Konditionierung des Denkens, die das alte Muster der Zeit angenommen hat.

Da ich jetzt die alte Denkweise hinsichtlich der Zeit abgelegt habe, betrachte ich die Zeit, wie sie ist. Alle Zeit ist jetzt. Wenn ich das eingesehen habe, verändere ich mich in diesem Augenblick völlig: Ich mache die Konditionierung des Gehirns, das sich an die alte Auffassung von Zeit gewöhnt hat, rückgängig. Ich durchbreche das Faktum dieser Konditionierung, weil ich einsehe, wie verkehrt sie ist. In dieser Wahrnehmung liegt eine radikale Veränderung, und das bedeutet, dass augenblickliches Handeln stattfindet. Ich handle ohne Zeit, das heißt, der Denkprozess findet nicht statt. Haben Sie das erfasst? Du liebe Zeit!

Wenn Sie dem nachgehen, so ist das wirklich faszinierend. Denken ist Zeit. Weil das Denken die akkumulierte Reaktion des Gedächtnisses ist. Dieses Gedächtnis hat sich über die Zeiten hin angesammelt; es ist das Resultat des Wissens. Um Wissen anzuhäufen, brauchen Sie Zeit, und Wissen kommt aus der Anhäufung von Erfahrung. Erfahrung ist begrenzt, daher ist auch Wissen begrenzt, und desgleichen die Erinnerung, daher ist auch das Denken begrenzt. Nun, ich habe gesagt, das Denken ist Zeit. Und wenn wir die Zeit benützen, also denken, um zu ändern, was ich jetzt bin, wird das vergeblich sein. Doch wenn ich sehe – nicht »ich sehe«, sondern wenn Wahrnehmung vorhanden ist –, wenn also die Tatsache wahrgenommen wird, dass alle Zeit im Jetzt enthalten ist, was geschieht dann? Begreifen Sie diesen Satz? Ich bin gewalttätig, ich lebe in Unordnung und nehme diese Unordnung wahr. Außerdem sehe ich die Tatsache, die Wahrheit, dass alle Zeit jetzt ist. Und meine

Wahrnehmung, dass es sich so verhält, muss ganz scharf, ganz klar sein, und diese Klarheit ist nicht das Produkt von Zeit.

Wir müssen uns also darüber unterhalten, was Wahrnehmung ist. Was heißt das, klar zu sehen? – nicht nur uns selbst, wie wir sind, sondern auch das klar sehen, was in der Welt geschieht. Was klar und deutlich in der Welt geschieht, ist die Weiterführung der Spaltung – in Nationen, Religionen, Sekten, Gurus und so fort. All diese Leute mögen über den Frieden und politische und religiöse Einheit reden, und sie wollen alle, dass wir uns ihrer Einheit anschließen.

Äußerlich gibt es also diese ungeheure Unordnung, die letztlich im Krieg, im gegenseitigen Töten ihren Ausdruck findet. Auch wir leben in Unordnung. Und diese Unordnung wird von der Zeit hervorgerufen. Wir haben jahrhundertelang damit gelebt, also wird die Zeit im alten Sinn das Problem nicht lösen. Was ist also Wahrnehmung? Sind Sie imstande, etwas wirklich klar zu sehen, wenn Sie voreingenommen sind? Offensichtlich nicht. Wenn Sie etwas persönlich nehmen? – »Das verletzt mich, bitte, sagen Sie mir nichts. Meine Meinungen sind so stark, ich habe alles durchdacht und stehe dazu.« Alle diese Faktoren, die etwas Persönliches sind – nicht objektiv oder klar –, verhindern die Wahrnehmung. Es ist, als sähe man durch eine gefärbte Brille. Oder es ist wie eine photographische Linse, die das Bild aufnimmt und im Film aufzeichnet, aber der Film ist schon voll und kann keine neuen Bilder mehr aufnehmen.

Also halten wir diese Meinungen fest, und das heißt, dass man nichts mehr sehen kann. Doch wenn Sie stattdessen hinschauen und es beiseite tun, machen Sie Schluss damit. Das heißt, dass Sie einen sehr klaren, starken, aktiven Verstand haben müssen, so dass keine persönliche Voreingenommenheit, keine Bindung an irgendein Ding vorliegt. Wenn eine solche Wahrnehmung da ist, dann ist diese Wahrnehmung kein Faktor der Zeit, so dass, wenn es Unordnung gibt, Sie diese sofort sehen, die Ursache und die ganze Spaltung. Dann ist sofort Schluss damit, und das bedeutet, dass es am nächsten Tag nicht plötzlich wieder auftaucht. Wenn Sie einmal eine Gefahr, etwa eine giftige Schlange, wahrgenommen haben, dann spielen Sie nicht damit. Dann ist Schluss. Aber wir erkennen die Gefahr nicht, weil wir so voreingenommen, so engstirnig, so voll von unseren eigenen Geschichten sind.

Unordnung kann also nur jetzt aufhören, nicht morgen. Während Sie dasitzen, nehmen Sie Ihre eigene Unordnung wahr, schauen Sie, ob

Sie sie klar sehen, klar wahrnehmen können mit all ihren Verästelungen. Wenn Sie sie vollkommen wahrnehmen, dann bereiten Sie ihr ein Ende. Aber diese Wahrnehmung ist nicht möglich, wenn Sie voreingenommen sind, wenn Sie alles persönlich nehmen.

Wir sollten auch die Frage der Angst miteinander besprechen. Ich bin sicher, dass Sie das interessiert. Ich weiß, dass Sie das, was wir besprochen haben, vielleicht für sehr intellektuell halten. Ich weiß, dass Sie das sagen werden. Aber es ist nicht intellektuell. Der Intellekt ist notwendig, wie auch Emotionen notwendig sind, aber wenn eines das andere dominiert, beginnen die Schwierigkeiten.

Reden wir also von der Angst und untersuchen wir gemeinsam ihre Ursache, ihre Natur und ob sie ganz und gar aufhören kann. Oder müssen wir für den Rest unseres menschlichen Daseins so weitermachen und in Angst leben? Wenn wir gewahr, wenn wir bewusst sind, haben wir viele Ängste: die Angst vor der Dunkelheit, die Angst vor dem Leben, die Angst vor der öffentlichen Meinung, die Angst davor, was der Nachbar sagen könnte, die Angst vor meiner Frau oder meinem Mann oder wem immer, die Angst vor Unsicherheit, die Angst vor dem Verlust der ökonomischen Sicherheit, sofern man diese hat. Warum sind wir diesen Ängsten nicht beigekommen? Sie haben das Problem des Krieges so bewältigt, dass Sie weiterhin Kriege führen, und haben Ihr Gehirn eingesetzt, um für den Krieg zu rüsten. Alle Generäle bereiten sich auf den Krieg vor, mit Plänen, U-Booten, der Luftwaffe – und allem, was sonst noch dazu gehört.

Sie haben ihr Gehirn angestrengt, um all das zu produzieren. Warum wurden dieselben Gehirne nicht auf dieses ungeheure Gefühl der Angst angesetzt, das der Mensch seit Beginn der Zeit hat? Das heißt, warum haben Sie und der Redner sich nicht ernsthaft mit dieser Frage beschäftigt, wie Sie es tun, wenn Sie hungrig oder ehrgeizig sind? Wenn Sie mehr Geld haben möchten, legen Sie sich ins Zeug. Die Psychologen und Therapeuten haben die Ursachen der Angst auf unterschiedliche Weise erklärt. Wenn wir alles beiseite lassen könnten, was sie gesagt haben, weil sie weiter nichts gesagt haben, wäre das etwas rein Verbales. Die sind vielleicht ebenso verängstigt wie Sie! Ich habe einige von ihnen kennen gelernt, ich weiß, dass sie so viel Angst haben wie Sie, vor diesem oder jenem. Aber ist es möglich, der Angst ein Ende zu setzen? Setzen Sie Ihre Gefühle, Ihre Emotionen und

Ihren Verstand ein, um daran zu arbeiten, drücken Sie sich nicht davor, versuchen Sie nicht, die Angst wegzuerklären, sondern erkennen Sie, warum wir dazu nicht imstande sind oder warum wir zugelassen haben, dass wir dazu nicht mehr instande sind.

Was ist Angst? Sie wissen es, wenn sie da ist, Sie erkennen sie in ihrem Wesen, wie sie pocht, wie Ihr körperlicher Organismus zusammenzuckt, wie Ihr Gehirn leer wird, beinahe gelähmt ist. Das kennen Sie doch alles, nicht wahr? So ist es doch. Sie greift Ihren Schlaf, Ihr tägliches Leben an, sie bringt Misstrauen, Sorge, Depression, und Sie klammern sich an etwas und hoffen, dass es sich nicht verändern und keine Angst mit sich bringen möge. Entweder wir befassen uns mit der Wurzel der Angst oder wir beschneiden lediglich ihre Äste. Was wollen Sie tun? Es gibt tausend Ängste. Wie ein wunderschöner Baum, eines der herrlichsten Dinge auf Erden, hat auch die Angst, die etwas so ausnehmend Hässliches ist, Äste und Blätter, viele Weisen, sich auszudrücken. Möchten Sie sich mit dem Ausdruck, der Oberfläche, dem Äußeren befassen? Oder wollen wir gemeinsam an ihre Wurzel gehen? Lassen Sie uns also zusammen herausfinden, was die Ursache der Angst ist. Wir wissen sehr wohl, wie Angst sich ausdrückt. Wenn wir also ihre Wurzel aufspüren, kann ihr Ausdruck verwelken.

Was ist also der Grund, die Ursache von Angst? Wenn Ihnen diese Frage gestellt würde, würden Sie sie beantworten? Oder erwarten Sie, dass ein anderer es erklärt? Die Erklärung ist nicht das Faktum. Sie können ein wundervolles Bild von einem Berg malen, aber dieses Bild ist nicht der Berg. Das Wort *Angst* ist nicht die Angst. Aber das Wort *Angst* kann sehr wohl Angst hervorrufen. Wir befassen uns hier nicht mit der Beschreibung, nicht mit dem Wort, sondern mit der Tiefe und Stärke der Angst. Und wir versuchen, miteinander – nicht so, dass ich etwas erkläre, das Sie dann annehmen – die Wahrheit herauszufinden, so dass es Ihre Wahrheit und nicht die eines anderen ist. Mit der Wahrheit eines anderen können Sie nicht leben, Sie können nur mit der Wahrheit leben.

Was ist also die Ursache der Angst? Ist es das Denken? Ist es die Zeit? Schauen wir uns das einmal an. Ich oder irgendjemand lebt, jetzt. Und das Denken sagt: »Ich könnte morgen sterben«, oder: »Ich könnte meinen Job verlieren«, »Ich habe mein Geld in der Bank, aber die Bank könnte Pleite machen«, »Mir geht es gut mit meiner Frau, aber sie könnte sich morgen einem anderen zuwenden«, »Ich habe ein Buch veröffentlicht, und ich hoffe, dass es ein großer Erfolg wird«, und das bedeutet Angst. »Ich möchte berühmt werden« – es gibt wohl nichts Kindischeres auf der Welt – »Ich möchte berühmt sein, aber ein anderer ist schon viel berühmter als ich.« Da gibt es also die Gedanken, dass ich etwas verlieren oder gewinnen könnte, dass ich einsam sein könnte. Dieses Denken ist also ein Faktor der Angst. Es geht mir gut mit meinen Freunden, meiner Frau und meinen Kindern, aber ich habe auch schon das Gefühl einer verzweifelten Einsamkeit erlebt. Sie kennen es wohl? Das Gefühl einer tiefen, erschreckenden Einsamkeit. Und ich kriege Angst. Haben Sie je untersucht, was Einsamkeit ist? Warum sie da ist? Kennen Sie dieses Gefühl der Einsamkeit nicht? Sage ich etwas Abwegiges? Dann müssen Sie alle Heilige sein!

Was ist nun diese Einsamkeit, die zum Anhaften führt, dass man an etwas festhält, und wäre es noch so illusionär, noch so verkehrt, noch so sinnlos? Ich halte mich an meiner Frau fest, an meinem Klub, meinem Gott, meinem Ritual, meinen Freunden, denn wenn ich sie loslasse, bin ich vollkommen allein. Haben Sie sich je mit der Frage beschäftigt, warum die Menschen sich so vor der Einsamkeit fürchten? Sie mögen mit einer Gruppe leben, sie mögen einem Guru folgen und diesen ganzen Unsinn mitmachen, aber wenn Sie ihnen ihr Beiwerk wegnehmen, dann sind sie das, was sie eigentlich sind, nämlich einsam. Warum? Was ist Einsamkeit? Keine Beziehung zu irgendetwas zu haben, zur Natur, zu einem anderen Menschen, zu einem Freund oder einer Frau oder zu dem Mann, mit dem ich gelebt habe, wenn mir all dies plötzlich abhanden käme, dann würde ich mir vollkommen leer und einsam vorkommen – warum? Was ist dieses Gefühl der völligen Verzweiflung? Ich werde es erklären, doch die Erklärung ist nicht das Faktum; das Wort ist nicht die Sache. Das müssen wir ganz klarstellen. Ihr Name, Herr Schmidt, sind nicht Sie; das Wort sind nicht Sie.

Eine Erklärung ist also nicht die Wirklichkeit, nicht die Wahrheit. Schauen Sie das an, schauen wir es ohne ein Wort an, ohne das Wort *Einsamkeit*. Können Sie das? Das Gefühl anschauen, ohne das Wort *einsam* oder *Verzweiflung* zu gebrauchen. Einsamkeit entsteht, wenn wir all unsere Tage selbstbezogen verbringen. Die Aktivität der Selbstbezogenheit an sich bringt Einsamkeit hervor, weil sie mein ganzes Leben, das ungeheure, außerordentliche Vorhandensein des Lebens, auf das kleine »Ich« einengt. Wenn man wahrnimmt, dass ein solches Gefühl aufkommt: »Mein Gott, wie einsam ich bin«, und wenn man diesem Gefühl ins Auge blickt, sich nicht davor drückt, findet eine radikale Verwandlung statt.

Wir müssen also auf diese Frage der Angst zurückkommen. Wir sagten, das Denken sei eine der Ursachen von Angst, das liegt auf der Hand. Ich denke an den Tod, weil ich ein alter Mann bin oder weil ich jung bin und einen Leichenwagen vorbeifahren sehe, mit all den Blumen, den Pferden, den Autos. Und ich sehe, dass das Denken eine der Ursachen der Angst ist. Dieser Sachverhalt ist offenkundig. Auch die Zeit ist ein Faktor der Angst. Ich fürchte mich vor dem, was geschehen könnte. Ich habe Angst, dass etwas, das ich angestellt habe, von anderen benützt werden könnte, um mich zu erpressen. Also sind die Zeit und das Denken die Wurzel der Angst. Zeit und Denken. Das Denken ist nicht getrennt von der Zeit, Denken ist Zeit.

Das Denken ist notwendig; Zeit ist notwendig. Um von hier nach dort zu gelangen, ist Zeit nötig, und das Denken ist nötig, um ein Auto zu lenken, um mit dem Bus oder mit dem Zug zu fahren. Denken und Zeit sind auf dieser Ebene notwendig. Nun frage ich, da das Denken und die Zeit die Wurzel der Angst sind, sind Denken und Zeit psychisch notwendig? Ist das so? Solange Sie meinen, dass Zeit und Denken im psychischen Bereich notwendig sind, in der Welt des Selbst, der Psyche, die Welt, die unter Ihrer Haut liegt, werden Sie immerfort in Angst leben.

Wenn Sie das wahrnehmen – wirklich wahrnehmen, nicht hinnehmen –, dass das Denken und die Zeit die Wurzel der Angst sind, dann sind Denken und Zeit zwar auf der physischen Ebene, jedoch nicht innerlich notwendig. Daher beobachtet das Gehirn sich selbst aktiv jede Minute, um aufzupassen, dass das Denken und die Zeit nicht in einen Bereich eindringen, in dem sie nicht vonnöten sind. Dies erfordert große Aufmerksamkeit, Bewusstheit, so dass das Gehirn, das seit Jahrhunderten oder seit einem Tag Angst angehäuft hat, erkennen kann, wo sie vonnöten sind und wo nicht. Es passt auf wie ein Habicht, damit das Denken und die Zeit nicht in den ganzen Prozess des Lebens eindringen. Das ist wahre Disziplin, das ist Lernen. Die Wurzel des Wortes »Disziplin« bedeutet »Schüler«, einer, der lernt, der ständig lernt und niemals sagt: »Ich habe gelernt« und stillsteht.

In der Beobachtung beginnt man, den Mangel an Freiheit zu entdecken

Eines unserer großen Probleme ist die Erkenntnis dessen, was Freiheit ist. Das Bedürfnis danach muss geradezu immens und nachhaltig sein, da es so viel Propaganda dafür gibt, von den unterschiedlichsten Spezialisten. Es gibt so viele und unterschiedliche Formen äußerer und innerer Zwänge und all diese chaotischen, widersprüchlichen Meinungen, Einflüsse und Eindrücke. Ich bin sicher, dass wir uns schon die Frage gestellt haben: Was ist Freiheit? Und wie Sie und ich wissen, sind überall auf der Welt autoritäre Verhältnisse im Begriff, sich auszubreiten – nicht nur auf der politischen, sozialen und wirtschaftlichen Ebene, sondern auch auf der so genannten spirituellen Ebene.

Überall drängen sich uns Umwelteinflüsse auf. Die Zeitungen schreiben uns vor, was wir denken sollen, und es gibt so viele Fünf-, Zehn- oder Fünfzehnjahrespläne. Darüber hinaus gibt es die Spezialisten im ökonomischen, wissenschaftlichen und bürokratischen Bereich. Es gibt die Gewohnheiten der täglichen Verrichtungen, was wir tun sollen und was wir nicht tun sollen, was wir denken und was wir nicht denken sollen; da gibt es außerdem noch den Einfluss der so genannten Heiligen Schriften, das Kino, das Radio, die Zeitung: Alles auf der Welt will uns sagen, was wir tun und was wir lassen sollen, was wir denken und was wir nicht denken sollen. Ich weiß nicht, ob Sie bemerkt haben, dass es immer schwieriger wird, selbst zu denken! Wir sind solche Experten geworden im Zitieren, was andere Leute sagen oder gesagt haben, und inmitten von all diesem autoritären Getriebe, wo gibt es da Freiheit? Und was verstehen wir unter Freiheit? Gibt es so etwas überhaupt? Ich verwende das Wort *Freiheit* in seinem einfachsten Sinn, der Befreiung einschließt, den befreiten, freien Geist. Darauf möchte ich jetzt eingehen, wenn Sie gestatten. Zunächst müssen wir zur Kenntnis nehmen, denke ich, dass unser Geist tatsächlich nicht frei ist. Alles, was wir sehen, jeder einzelne unserer Gedanken prägt unseren Geist, was immer Sie jetzt denken, was immer Sie in der Vergangenheit gedacht haben und was immer Sie in Zukunft denken werden, all das wirkt sich prägend auf den Geist aus. Sie denken, was Ihnen entweder von einem Geistlichen oder einem Politiker, vom Lehrer in der Schule oder von Büchern und Zeitungen mitgeteilt wurde. Alles in Ihrer Umgebung beeinflusst das, was Sie denken. Was Sie essen, was Sie anschauen, auf was Sie hören. Ihre Frau, Ihr Mann, Ihr Kind, Ihr Nachbar, alles hat einen prägenden Einfluss auf Ihren Geist. Ich denke, das versteht sich von selbst. Ob Sie an die Existenz Gottes glauben oder nicht, beruht ebenfalls auf dem Einfluss einer Tradition. Unser Geist ist daher ein Feld, auf dem viele widersprüchliche Einflüsse wirksam sind, die sich gegenseitig bekämpfen. Bitte hören Sie zu, denn wenn wir, wie ich vorhin sagte, all dies nicht selbst unmittelbar erfahren, hat ein Gespräch dieser Art überhaupt keinen Wert. Wenn Sie das, was hier gesagt wird, nicht selbst erfahren, wenn Sie bloß einer Beschreibung folgen, statt wahrzunehmen, zu erkennen, Ihre Denkweise zu begreifen und dadurch eine Erfahrung zu machen, hat all dies hier überhaupt keinen Sinn. Ich schildere doch nur, was sich tatsächlich im Leben, in der Umwelt abspielt, damit wir dessen gewahr werden und zusehen, ob wir das nicht durchbrechen können, und was dieser Durchbruch bedeutet. Denn offensichtlich sind wir jetzt Sklaven, ein Hindu-Sklave, ein katholischer Sklave, ein russischer Sklave oder Sklave von sonst irgendwas. Wir alle sind Sklaven bestimmter Denkweisen, und inmitten von all dem stellen wir die Frage, ob wir frei sein können, und sprechen über die Anatomie von Freiheit und Autorität!

Ich denke, es müsste uns allen ziemlich klar sein, dass unser Denken konditioniert ist. Wie immer Ihr Denken beschaffen ist – wie edel und weit oder wie beschränkt und kleinlich –, es ist konditioniert, und wenn Sie dieses Denken fördern, kann es keine Freiheit des Denkens geben. Das Denken selbst ist konditioniert, weil es die Reaktion auf Erinnerung ist, und Erinnerung ist der Niederschlag all Ihrer Erfahrungen, die wiederum das Ergebnis Ihrer Konditionierung sind. Wenn man daher begreift, dass jegliches Denken, auf welcher Ebene auch immer, konditioniert ist, dann werden wir einsehen, dass das Denken nicht das Mittel sein kann, diese Beschränkung zu durchbrechen – was nicht heißt, dass wir in ein leeres oder spekulatives Schweigen verfallen müssen.

Tatsache ist doch, nicht wahr, dass jegliches Denken, jedes Gefühl, jede Handlung um Anpassung bemüht, konditioniert und beeinflusst ist. Da kommt zum Beispiel einer dieser Heiligen daher, der Sie durch seine Rhetorik, seine Gesten, sein Aussehen beeinflusst und indem er dies und jenes zitiert. Und wir wollen ja beeinflusst werden. Wir haben Angst davor, uns jeder Form von Einfluss zu entziehen und zu sehen, ob wir tief eindringen und erkennen können, ob es einen Seinszustand gibt, der nicht das Resultat eines Einflusses ist.

Warum sind wir beeinflusst? In der Politik ist es, wie Sie wissen, das Amt des Politikers, uns zu beeinflussen; und jedes Buch, jeder Lehrer, jeder Guru – je mächtiger und eloquenter er ist, desto besser gefällt er uns – stülpt uns sein Denken, seine Lebensart und seine Verhaltensweise über. Das Leben ist daher ein Kampf der Ideen, ein Kampf der Einflüsse, und Ihr Geist ist der Schauplatz dieses Kampfes. Der Politiker, der Guru, alle wollen, dass Sie auf sie hören. Der Heilige sagt, tu dies und unterlasse jenes, und auch er möchte, dass Sie auf ihn hören; und jede Überlieferung, jede Form der Gewohnheit oder der Sitte beeinflusst, prägt, lenkt und kontrolliert Ihren Geist. Ich denke, das ist ziemlich offensichtlich. Es wäre absurd, es leugnen zu wollen. Es ist eine Tatsache.

Wissen Sie – wenn ich ein wenig abschweifen darf –, ich halte es für wesentlich, Schönheit zu würdigen. Die Schönheit des Himmels, der Sonne über einem Hügel, die Schönheit eines Lächelns, eines Gesichtes, einer Geste, die Schönheit des Mondlichts auf dem Wasser, der ziehenden Wolken, des Singens eines Vogels – es ist wesentlich, das zu betrachten, es zu empfinden, ganz dabei zu sein. Ich halte dies für die erste Voraussetzung eines Menschen auf der Suche nach Wahrheit. Die meisten von uns kümmern sich so wenig um dieses großartige Universum, das uns umgibt. Wir sehen nicht einmal, wie ein Blatt im Winde weht, wir beobachten nie einen Grashalm, berühren ihn mit der Hand oder wissen um die Qualität seines Daseins. Das ist nicht einfach eine poetische Laune, driften Sie also bitte nicht in irgendeinen schwärmerischen, sentimentalen Gemütszustand. Ich sage, es ist wesentlich, dieses tiefe Gefühl für das Leben zu haben und sich nicht in irgendwelchen intellektuellen Haarspaltereien und Diskussionen zu verfangen, Prüfungen abzulegen, andere zu zitieren und etwas Neues vom Tisch zu fegen, indem Sie sagen, das sei alles schon einmal gesagt worden. Der Intellekt ist nicht der Weg. Der Intellekt wird unsere Probleme nicht lösen. Er kann uns nicht die Nahrung geben, die unvergänglich ist. Der Intellekt kann logisch denken, diskutieren, analysieren, aus Indizien Schlüsse ziehen und so fort, aber er ist beschränkt, weil er das Resultat unserer Konditionierung ist. Die Sensibilität ist das nicht. Sensibilität hat keine Konditionierung; sie holt Sie aus dem Bereich der Ängste und Sorgen unmittelbar heraus. Der Geist, der nicht sensibel auf alles um sich herum reagiert – auf den Berg, den Telegraphenmast, die Lampe, die Stimme, das Lächeln, auf alles – ist unfähig, das Wahre zu finden.

Aber wir verbringen unsere Tage und Jahre damit, den Intellekt zu bilden, indem wir argumentieren, diskutieren, streiten, darum kämpfen, etwas zu werden, und so fort. Und dennoch ist diese ausnehmend schöne Welt, diese Erde, die so reich ist – nicht die Erde von Bombay, die Erde des Punjab, die russische oder die amerikanische Erde –, diese Erde gehört uns, Ihnen und mir, und das ist kein sentimentaler Quatsch, sondern eine Tatsache. Aber leider haben wir sie durch unsere Kleingeisterei, durch unseren Provinzialismus aufgespalten. Und wir wissen, warum wir das getan haben – für unsere Sicherheit, für bessere und mehr Arbeitsplätze. Das ist das politische Spiel, das auf der ganzen Welt gespielt wird, und so haben wir verlernt, Menschen zu sein, glücklich auf dieser Erde zu leben, die uns gehört, und etwas daraus zu machen. Und weil wir dieses Gefühl für Schönheit, das nicht sentimental, nicht korrumpiert, nicht sexuell, sondern ein Gefühl innigen Anteilnehmens ist, nicht haben, weil wir dieses Gefühl verloren haben – oder vielleicht haben wir es auch nie gehabt –, kämpfen und streiten wir miteinander um Worte und haben kein unmittelbares Verständnis von irgendetwas.

Schauen Sie doch, was man hier in Indien tut, man teilt das Land in Abschnitte, man bekämpft und schlachtet sich ab, und das geschieht auf der ganzen Welt, und wofür? Um bessere und mehr Arbeitsplätze und mehr Macht zu haben? Und daher verlieren wir in diesem Kampf die Qualität des Geistes, die es vermag, die Dinge frei, fröhlich und ohne Neid zu betrachten. Wir sind nicht imstande, einen Menschen zu sehen, der glücklich ist, der ein Luxusauto fährt, diesen anzuschauen und uns mit ihm zu freuen. Ebenso wenig sind wir imstande, mit den Ärmsten der Armen zu empfinden. Wir beneiden den Mann mit dem Auto und gehen dem Menschen aus dem Weg, der nichts besitzt.

Es gibt also keine Liebe, und ohne diese Qualität der Liebe, die wirklich das innerste Wesen der Schönheit ist, können Sie tun, was Sie wollen – Wallfahrten durch die ganze Welt machen, jeden Tempel besuchen, alle Tugenden kultivieren, die Ihnen nur einfallen –, aber Sie werden nirgendwohin gelangen. Glauben Sie mir, bitte, Sie werden ihn nicht bekommen, diesen Sinn für Schönheit und Liebe, selbst wenn Sie mit gekreuzten Beinen in Meditation sitzen und für die nächsten zehntausend Jahre den Atem anhalten. Sie lachen, aber Sie sehen nicht, wie tragisch das ist. Wir befinden uns nicht in dem sensiblen Geisteszustand, der sofort erkennt, wenn etwas wahr ist. Wissen Sie, ein sensibler Geist ist ein wehrloser Geist, ein verletzlicher Geist, und das muss er sein, damit die Wahrheit Eingang finden kann – die Wahrheit, dass Sie kein Mitgefühl haben; die Wahrheit, dass Sie neidisch sind.

Es ist also wesentlich, diesen Sinn für Schönheit zu besitzen, denn der Sinn für Schönheit ist der Sinn für Liebe. Wie ich gesagt habe, ist dies eine kleine Abschweifung, aber ich denke, sie ist bedeutsam in Bezug auf das, was wir gerade besprechen. Wir sagten, ein Geist, der beeinflusst, geprägt, autoritätshörig ist, kann offensichtlich niemals frei sein. Was immer er denken mag, wie erhaben seine Ideale auch sein mögen, und seien sie noch so subtil und tief, er ist dennoch konditioniert. Ich halte es für wichtig zu begreifen, dass der Geist durch Zeit, durch Erfahrung, durch die vielen tausend Gestern geprägt und konditioniert ist und dass das Denken daher keinen Ausweg bietet. Was nicht heißt, dass Sie gedankenlos sein sollen, im Gegenteil. Wenn Sie imstande sind, in der Tiefe, in der ganzen Breite und Subtilität zu verstehen, werden Sie zur Gänze erfassen, wie beschränkt, wie kleinlich das Denken ist. Dann wird die Mauer dieser Konditionierung einstürzen. Können wir diese Tatsache nicht einsehen – dass alles Denken konditioniert ist? Ob es das Denken des Kommunisten, des Kapitalisten, des Hindu, des Buddhisten oder der Person ist, die hier spricht, das Denken ist konditioniert. Und offensichtlich ist der Geist das Resultat der Zeit, das Resultat der Reaktionen von tausend Jahren und von gestern, von vor einer Sekunde und zehn Jahren. Der Geist ist das Resultat der Zeitspanne, in der Sie gelernt und gelitten haben, sowie aller Einflüsse der Vergangenheit und Gegenwart. Nun, ein solcher Geist kann offensichtlich nicht frei sein, und doch ist es das, wonach wir streben, nicht wahr? Wissen Sie, sogar in Russland, in allen totalitären Staaten, wo alles kontrolliert ist, gibt es dieses Streben nach Freiheit. Dieses Streben ist anfangs, wenn wir jung sind, in jedem von uns, denn dann sind wir rebellisch, wir sind unzufrieden, wissbegierig, neugierig, wir kämpfen. Doch bald wird diese Unzufriedenheit in verschiedene Kanäle umgeleitet, und dort stirbt sie allmählich ab.

In uns steckt daher immer dieser Anspruch, dieser Drang, frei zu sein, aber wir verstehen ihn nicht, wir gehen ihm nicht nach, wir haben diesem tiefen, instinkthaften Anspruch nie nachgeforscht. Wir empfinden in der Jugend dieses Ungenügen, diese Unzufriedenheit mit den Dingen, wie sie sind, mit der Stupidität der überlieferten Werte, aber allmählich, wenn wir älter werden, fallen wir in die alten, von der Gesellschaft eingerichteten Muster zurück und verlieren uns darin. Aber dieser Sinn für das Andere, das Streben, die Suche, das ist, denke ich, der Beginn des echten Dranges, von all diesen politischen, religiösen und überlieferten Einflüssen frei zu sein und diese Mauer zu durchbrechen. Untersuchen wir das einmal.

Es gibt sicherlich verschiedene Arten von Freiheit. Da ist die politische Freiheit; da ist die Freiheit, die das Wissen verleiht, wenn Sie etwas können, ein Know-how haben; die Freiheit eines wohlhabenden Menschen, der um die Welt reisen kann; die Freiheit der Fähigkeit, schreiben, sich ausdrücken, klar denken zu können. Außerdem gibt es die Freiheit von etwas: die Freiheit von Ausbeutung, Neid, Überlieferung, Ehrgeiz und so fort. Und dann gibt es eine Freiheit, die wir, wie wir hoffen, am Ende erlangen werden – am Ende der Disziplin, wenn wir Tugend erworben und uns angestrengt haben, die höchste Freiheit, die wir zu gewinnen hoffen, indem wir bestimmte Dinge tun. Das ist die Freiheit, die eine Fähigkeit verleiht, die Freiheit von etwas und die Freiheit, die wir angeblich am Ende eines tugendhaften Lebens erlangen werden – das sind die uns allen bekannten Arten von Freiheit. Aber sind diese verschiedenen Formen von Freiheit nicht bloße Reaktionen? Wenn Sie sagen: »Ich möchte frei sein von Zorn«, dann ist das eine bloße Reaktion, keine Freiheit von Zorn. Und die Freiheit, die Sie, wie Sie glauben, am Ende eines tugendhaften Lebens durch Anstrengung und Disziplin erlangen, ist ebenfalls eine Reaktion auf etwas Gewesenes.

Bitte, folgen Sie aufmerksam, denn ich werde jetzt etwas sagen, das in gewissem Sinne schwierig ist, weil Sie nicht daran gewöhnt sind. Es gibt eine Art der Freiheit, die nicht Freiheit von etwas, nicht verursacht durch etwas ist, sondern ein Zustand des Freiseins. Sehen Sie, die Freiheit, die wir kennen, wird stets durch den Willen herbeigeführt, nicht wahr? Ich will frei sein: Ich will eine Technik erlernen, ich will ein Spezialist werden, ich will studieren, und das wird mir Freiheit geben. Wir bedienen uns also des Willens, um Freiheit zu erlangen. Ich will nicht arm sein, und deshalb setze ich meine Fähigkeit ein, meinen Willen, alles, um reich zu werden. Oder ich bin eitel, und ich gebrauche meinen Willen, um nicht mehr eitel zu sein. So denken wir, dass wir durch den Einsatz von Willen Freiheit erlangen. Doch der Wille bringt nicht die Freiheit, im Gegenteil, wie ich Ihnen darlegen werde.

Was ist der Wille? Ich will sein, ich darf nicht sein, ich werde kämpfen, um etwas zu werden, ich werde lernen – all dies sind Formen, den Willen zu gebrauchen. Was ist also dieser Wille, und wie kommt er zustande? Offensichtlich durch ein Verlangen. Unsere vielen Wünsche mit ihren Frustrationen, Zwängen oder Erfüllungen bilden sozusagen die Fäden einer Schnur, eines Seils. Das ist der Wille, ist es nicht so? Ihre vielen widersprüchlichen Wünsche werden zusammen ein sehr starkes und mächtiges Seil, mit dessen Hilfe Sie versuchen, zum Erfolg, zur Freiheit emporzuklettern. Nun, wird das Verlangen Freiheit bringen, oder ist nicht gerade das Verlangen nach Freiheit ihre Verneinung? Bitte, beobachten Sie sich selbst, Ihre Wünsche, Ihren Ehrgeiz, Ihren Willen. Und wenn jemand keinen Willen hat und nur getrieben wird, so ist auch das ein Bestandteil des Willens – des Willens, nicht zu widerstehen und sich der Strömung anzupassen. Durch das Gewicht unseres Verlangens, durch dieses Seil, hoffen wir zu Gott, zur Glückseligkeit oder was auch immer emporzusteigen.

So frage ich Sie, ob Ihr Wille ein befreiender Faktor ist. Kommt Freiheit durch den Willen zustande? Oder ist Freiheit etwas völlig anderes, das nichts mit Reaktion zu tun hat, das nicht durch eine Fähigkeit, durch Denken, Erfahrung, Disziplin oder stete Anpassung erworben wird? So steht es in all den Büchern. Passe dich dem Muster an, und du wirst am Ende frei sein. Tu all diese Dinge, gehorche, und zuletzt wird es Freiheit geben. In meinen Augen ist das alles glatter Unsinn, denn Freiheit steht am Anfang, nicht am Ende, wie ich Ihnen zeigen werde. Es ist möglich, etwas Wahres zu sehen, nicht wahr? Sie können sehen, dass der Himmel blau ist – und Tausende von Menschen haben das bereits gesagt –, aber Sie können selbst sehen, dass es so ist. Sie können, wenn Sie nur ein wenig sensibel sind, die Bewegung eines Blattes wahrnehmen. Von Anfang an gibt es also die Fähigkeit, etwas Wahres als solches zu erkennen, instinktiv, nicht aufgrund irgendeiner Form von Zwang, Anpassung, Konformität. Nun werde ich Ihnen noch eine andere Wahrheit zeigen.

Ich sage, dass ein Führer, ein Anhänger, ein tugendhafter Mensch keine Liebe kennt. Das sage ich Ihnen. Ihnen, die Sie Führer und Anhänger sind, sich darum bemühen, tugendhaft zu sein, Ihnen sage ich, dass Sie die Liebe nicht kennen. Streiten Sie einen Augenblick nicht mit mir, sagen Sie nicht:»Beweisen Sie das.« Ich werde es Ihnen vernünftig auseinander setzen, ich werde es Ihnen zeigen, aber hören Sie bitte zuerst an, was ich zu sagen habe, ohne Abwehr, ohne Aggression, ohne zu billigen oder zu verneinen. Ich sage, dass ein Führer, ein Anhänger oder ein Mensch, der versucht, tugendhaft zu sein, nicht weiß, was Liebe ist. Wenn Sie dieser Aussage wirklich Gehör schenken, weder aggressiv noch unterwürfig, dann werden Sie einsehen, dass es sich tatsächlich so verhält. Wenn Sie diese Wahrheit nicht einsehen, dann wollen Sie sie nicht einsehen, oder Sie sind so befriedigt von Ihrem Führertum, Ihrem Anhängertum oder Ihren so genannten Tugenden, dass Sie alles andere verneinen. Doch wenn Sie nur ein wenig sensibel, wissensdurstig, offen sind, als würden Sie aus einem Fenster blicken, dann müssen Sie diese Wahrheit einsehen, daran führt kein Weg vorbei.

Nun will ich Ihnen die Gründe dafür nennen, da Sie alle ziemlich vernünftige, intellektuelle Leute sind und überzeugt werden können. Allerdings werden Sie die eigentliche Wahrheit nie durch den Intellekt oder den Verstand erkennen. Sie können durch die Vernunft zwar überzeugt werden, doch Überzeugtsein ist nicht die Wahrnehmung dessen, was wahr ist. Zwischen diesen beiden besteht ein ungeheurer Unterschied. Ein Mensch, der von etwas überzeugt ist, ist unfähig zu sehen, was wahr ist. Jemand, der von einer Sache überzeugt ist, kann auch wieder davon abkommen und aufs Neue überzeugt werden, auf eine andere Weise. Doch jemand, der das Wahre erkennt, ist nicht »überzeugt«; er sieht vielmehr, dass es einfach wahr ist.

Nun, einem Führer, der sagt:»Ich weiß, wo es langgeht; ich kenne das Leben durch und durch; ich habe die höchste Wirklichkeit erfahren – ich habe den Schatz gefunden! –, dem geht es offensichtlich um sich selbst und seine Visionen und darum, wie er dem armen Hörer seine Visionen vermitteln soll. Ein Führer will die Leute zu etwas hinführen, von dem er denkt, dass es richtig sei. Daher hat ein Führer, sei es ein politischer, sozialer oder religiöser Führer, sei es Ihre Frau oder Ihr Mann, keine Liebe. Er mag über die Liebe reden, er mag anbieten, Ihnen den Weg der Liebe zu zeigen, er mag all die Dinge tun, wie man sie von der Liebe erwartet, aber das echte Gefühl der Liebe ist nicht da – weil er ein Führer ist. Wenn nämlich Liebe da ist, hören Sie auf, ein Führer zu sein, denn Liebe übt keine Autorität aus. Und dasselbe gilt für den Anhänger. In dem Augenblick, in dem Sie jemandem Gefolgschaft leisten, akzeptieren Sie eine Autorität – die Autorität, die Ihnen Sicherheit gibt, einen sicheren Winkel im Himmel oder einen sicheren Winkel in dieser Welt. Wenn Sie jemandem nachfolgen und dadurch für sich selbst, Ihre Familie, Ihre Rasse, Ihre Nation Sicherheit suchen, dann bedeutet diese Gefolgschaft, dass Sie nach Sicherheit streben, und ein solcher Mensch kennt die Qualität der Liebe nicht. Und dasselbe gilt für den Tugendhaften. Der Mensch, der Demut kultiviert, ist sicher nicht tugendhaft. Demut ist nicht etwas, das sich kultivieren lässt.

Ich versuche, Ihnen zu zeigen, dass ein Geist, der feinfühlig und forschend ist, ein Geist, der wirklich zuhört, die Wahrheit eines Sachverhalts unmittelbar wahrnehmen kann. Doch Wahrheit lässt sich nicht »anwenden«. Wenn Sie die Wahrheit erkennen, dann wirkt sie, ohne bewusste Anstrengung Ihrerseits, ganz von selbst.

Am Anfang von Freiheit steht also die Unzufriedenheit, und solange Sie versuchen, sich mit dieser zu arrangieren, Autorität hinzunehmen, damit diese Unzufriedenheit vergeht oder in sicheren Bahnen verläuft, verlieren Sie bereits diesen ursprünglichen Sinn für echtes Gefühl. Die meisten von uns sind unzufrieden, entweder mit unserem Job, unseren Beziehungen oder mit allem, was wir tun. Sie möchten, dass etwas geschieht, sich etwas verändert, in Bewegung oder zum Durchbruch kommt. Sie wissen nicht, was das ist. Man ist ständig am Suchen, am Fragen, besonders wenn man jung, offen und sensibel ist. Später, wenn Sie älter werden, richten Sie sich in Ihren Gewohnheiten, an Ihrem Arbeitsplatz ein, weil das Ihrer Familie Sicherheit gibt und damit Ihre Frau Ihnen nicht davonläuft. So erlischt diese bemerkenswerte Flamme, und Sie werden ein ehrbarer, spießiger, gedankenloser Mensch.

Wie ich sagte, ist Freiheit von etwas, nicht die wahre Freiheit. Sie versuchen etwa, sich vom Zorn zu befreien. Ich sage nicht, dass sie nicht frei sein sollten von Zorn, ich sage nur, dass das nicht Freiheit ist. Ich kann mich von Gier, Kleinlichkeit, Neid oder einem Dutzend anderer

Dinge befreit haben und trotzdem nicht frei sein. Freiheit ist eine Qualität des Geistes. Diese Qualität ergibt sich nicht aus einem gewissenhaften, ehrbaren Suchen und Forschen, durch sorgfältiges Analysieren oder Kombinieren von Gedanken. Daher ist es wichtig, die Wahrheit einzusehen, dass die Freiheit, die wir ständig fordern, immer eine Freiheit von etwas ist, wie etwa die Freiheit von Leiden. Nicht, dass es keine Freiheit vom Leiden gäbe, aber das Verlangen, davon frei zu sein, ist bloß eine Reaktion und befreit Sie daher nicht vom Leid. Drücke ich mich klar aus?

Aus verschiedenen Gründen leide ich, und ich sage, ich muss mich davon befreien. Der Drang, frei zu sein vom Leiden, ist aus dem Schmerz geboren. Ich leide wegen meines Mannes oder meines Sohnes oder aus anderen Gründen, ich mag den Zustand nicht, in dem ich mich befinde, und möchte mich davon befreien. Dieses Verlangen nach Freiheit ist eine Reaktion, aber nicht Freiheit. Es ist bloß ein anderer wünschenswerter Zustand, den ich begehre im Gegensatz zu dem, was ist. Der Mann, der um die Welt reisen kann, ist nicht notwendigerweise frei; auch nicht der Mensch, der klug und tüchtig ist, denn sein Wunsch nach Freiheit ist wiederum bloß eine Reaktion. Sehe ich also ein, dass Freiheit, Befreiung, nicht durch irgendeine Reaktion gelernt, erworben oder erstrebt werden kann? Deshalb muss ich die Reaktion verstehen, und ich muss auch verstehen, dass Freiheit nicht durch Willensanstrengung kommt. Wille und Freiheit sind Gegensätze, ebenso wie Denken und Freiheit. Das Denken kann nicht Freiheit hervorbringen, weil es konditioniert ist. Ökonomisch können Sie die Welt vielleicht so einrichten, dass ein Mensch bequemer leben kann, dass er mehr Nahrung, bessere Kleidung und ein Dach über dem Kopf hat, und das mögen Sie dann für Freiheit halten. Das sind notwendige und wesentliche Dinge, doch das ist nicht Freiheit in ihrer Totalität. Freiheit ist ein Zustand und eine Qualität des Geistes, und diese Qualität ist es, die wir erkunden wollen. Ohne diese Qualität können Sie tun, was sie wollen, Sie können alle Tugenden der Welt kultivieren und werden dennoch diese Freiheit nicht besitzen.

Wie entsteht also dieser Sinn für das Andere, diese Qualität des Geistes? Sie können ihn nicht züchten, denn in dem Augenblick, in dem Sie den Verstand gebrauchen, setzt das Denken ein, und dieses ist begrenzt. Ob es sich um das Denken des Buddha oder eines anderen handelt, jedes Denken ist begrenzt. Auf diese Weise kommen wir also nicht ans Ziel. Wir müssen uns dieser Freiheit indirekt, nicht direkt nähern. Leuchtet Ihnen das ein wenig ein oder gar nicht? Nach dieser Freiheit kann man nicht aggressiv streben. Sie lässt sich nicht durch Entsagung, Disziplin, Selbstkontrolle, Kasteiung, diverse Übungen und all diesen Kram kultivieren. Sie muss wie die Tugend kommen, ohne dass man es merkt. Anerzogene Tugend ist keine Tugend. Die wahre Tugend ist ihrer selbst nicht bewusst. Mit Sicherheit hat einer, der sich Demut anerzogen hat, der sich seiner Überheblichkeit, Eitelkeit und Arroganz wegen demütig gemacht hat, keinen echten Sinn für Demut. Demut ist ein Zustand, in dem der Geist seiner Qualität nicht bewusst ist, wie eine duftende Blume sich ihres Duftes nicht bewusst ist. Diese Freiheit lässt sich also weder durch irgendeine Form von Disziplin erwerben, noch kann ein undisziplinierter Geist sie begreifen. Sie bedienen sich einer Disziplin, um ein Resultat hervorzubringen, aber Freiheit ist kein Resultat. Wenn sie ein Resultat ist, ist sie nicht länger frei, weil sie hergestellt worden ist.

Auf welche Weise ist also der Geist, der voll von vielfältigen Einflüssen, Zwängen und verschiedenen Formen widersprüchlicher Wünsche ist, das Produkt der Zeit, und auf welche Weise kann dieser Geist die Qualität der Freiheit erlangen? Wir wissen, dass all die Dinge, von denen ich gesprochen habe, nicht Freiheit sind. Sie werden unter verschiedenen Stressfaktoren, Zwängen und Einflüssen vom Geist hervorgebracht. Wenn ich daher eine negative Haltung dazu einnehme, dann ist der Geist durch dieses Gewahrsein, dass all das nicht Freiheit ist, bereits diszipliniert – jedoch nicht in dem Sinne, dass er ein Resultat erstrebt. Gehen wir kurz darauf ein. Der Geist sagt, ich muss mich disziplinieren, um ein Resultat zu erzielen. Das liegt wohl auf der Hand. Doch eine solche Disziplin bringt keine Freiheit. Sie bringt ein Resultat, weil Sie ein Motiv haben, einen Beweggrund, der das Resultat hervorbringt, aber dieses Resultat ist niemals Freiheit, sondern eine bloße Reaktion. Das dürfte ziemlich klar sein. Nun, wenn ich zu begreifen beginne, wie diese Art von Disziplin zu Werke geht, dann ist mein Geist durch diesen Prozess des Verstehens, Forschens, Sicheinlassens wahrhaft diszipliniert. Ich weiß nicht, ob Ihnen das einleuchtet, was ich meine – unmittelbar. Der Einsatz des Willens, um ein Resultat zu erzielen, wird Disziplin genannt; dagegen erfordert das

Verstehen der ganzen Bedeutung des Willens, dieser Art von Disziplin und von dem, was wir Resultat nennen, einen Geist, der außerordentlich klar und nicht durch den Willen, sondern sozusagen durch ein negatives Verständnis »diszipliniert« ist.

So habe ich auf negative Weise das ganze Problem verstanden, was Freiheit nicht ist. Ich habe es geprüft, ich habe Herz und Geist, alle Schlupfwinkel meines Wesens durchsucht, um zu verstehen, was Freiheit bedeutet; und ich habe erkannt, dass nichts davon, was wir beschrieben haben, Freiheit ist, weil alles auf Begehren, Zwang und Willen beruht, auf dem, was ich am Ende bekommen werde, und das ist alles bloße Reaktion. Ich erkenne als eine Tatsache, dass das nicht Freiheit ist. Deshalb, weil ich diese Dinge verstanden habe, ist mein Geist offen, um das zu finden oder zu empfangen, was frei ist.

Dann hat mein Geist eine Qualität, die weder derjenigen eines disziplinierten Geistes, der ein Resultat erstrebt, noch eines undisziplinierten Geistes, der umherschweift, entspricht; dieser Geist hat sowohl das, »was ist«, als auch das, »was sein sollte«, negativ verstanden und kann daher jene Freiheit wahrnehmen und begreifen, die bloß Freiheit von etwas ist, jene Freiheit die nicht nur Resultat ist.

Das verlangt eine große Anstrengung als Forschergeist. Wenn Sie nur wiederholen, dass es eine Freiheit gibt, die nicht Freiheit von etwas ist, so hat das keinen Sinn. Sagen Sie es also bitte nicht! Oder wenn Sie sagen: »Ich möchte diese andere Freiheit erlangen«, sind Sie ebenfalls auf dem falschen Gleis, denn Sie vermögen es nicht. Das Universum kann nicht in einen kleinen Geist einkehren. Das Unermessliche kann nicht zu einem Geist kommen, der immer Maß nehmen will. In unserer ganzen Fragestellung geht es also darum, wie man das Maßnehmen durchbrechen kann – was nicht heißt, dass ich in einen Ashram gehen muss, dass ich neurotisch werden, mir ein frommes Gehabe zulegen soll und all den Quatsch.

Und hierbei, wenn ich das sagen darf, ist die Lehre das Wichtige, nicht der Lehrer. Die Person, die hier in diesem Augenblick redet, ist nicht wichtig – werfen Sie sie über Bord! Das Wichtige ist, was gesagt wird. Der Geist kennt also nur das, was messbar ist, seinen eigenen Kompass, die Grenzen, Ambitionen, Hoffnungen, Verzweiflung, Elend, Leiden und Freuden. Ein solcher Geist kann die Freiheit nicht einladen. Das Einzige, was er vermag, ist, seiner selbst gewahr zu sein und das, was er sieht, nicht zu verurteilen; nicht das Hässliche zu verurteilen oder sich an das Schöne zu klammern, sondern zu sehen, »was ist«. Mit der bloßen Wahrnehmung dessen, »was ist«, beginnt man den Maß nehmenden Verstand, seine Grenzen und Muster zu durchbrechen. Einfach nur die Dinge sehen, wie sie sind. Dann werden Sie erleben, dass der Geist unwillkürlich auf jene Freiheit stößt, ohne es zu merken. Diese Transformation des Geistes ist die wahre Revolution. Alle anderen Revolutionen sind Reaktionen, obgleich sie das Wort *Freiheit* verwenden und eine Utopie verheißen, den Himmel, alles. Die einzig wahre Revolution findet in der Qualität des Geistes statt.

Eine radikale Mutation des Geistes

Fragesteller: Können wir über das Gehirn und den Geist sprechen? Das Denken findet materiell in den Gehirnzellen statt. Das heißt, das Denken ist ein materieller Vorgang. Wenn das Denken aufhört und es eine Wahrnehmung ohne Denken gibt, was geschieht dann mit dem materiellen Gehirn? Sie wollen doch offenbar sagen, dass der Geist seinen Platz außerhalb des Gehirns hat, doch wo findet die Bewegung der reinen Wahrnehmung statt, wenn nicht irgendwo im Gehirn? Und wie ist es möglich, dass eine Mutation in den Gehirnzellen stattfinden kann, wenn reine Wahrnehmung nicht an das Gehirn gebunden ist?

Krishnamurti: Haben Sie die Frage verstanden? Zunächst sagt der Fragesteller, dass er zwischen Gehirn und Geist unterscheiden möchte. Sodann stellt er die Frage, ob Wahrnehmung völlig außerhalb des Gehirns stattfindet, was bedeutet, dass das Denken keine Bewegung der Wahrnehmung ist. Und er fragt weiter, wenn Wahrnehmung außerhalb des Gehirns, dem Prozess des Denkens und Erinnerns, stattfindet, was geschieht dann mit den Gehirnzellen, die von der Vergangenheit konditioniert sind? Findet eine Mutation in den Gehirnzellen statt, wenn Wahrnehmung außerhalb stattfindet? Ist das klar?

Beginnen wir also mit dem Gehirn und dem Geist. Das Gehirn ist eine materielle Funktion. Es ist wie ein Muskel – nicht wahr? Wie das Herz. Und die Gehirnzellen enthalten alle Erinnerungen. Bitte, ich bin weder ein Gehirnspezialist, noch habe ich Experten studiert, aber ich habe jetzt eine lange Zeit gelebt und viel beobachtet, nicht nur die Reaktion von anderen – was sie sagen, was sie denken, was sie mir sagen wollen –, sondern ich habe auch beobachtet, wie das Gehirn reagiert. Das Gehirn hat sich also im Laufe der Zeit aus einer einzigen Zelle entwickelt und Millionen von Jahren gebraucht, bis es einen menschenaffenähnlichen Zustand erreichte, und eine weitere Million Jahre, bis der Mensch aufrecht stehen konnte, und so entstand letztlich das menschliche Gehirn. Das menschliche Gehirn ist im Schädel enthalten, aber es kann sich selbst transzendieren. Sie können hier sitzen und an Ihr Land oder Ihr Zuhause denken – und in diesem Denken, nicht physisch, sind Sie augenblicklich dort.

Das Gehirn hat eine außerordentliche Kapazität, und technisch hat es die erstaunlichsten Dinge vollbracht. Aber das Gehirn ist auch konditioniert durch die Grenze der Sprache, nicht durch die Sprache selbst, sondern durch die Begrenztheit der Sprache. Es wurde durch das Klima, in dem es lebt, konditioniert, durch die Nahrung, die es zu sich nimmt, durch die soziale Umwelt, die Gesellschaft, in der es lebt, und diese Gesellschaft wurde vom Gehirn geschaffen. Daher unterscheidet sich diese Gesellschaft nicht von den Aktivitäten des Gehirns. Es wurde von der Tradition konditioniert, von Wissen, das in Millionen Jahren akkumuliert wurde und auf Erfahrung beruht. Ich bin Brite, Sie sind Deutscher, er ist ein Hindu, er ist ein Schwarzer, der ist dieses, der andere jenes, da sind alle die Spaltungen in Nationen und Stämme sowie die religiöse Konditionierung. Das Gehirn ist also konditioniert, und als solches ist es begrenzt. Das Gehirn besitzt eine außerordentliche Kapazität, eine schier grenzenlose Kapazität in der Welt der Technik, im Bereich der Computer und vielem mehr, aber es ist ungemein beschränkt in Bezug auf die Psyche.

Obwohl die Menschen seit den alten Griechen und Hindus und so weiter gesagt haben: »Erkenne dich selbst!«, haben sie ihre eigene Psyche nie studiert. Die Psychologen, die Philosophen, die Experten studieren die Psyche anderer, doch nie ihre eigene. Sie studieren Ratten, Kaninchen, Tauben, Affen und dergleichen, aber sie sagen nie: »Ich will mich selbst anschauen. Ich bin ehrgeizig, ich bin gierig, ich bin neidisch, ich konkurriere mit meinem Nachbarn, mit meinen wissenschaftlichen Kollegen.« Es ist dieselbe Psyche, wie sie seit Tausenden von Jahren existiert, und obwohl wir äußerlich, in technischer Hinsicht, großartig sind, sind wir innerlich noch sehr primitiv.

Das Gehirn ist also bezüglich der psychischen Welt begrenzt und primitiv. Kann diese Begrenzung durchbrochen werden? Kann diese Begrenztheit, die das Selbst, das Ego, das »Ich«, die Selbstbezogenheit ausmacht, kann all das weggefegt werden? Das bedeutet, dass das Gehirn dann entkonditioniert würde – verstehen Sie, was ich sage? Dann hat es keine Angst mehr. Die meisten von uns leben doch in Angst, in Sorgen und fürchten sich vor dem, was geschehen wird, vor dem Tod, vor Dutzenden von Dingen. Kann all das vollständig vom Tisch gefegt und neu werden? So dass das Gehirn frei ist und seine Beziehung zum Geist dann zu etwas ganz anderem wird? Das heißt zu erkennen, dass man keinen Schatten des Selbst mehr hat, und es ist außerordentlich mühsam, darauf zu achten, dass das »Ich« in keinen Bereich eindringt. Das Selbst versteckt sich in vielfältiger Weise, unter jedem Stein. Es kann sich hinter Mitleid verstecken, indem man nach Indien geht und sich der Armen annimmt, denn dann hat das Selbst sich einer Idee, einem Glauben, einer Schlussfolgerung, einer Überzeugung verschrieben. Das Selbst hat viele Masken, die Maske der Meditation, die Maske, das Höchste erreichen zu wollen, die Maske, dass ich erleuchtet bin, dass ich weiß, wovon ich rede. Dieses ganze sorgenvolle Getue um die Menschheit ist eine weitere Maske. Daher muss man ein außergewöhnliches, subtiles, wendiges Gehirn haben, um zu sehen, wo das Ich sich versteckt. Dazu bedarf es großer Aufmerksamkeit und Beobachtung, Beobachtung, Beobachtung. Das tun Sie alles nicht. Wahrscheinlich sind Sie alle zu träge oder zu alt und sagen: »Um Gottes willen, das lohnt sich doch alles nicht, lassen Sie mich in Ruhe!« Aber wenn jemand sich wirklich tief darauf einlassen will, muss er jede Bewegung des Denkens, jede Bewegung der Reaktion wie ein Falke beobachten, damit das Gehirn sich von seiner Konditionierung befreien kann. Der Redner spricht für sich selbst, nicht für jemand anderen. Vielleicht täuscht er sich, vielleicht gibt er vor, dieses oder jenes zu sein. Das ist möglich, Sie wissen es nicht. Seien Sie daher sehr skeptisch, zweifeln, hinterfragen Sie, nehmen Sie nicht hin, was andere sagen.

Wenn also keine Konditionierung des Gehirns mehr vorhanden ist, dann degeneriert es auch nicht länger. Wenn Sie älter werden – bei Ihnen vielleicht nicht –, doch im Allgemeinen beginnt das Gehirn dann abzubauen. Sie büßen ihr Gedächtnis ein, sie werden schrullig, Sie kennen das alles. Diese Degeneration gibt es nicht nur in Amerika, sie findet zuerst im Gehirn statt. Und wenn das Gehirn völlig frei vom Selbst und daher nicht mehr konditioniert ist, können wir fragen: Was ist der Geist? Die alten Hindus haben den Geist erforscht und verschiedene Aussagen darüber gemacht. Doch wenn wir all das beiseite fegen, wenn wir uns auf keinen Gewährsmann aus der Antike oder der Überlieferung berufen, was ist dann der Geist? Unser Gehirn ist in ständigem Konflikt und daher in Unordnung. Ein solches Gehirn kann nicht verstehen, was der Geist ist. Der Geist – nicht mein Geist, sondern *der* Geist: der Geist, der das Universum und die Zelle geschaffen hat, der Geist, der reine Energie und Intelligenz ist – kann sich nur dann zum Gehirn in Beziehung setzen, wenn das Gehirn frei ist. Wenn das Gehirn jedoch konditioniert ist, gibt es keinerlei Beziehung. Sie brauchen das alles nicht zu glauben! Das Wesen dieses Geistes ist also Intelligenz, nicht die Intelligenz des Denkens, nicht die Intelligenz der Unordnung. Sondern er ist reine Ordnung, reine Intelligenz und daher reines Mitgefühl. Und dieser Geist hat eine Beziehung zum Gehirn, wenn das Gehirn frei ist.

Ich sollte noch viel näher darauf eingehen, aber ich tue es nicht. Werden Sie schon müde, oder hören Sie zu? Horchen Sie auf sich selbst, oder hören Sie nur mir zu? Tun Sie beides? Beobachten Sie Ihre eigenen Reaktionen, wie Ihr Gehirn arbeitet? Also Agieren, Reagieren, hin und her, hin und her, was heißt, dass Sie nicht zuhören. Sie hören nur wirklich zu, wenn dieses Agieren und Reagieren ein Ende hat, dann gibt es nur das reine Zuhören. Sehen Sie, das Meer ist in ständiger Bewegung. Die Flut kommt und geht. Das ist das Agieren des Meeres. Und die Menschen sind genauso – es gibt ein Agieren und ein Reagieren, diese Reaktion in mir bringt eine weitere hervor, und so geht es hin und her. Wenn diese Hin- und Her-Bewegung stattfindet, gibt es natürlicherweise keine Stille. Aber nur in dieser Stille können Sie das Wahre oder das Falsche hören, nicht wenn Sie sich ständig hin und her, hin und her bewegen. Begreifen Sie wenigstens intellektuell, logisch, dass Sie, wenn Sie in ständiger Bewegung sind, nicht zuhören, wie könnten Sie auch? Nur in absoluter Stille sind Sie imstande zuzuhören. Sehen Sie ein, wie logisch das ist. Nun fragen wir, ist es möglich, diese Bewegung anzuhalten?

Der Redner sagt, dass es möglich ist, wenn Sie sich selbst erforscht haben, wenn Sie sehr tief nach innen gegangen sind, wenn Sie sich selbst verstehen, dann können Sie sagen, dass die Bewegung wirklich aufgehört hat.

Und der Fragesteller fragt: Da der Geist außerhalb ist, da er nicht im Gehirn enthalten ist, wie kann Wahrnehmung, die nur stattfindet, wenn keine Aktivität des Denkens vorhanden ist, eine Mutation in den Gehirnzellen herbeiführen, die ein materieller Vorgang sind?

Sehen Sie, halten Sie es ganz einfach. Das ist eine unserer Schwierigkeiten, dass wir eine komplexe Sache nie auf ganz einfache Weise betrachten. Dies ist eine sehr komplexe Frage, aber wir müssen beginnen, etwas Ungeheures auf ganz einfache Weise zu verstehen. Fangen wir also einfach an. Traditionsgemäß sind Sie einen bestimmten Weg gegangen, religiös, ökonomisch, sozial, moralisch und so fort, Ihr ganzes Leben lang in einer bestimmten Richtung. Nehmen wir mal an, ich hätte das auch getan. Da kommen Sie und sagen mir:»Schau, der Weg, den du eingeschlagen hast, führt nirgendwo hin. Er wird euch noch mehr Nöte bringen, ihr werdet euch ewig weiterhin gegenseitig umbringen, ihr werdet ungeheure ökonomische Schwierigkeiten bekommen.« Und Sie nennen mir logische Gründe, Beispiele und dergleichen. Aber ich sage:»Nein, tut mir Leid, ich mache es eben anders.« Und ich gehe diesen Weg weiter. Die meisten, 99 % aller Menschen tun das, einschließlich der Gurus, der Philosophen, der frisch»Erleuchteten«. Und Sie kommen und sagen:»Schau, dieser Weg ist gefährlich, geh nicht dorthin. Dreh dich um und geh in eine gänzlich andere Richtung.« Und Sie überzeugen mich, Sie zeigen mir die Logik, die Vernunft, die geistige Gesundheit, die darin liegt, und ich drehe mich um und gehe in eine völlig andere Richtung.

Was hat hier stattgefunden? Ich bin mein ganzes Leben in eine Richtung gegangen, und Sie kommen daher und sagen mir:»Geh nicht dorthin, es ist gefährlich, es führt nirgendwo hin. Du wirst noch mehr Nöte, mehr Schmerzen, mehr Probleme kriegen. Geh in eine andere Richtung, dann werden die Dinge ganz anders werden.« Und ich nehme Ihre Logik, Ihre Äußerungen verständig an und gehe in eine andere Richtung. Was ist dabei mit dem Gehirn passiert? Halten Sie es einfach. Wenn Sie in diese Richtung gehen, wenn Sie sich plötzlich in eine andere Richtung bewegen, haben die Gehirnzellen selbst eine Veränderung erfahren. Verstehen Sie? Ich habe die Tradition durchbrochen. So einfach ist das. Aber die Tradition ist so stark, alle ihre Wurzeln reichen in mein gegenwärtiges Dasein hinein, und Sie fordern mich auf, etwas zu tun, gegen das ich rebelliere. Deshalb höre ich nicht auf Sie. Oder aber ich höre, weil ich herausfinden will, ob das, was Sie sagen, wahr oder falsch ist. Ich will die Wahrheit wissen, nicht, was ich mir wünsche oder was mich freut, sondern die Wahrheit dieser Sache. Deshalb, weil ich ernsthaft bin, höre ich mit meinem ganzen Sein zu und sehe, dass Sie völlig Recht haben. Ich habe eine Bewegung vollzogen. In dieser Bewegung findet eine Veränderung der Gehirnzellen statt. So einfach ist das.

Nehmen wir an, ich sei ein praktizierender Katholik oder ein from-
mer Hindu, und Sie kommen und sagen mir: »Schau, sei nicht dumm,
all das ist Unsinn. Es ist nur eine Tradition, Worte ohne rechten Sinn,
auch wenn die Worte eine gewisse Bedeutung erlangt haben.« Sie machen mir das begreiflich, und ich erkenne, dass das, was Sie sagen, die
Wahrheit ist. Ich bewege mich, ich bin frei von dieser Konditionierung. Daher findet eine Wandlung, eine Mutation im Gehirn statt.
Oder ich wurde dazu erzogen, wir alle wurden dazu erzogen, mit der
Angst zu leben. Und Sie sagen mir, dass sie ein Ende haben kann, und
instinktiv sage ich: »Zeig es mir, lass uns zusammengehen und es feststellen.« Ich möchte herausfinden, ob das, was Sie sagen, wahr oder
falsch ist, ob die Angst wirklich ein Ende haben kann. Also nehme ich
mir Zeit, ich diskutiere mit Ihnen, ich möchte herausfinden, lernen,
also ist mein Gehirn aktiv, um herauszufinden, nicht um gesagt zu bekommen, was es tun soll. In dem Augenblick, in dem ich beginne nach-
zuforschen, zu arbeiten, zu sehen, die ganze Bewegung der Angst zu
beobachten, akzeptiere ich sie entweder und sage: »Na gut, ich lebe
gern in der Angst«, oder ich bewege mich von ihr fort. Wenn Sie das
einsehen, findet eine Veränderung in den Gehirnzellen statt.

Es ist so einfach, wenn Sie diese Sache nur auf einfache Weise betrachten würden. Wenn Wahrnehmung stattfindet, vollzieht sich in
den Gehirnzellen eine Mutation – um es ein wenig komplizierter zu
machen –, nicht durch Anstrengung, nicht durch den Willen oder
irgendeinen Beweggrund. Wahrnehmung findet statt, wenn man eine
Beobachtung ohne eine Bewegung des Denkens macht, wenn die Erinnerung, nämlich die Zeit und das Denken, völlig schweigt – wenn
man etwas ohne die Vergangenheit betrachtet. Tun Sie das. Schauen
Sie den Redner ohne all das an, was sich in Ihrem Gedächtnis über ihn
angesammelt hat. Beobachten Sie ihn, oder beobachten Sie Ihren Vater, Ihre Mutter, Ihren Mann, Ihre Frau, Ihre Freundin oder andere
– wen oder was auch immer –, sehen Sie hin ohne die Erinnerung, die
Schmerzen, die Schuld der Vergangenheit und all das, was da entsteht.
Beobachten Sie nur. Wenn Sie auf diese Weise ohne Vorurteil beobachten, dann gibt es Freiheit vom Gewesenen.

Totale Negation ist das Wesen des Positiven

Um herauszufinden, was wahr ist, und nicht einem anderen zu folgen, der Ihnen sagt, was wahr ist, oder willkürlich behauptet, was falsch und was wahr ist, müssen Sie das erkennen, was falsch ist und es ablegen. Mit anderen Worten, man findet das Wahre mit Sicherheit nur durch Negation heraus. So erkennen Sie zum Beispiel, dass Sie keine Stille des Geistes haben können, solange Gier da ist. Daher wenden Sie sich nicht der Stille des Geistes, sondern der Gier zu. Sie stellen eine Untersuchung an, ob Gier, Geiz oder Neid vollkommen abgelegt werden können. Es findet eine ständige Läuterung des Geistes, ein ständiger Prozess des Negierens statt.

Wenn ich das Ganze dieser außerordentlichen Sache, die wir Leben nennen und die die Gesamtheit aller Religionen umfassen muss, verstehen will; wenn ich dafür feinfühlig sein und es würdigen möchte, und ich erkenne, dass dieser Nationalismus, dieser Provinzialismus oder jede beschränkte Einstellung höchst zerstörerisch für dieses Verständnis ist, was geschieht dann? Sicherlich begreife ich, dass ich den Nationalismus ablegen, dass ich aufhören muss, ein Hindu, ein Moslem oder ein Christ zu sein. Ich muss aufhören, diese insulare, nationalistische Haltung einzunehmen, und mich von der Autorität der organisierten Religionen, ihren Dogmen und ihrem Glauben zu befreien. So beginnt der Geist durch Negation zu erkennen, was wahr ist. Doch die meisten von uns finden es sehr schwer, etwas durch Negieren zu begreifen, weil wir denken, dass das nirgends hinführt und nichts bringt. Wir sagen, dass das einen Zustand des Vakuums hervorrufen wird – als ob unser Geist sich nicht schon jetzt in einem Zustand des Vakuums befände!

Die Unermesslichkeit, die zeitlose Qualität des Lebens lässt sich mit Sicherheit nur durch Negieren begreifen. Weil Sie auf bestimmte Handlungsabläufe, ein bestimmtes Daseinsmuster festgelegt sind, fällt es Ihnen schwer, sich von all dem zu befreien und einen neuen Weg, eine neue Vorgehensweise einzuschlagen. Immerhin ist der Tod die letzte Negation. Nur wenn man jetzt stirbt, während man noch lebt, das heißt, wenn man die Gewohnheitsmuster, die Einstellungen, Rückschlüsse, Ideen, Überzeugungen, die man hat, ständig durchbricht – erst dann kann man herausfinden, was das Leben ist. Doch die meisten von uns sagen: »Ich kann das Muster nicht durchbrechen, es ist unmöglich, und daher muss ich lernen, auf welche Weise es durchbrochen werden kann. Ich muss ein bestimmtes System praktizieren, eine Methode, um es zu durchbrechen. So werden wir zu Sklaven des neuen Musters, das wir uns durch Übung angewöhnen. Wir haben das alte Muster nicht durchbrochen, sondern nur das alte durch ein neues ersetzt.

Sie nicken mit dem Kopf, Sie sagen, das ist so wahr, logisch und klar – und machen mit diesem Muster, sei es alt oder neu, einfach weiter! Mir scheint, das eigentliche Problem ist die Trägheit des Geistes. Jeder einigermaßen intelligente Geist sieht ein, dass wir innerlich Sicherheit brauchen, einen Hafen, einen Ort der Zuflucht, wo wir unbehelligt sind, und dass dieser Drang nach Sicherheit ein Lebensmuster hervorbringt, das zur Gewohnheit wird. Aber dieses Muster zu durchbrechen erfordert eine Menge Energie, Nachdenken, Forschen, und der Geist weigert sich, weil er sagt: »Wenn ich mein Lebensmuster durchbreche, was soll dann aus mir werden? Was wird aus dieser Schule, wenn das alte Muster durchbrochen wird? Es wird ein Chaos« – als wäre es nicht jetzt schon ein Chaos!

Sie sehen, wir leben immer in einem Zustand des Widerspruchs, aus dem heraus wir handeln, und daher schaffen wir noch mehr Widersprüche, noch mehr Elend. Wir haben das Leben zu einem Prozess gemacht, in dem Handeln und Sein sich bekämpfen. Ein sehr schlauer Mensch, der andere durch seine Redekunst oder seine Lebensweise überzeugt, der einen Lendenschurz trägt und äußerlich zu einem Heiligen wird, kann innerlich aus einem Zustand des Widerspruchs heraus handeln. Er ist vielleicht ein Wesen von verheerender Zerrissenheit, aber weil er die äußeren Attribute eines Heiligen besitzt, folgen wir ihm alle blindlings. Doch wenn wir uns wirklich darauf einlassen und dieses Problem des Widerspruchs innerlich und äußerlich verstehen, dann werden wir, denke ich, eine Art zu handeln finden, die nicht vom Leben wegführt, sondern Bestandteil unseres täglichen Daseins ist. Ein solches Handeln erwächst nicht aus einer Idee, sondern aus dem Sein. Es ist das Erfassen des gesamten Lebens.

Ich frage mich, ob Sie jemals in die Lage kommen, sich die Frage zu stellen: »Was soll ich tun?« Wenn ja, antworten Sie dann nicht immer gemäß einem bereits festgelegten Denkmuster? Sie gestatten sich nie zu fragen: »Was soll ich tun?« und dabei innezuhalten. Sie sagen immer: »Das muss getan werden, das darf nicht getan werden.« Nur der intelligente Geist, nur der erwachte Geist, der die Bedeutung dieses ganzen Vorgangs begreift, stellt die Frage: »Was soll ich tun? Welchen Kurs soll ich einschlagen?« ohne eine vorgefertigte Antwort. Ein solcher Geist, der durch Negation an diesen Punkt gelangt ist, beginnt zu begreifen und für das ganze Problem des Daseins feinfühlig zu werden.

Die Spaltung zwischen dem Denkenden und dem Gedachten, dem Beobachter und dem Beobachteten

Bitte folgen Sie dem ein wenig. Es mag kompliziert erscheinen, ist es aber nicht, wenn Sie in der Stille zuhören. Es gibt einen Beobachter und einen beobachteten Gegenstand, und zwischen beiden herrscht eine Spaltung. Diese Spaltung, diese Scheidewand dazwischen ist das Wort, das Bild, das Gedächtnis, der Raum, in dem jeder Konflikt stattfindet, und dieser Raum ist das Ego, das »Ich«, das die Anhäufung von Worten, Bildern, Erinnerungen von tausend Gestern ist. Folglich gibt es keinen unmittelbaren Kontakt mit dem, »was ist«. Entweder verurteilen Sie das, »was ist«, rationalisieren und akzeptieren es, oder Sie rechtfertigen es, und da all dies nur Verbalisierungen sind, gibt es keinen unmittelbaren Kontakt und daher kein Verständnis und folglich keine Entschiedenheit dessen, »was ist«.

Sehen Sie, es gibt Neid, Neid als das messende Vergleichen, und aufgrund unserer Konditionierung akzeptieren wir das. Jemand ist klug, intelligent, erfolgreich und der andere nicht. Von Kindheit an wurden wir dazu erzogen, zu messen und zu vergleichen. So entsteht Neid, aber wir beobachten diesen Neid »objektiv« als etwas außerhalb von uns, während der Beobachter selbst dieser Neid ist. Es gibt keine wirkliche Spaltung zwischen dem Beobachter und dem Beobachteten.

Der Beobachter erkennt also, dass es ihm nicht möglich ist, etwas gegen diesen Neid zu tun. Er sieht ganz klar, dass er hinsichtlich des Neides tun kann, was er will, es bleibt doch Neid, denn er ist sowohl Ursache als auch Wirkung. Daher unterscheidet sich das, »was ist«, was unser tägliches Leben mit all seinen Problemen von Neid, Eifersucht, Angst, Einsamkeit und Verzweiflung ausmacht, nicht von dem Beobachter, der sagt: »Ich bin alle diese Dinge.« Der Beobachter ist neidisch, eifersüchtig, ängstlich, einsam und voll Verzweiflung. Daher kann der Beobachter nichts gegen das, »was ist«, ausrichten, was nicht heißt, dass er es akzeptiert, damit lebt oder damit zufrieden ist. Dieser Konflikt entsteht aus der Spaltung zwischen dem Beobachter und dem Beobachteten, aber wenn kein Widerstand gegen das, »was ist«, mehr da ist, findet eine völlige Transformation statt, und diese Transformation ist Meditation. Indem Sie also für sich die ganze Struktur und das Wesen des Beobachters, der Sie selbst sind, sowie des beobachteten Gegenstandes, der Sie ebenfalls selbst sind, entdecken und ihre Totalität, ihre Einheit erkennen, ist das Meditation, in der es keinerlei Konflikt gibt, und daher eine völlige Auflösung und ein Transzendieren dessen, »was ist«.

Was ist also die Funktion des Denkens oder des Gedankens? Sie müssen ein Wissen haben – wissenschaftliche Kenntnisse, ein Wissen aufgrund der gesammelten Erfahrungen des Menschen, wie man Worte gebraucht, wie man Klavier spielt und so fort. Sie müssen ein vollständiges Wissen haben, denn ohne ein gewisses technisches Wissen kommen Sie nicht aus.

Und Sie sehen auch, was das Wissen mit sich gebracht hat. Sie haben akkumuliertes Wissen als Erfahrung von etwas, das gestern geschehen ist. Sie möchten, dass diese Erfahrung sich wiederholt, aber das geschieht vielleicht nicht, und daher leiden Sie. Einerseits ist Wissen also nötig, und andererseits bringt dieses Wissen Angst und Schmerz hervor.

Wenn Sie gestern einen Sonnenuntergang erlebt haben, so war diese Erfahrung neu, frisch, voll Freude, etwas Unglaubliches. Wie die Beschaffenheit des Lichts war, wie es sich anfühlte, das haben Sie registriert, das wurde Wissen und ist daher schon etwas Altes. Das Alte sagt: »Ich muss neue Erfahrungen machen«, und die neue Erfahrung wird im Sinne von Lustgewinn übersetzt.

Sie sehen also, was das Denken ausrichtet: Es muss logisch, vernünftig, wirksam, objektiv in der technischen Welt funktionieren, aber außerdem erkennen Sie die Gefahr des Denkens. Es stellt sich die Frage: Welche Entität ist der Träger des Denkens, des Denkens als Lust, als Schmerz? Was ist das, was diese Erinnerung als Mitte trägt, aus der es handelt? Haben Sie beobachtet, dass in Ihnen ein Beobachter und ein Beobachtetes ist? Der Beobachter ist der Zensor, das angehäufte Wissen als Christ, als Hindu, als Kommunist und so fort. Der Beobachter ist die Mitte, er ist das Ego, das »Ich«. Dieses »Ich«, das Ego, erfindet ein höheres Ich oder Atman, aber es ist immer noch ein Bestandteil des Denkens. In Ihnen ist also eine Dualität von Beobachter und Beobachtetem, von »Ich« und »du«, wir, die Hindus, und sie, die Moslems. Diese Spaltung ist die Ursache aller Konflikte.

Der Beobachter ist der Träger sämtlicher Erinnerungen, aus denen alles Denken kommt, daher ist das Denken niemals neu. Es ist niemals frei. Es kann die Freiheit nur denken oder sie erfinden.

Wie beobachtet man ohne den Beobachter, da der Beobachter die Vergangenheit ist, da der Beobachter das Bild ist? Sie haben sich von Ihrer Frau oder Ihrem Mann ein Bild gemacht aufgrund von Zeit – vierzig oder zehn Jahre, einen Monat oder einen Tag –, dieses Bild ist errichtet worden. Derjenige, der das Bild errichtet, ist der Beobachter, und wir fragen nun, ob Sie in der Lage sind, Ihre Frau, den Baum oder Ihren Mann ohne das Bild, ohne den Beobachter wahrzunehmen. Um das herauszufinden, müssen Sie herausfinden, welcher Mechanismus diese Bilder erzeugt. Was ist es, das ein Bild erschafft? Wenn Sie das verstehen, werden Sie nie ein Bild errichten, und Sie werden in der Lage sein, ohne den Beobachter wahrzunehmen.

Wir stellen die Frage, ob dieses Bildermachen, ob diesem bilderschaffenden Mechanismus jemals ein Ende gesetzt werden kann. Ich werde Ihnen zeigen, wie das möglich ist. Zunächst müssen Sie erforschen, was Gewahrsein ist, was es bedeutet, einer Sache gewahr zu sein, der Bäume, Ihres Nachbarn, der Gestalt dieser Halle, der Farbe der verschiedenen Saris und Hemden äußerlich und innerlich gewahr zu sein, sie wahrzunehmen, ohne eine Wahl zu treffen.

Wenn Sie mich beleidigen, und es ist in diesem Augenblick der Beleidigung völliges Gewahrsein vorhanden, wird die Beleidigung nicht gespeichert, und dann will ich nicht zurückschlagen oder Sie beschimpfen, sondern ich nehme die Beleidigung oder Schmeichelei passiv wahr, und daher entsteht kein Bild. Wenn Sie das nächste Mal jemand beleidigt oder Ihnen schmeichelt, seien Sie dessen vollkommen gewahr.

Dann werden Sie feststellen, dass die alte Struktur des Gehirns zum Schweigen kommt und nicht sofort in Aktion tritt. Es wird nichts gespeichert, weil Sie vollkommen gewahr sind. Sehen Sie das, wenn Sie das nächste Mal hinausgehen, sehen Sie einen Baum an, beobachten Sie nur, sehen Sie seine Schönheit, seine Äste, die Stärke des Stammes, die Krümmung der Äste, die zarten Blätter, seine Gestalt, ohne das Bild, denn das Bild ist das frühere Wissen, das diesen Baum schon einmal gesehen hat. Betrachten Sie ihn also ohne den Beobachter, sehen Sie

Ihre Frau oder Ihren Mann, als sähen Sie sie oder ihn zum ersten Mal – das heißt, ohne das Bild. Dieses Sehen ist echte Beziehung, nicht die Beziehung zwischen zwei Bildern. Daher ist ein Geist, der fähig ist, so klar zu beobachten, zur Beobachtung dessen fähig, was Wahrheit ist.

Betrachten Sie den Himmel, betrachten Sie diesen Baum, sehen Sie die Schönheit des Lichts, sehen Sie die Wolken, ihre Formen, ihre Zartheit. Wenn Sie sie ohne ein Bild betrachten, haben Sie Ihr eigenes Leben verstanden. Aber Sie betrachten sich selbst, Ihr Leben als Beobachter und Ihr Leben als etwas zu Beobachtendes: Da gibt es zwischen dem Beobachter und dem Beobachteten eine Spaltung. Diese Spaltung ist das Wesen jedes Konflikts, das Wesen allen Kämpfens, aller Schmerzen, Ängste und Verzweiflungen. Wo es eine Spaltung zwischen Menschen gibt, eine Spaltung von Nationalitäten, von Religionen, eine soziale Spaltung, wo immer eine Spaltung stattfindet, muss es Konflikte geben. Da haben wir auf der einen Seite Pakistan und auf der anderen Seite Indien, die miteinander im Streit liegen. Sie sind ein Brahmane, und ein anderer ist kein Brahmane, und zwischen beiden herrscht Hass und Spaltung. Diese externalisierte Spaltung mit all ihren Konflikten ist dasselbe wie die innere Spaltung, wie der Beobachter und das Beobachtete.

Ein Geist, der sich im Konflikt befindet, kann niemals verstehen, was Wahrheit ist. Ein Geist im Konflikt ist ein gequälter, ein verzerrter Geist. Wie kann er die Freiheit haben, die Schönheit der Erde oder ein Kind oder eine schöne Frau oder einen Mann oder die Schönheit äußerster Feinfühligkeit und alles, was damit zusammenhängt, wahrzunehmen?

Nun wollen wir selbst – nicht vom Redner – erfahren, ob es möglich ist, dieser Spaltung zwischen dem Beobachter und dem Beobachteten ein Ende zu setzen. Können Sie all dem folgen? Bitte, das ist wichtig, wenn Sie wirklich weitergehen wollen. Sie werden sich mit der Frage beschäftigen, was Liebe ist, was der Tod ist, was die Schönheit der Wahrheit ist, was Meditation ist und ein Geist, der völlig und absolut still ist. Und um all das zu verstehen, muss man mit dem Beenden des Konflikts beginnen, denn dieser Konflikt existiert, wo immer es einen Beobachter und etwas Beobachtetes gibt.

Die nächste Frage lautet: Wer ist dieser Beobachter, der etwas Getrenntes von dem Beobachteten ist? Wenn wir zornig sind, stellen wir fest, dass es im Augenblick des Zorns keinen Beobachter gibt. In dem Augenblick, in dem man etwas erlebt, gibt es keinen Beobachter. Wenn Sie einen Sonnenuntergang betrachten, ist dieser Sonnenuntergang etwas Großartiges. Wenn Sie ihn betrachten, gibt es keinen Beobachter, der sagt: »Ich sehe den Sonnenuntergang.« Der Beobachter kommt eine Sekunde später. Nehmen Sie einmal an, dass Sie zornig sind, dann gibt es im Augenblick des Zorns keinen Beobachter, keinen Erfahrenden, sondern nur den Zustand des Zorns. Eine Sekunde später kommt der Beobachter und sagt: »Ich hätte nicht zornig sein sollen«, oder: »Ich hatte ein Recht, zornig zu werden.« Das ist der Beginn von Spaltung.

Wie geschieht das? Warum ist im Augenblick des Erlebens der Beobachter völlig abwesend, und wie kann es passieren, dass der Beobachter eine Sekunde später in Erscheinung tritt? Wenn Sie diese Blume betrachten, dann gibt es in dem Augenblick, in dem Sie sie genau wahrnehmen, keinen Beobachter, sondern nur das Schauen. Dann fangen Sie an, die Blume zu benennen, und sagen: »Ich wünschte, ich hätte sie in meinem Garten oder in meinem Haus.« Damit haben Sie schon begonnen, ein Bild um diese Blume zu errichten. Das Bild und der Bilderzeuger sind der Beobachter, und der Beobachter ist die Vergangenheit. Das »Ich« als Beobachter ist die Vergangenheit; das »Ich« ist das Wissen, das ich angesammelt habe, das Wissen von Schmerz, Trauer, Leid und Qual, Verzweiflung, Einsamkeit, Eifersucht. Der Beobachter sieht diese Blume mit den Augen der Vergangenheit. Sie wissen nicht, wie man etwas ohne den Beobachter anschaut, und daher rufen Sie Konflikt hervor.

Unsere Frage lautet also: Sind Sie in der Lage, nicht nur die Blume, sondern auch Ihr Leben, Ihre Qual, Ihre Verzweiflung, Ihre Trauer anzuschauen, ohne sie zu benennen, ohne sich zu sagen: »Ich muss sie hinter mir lassen, ich muss sie unterdrücken«? Können Sie das anschauen ohne den Beobachter? Nehmen Sie Ihre eigene Gestalt oder eine besondere Neigung, oder nehmen Sie das, was die meisten Menschen sind – neidisch. Sie wissen, was Neid ist. Das ist Ihnen wohl vertraut. Neid ist Vergleichen, das maßnehmende Denken, ein Vergleich dessen, was Sie sind, mit dem, was Sie sein sollten oder was Sie gerne werden möchten. Wenn Sie Ihren Nachbarn beneiden – er besitzt ein größeres Auto, ein besseres Haus und anderes mehr als Sie –, empfinden Sie sicherlich Neid, das heißt, Sie vergleichen sich selbst mit ihm und beneiden ihn umso mehr. Nun, können Sie dieses Gefühl anschauen, ohne es als richtig oder falsch zu beurteilen, ohne es zu benennen? Sind Sie imstande, es ohne ein Bild anzuschauen? Dann können Sie darüber hinausgehen. Statt gegen Neid anzukämpfen und ihn unterdrücken zu wollen, beobachten Sie Ihren Zorn, Ihren Neid, ohne ihn zu benennen.

Das Benennen ist eine Bewegung der Erinnerung an etwas Gewesenes, indem sie rechtfertigt oder verurteilt. Wenn Sie das anschauen können, ohne ihm einen Namen zu geben, dann werden Sie sehen, dass Sie es transzendieren.

In dem Augenblick, in dem Sie wissen, dass es eine Möglichkeit gibt, das, »was ist«, zu transzendieren, sind Sie erfüllt von Energie. Der Mensch, der nicht weiß, dass man das, »was ist«, transzendieren kann, weiß nicht, wie er es angehen soll, hat Angst davor, sucht Ausflüchte. Ein solcher Mensch verliert Energie. Wenn Sie ein Problem haben und imstande sind, es zu lösen, dann besitzen Sie Energie. Einer, der tausend Probleme hat und nicht weiß, was er machen soll, verliert seine Energie. Betrachten Sie auf dieselbe Weise Ihr Leben, und Sie finden das, was Sie Liebe nennen.

Was ist Liebe? Wir diskutieren hier nicht theoretisch, was Liebe sein sollte. Wir beobachten das, was wir Liebe nennen. Ist Liebe Lustempfinden? Ist Liebe Eifersucht? Ist ein Mensch, der ehrgeizig ist, fähig zu lieben? Kann ein Mensch lieben, der mit einem anderen konkurriert? Sie alle konkurrieren miteinander, Sie möchten einen besseren Job, eine bessere Position, ein besseres Haus, ein besseres Image Ihrer Person. Können Sie lieben, wenn Sie diese ganze Tyrannei mitmachen, wenn Sie Ihren Mann, Ihre Frau, Ihre Kinder dominieren? Wenn Sie nach Macht streben, hat da die Liebe eine Chance?

Im Negieren dessen, was nicht Liebe ist, haben wir Liebe. Sie müssen alles negieren, was nicht Liebe ist, das heißt, Ehrgeiz, Wettstreit, Aggression, Gewalttätigkeit in Worten, Taten und Gedanken. Wenn Sie negieren, was nicht Liebe ist, dann wissen Sie, was Liebe ist. Und Liebe ist etwas Intensives, das Sie stark fühlen, Liebe ist kein Lustempfinden. Daher müssen wir verstehen, was Lust ist, und nicht versuchen, jemanden zu lieben.

Untersuchen wir nun, was der Beobachter ist – falls Sie die Energie haben weiterzumachen. Was ist der Beobachter? Sicher ist der Beobachter die Vergangenheit – die Vergangenheit, ob von gestern oder von ein paar Sekunden oder die Vergangenheit von vielen Jahren, einem konditionierten Wesen, das schon viele Jahre in einer bestimmten Kultur gelebt hat. Der Beobachter ist das Vergangene. Der Beobachter ist die Summe von Erfahrungen der Vergangenheit. Der Beobachter ist Wissen. Wenn ich sage: »Ich kenne Sie, weil ich Ihnen gestern begegnet bin«; wenn ich sage: »Ich bin ein Hindu, ein Katholik, ein Protestant, ein Kommunist, ein Moslem« – ist genau das die Vergangenheit, denn ich bin von der Kultur geprägt, in der ich aufgewachsen bin. Deshalb ist der Beobachter Vergangenheit. Das ist ziemlich klar, oder? Der Beobachter steht im Bereich der Zeit – um die Sache etwas komplizierter zu machen. Der Beobachter ist die Vergangenheit, die durch die Gegenwart die Zukunft modifiziert. Und die Zukunft ist immer noch der Beobachter. Wenn er sagt: »Ich werde das sein«, hat er »das« aus dem vergangenen Wissen projiziert, entweder Lust, Schmerz, Leiden oder Wonne, Angst und so fort, und er sagt: »Ich muss das werden«. Das heißt, die Vergangenheit geht durch die Gegenwart, die in die Zukunft hinein modifiziert wird, und diese ist wiederum eine Projektion aus der Vergangenheit. Der Beobachter ist also die Vergangenheit. Das heißt, Sie leben in der Vergangenheit – ist es nicht so? Denken Sie einmal darüber nach. Sie sind das Vergangene, und Sie leben in der Vergangenheit. Das ist Ihr Leben. Vergangene Erinnerungen, vergangene Wonnen, die Dinge, die Ihnen Freude gemacht haben – und die Niederlagen, der Mangel an Erfüllung, das Elend, alles ist in der Vergangenheit. Und durch die Augen des Beobachters beginnen Sie, die Gegenwart zu beurteilen, das Lebendige, sich Bewegende. Verstehen wir uns noch?

Wenn ich also mich selbst betrachte, dann schaue ich mit den Augen der Vergangenheit, und deshalb verdamme, beurteile, bewerte ich und sage: »Das ist richtig oder falsch, gut oder schlecht«, je nach der Kultur, der Überlieferung, dem Wissen, der Erfahrung, die der Beobachter gesammelt hat. Das verhindert aber die Beobachtung des Lebendigen, das »Ich« bin. Und dieses »Ich« ist vielleicht gar nicht ich! Ich kenne »Mich« nur als Vergangenheit. Ich weiß nicht, ob Sie mir folgen können. Wenn der Moslem sagt, er sei ein Moslem, ist er Vergangenheit, konditioniert von der Kultur, in der er aufgewachsen ist, ebenso

144

wie der Katholik oder der Kommunist. Darauf beruht alles. Wenn wir also über das Leben sprechen, dann sprechen wir über die Vergangenheit. Und deshalb gibt es einen Konflikt zwischen der Vergangenheit und der Gegenwart, weil ich als Moslem oder was auch immer konditioniert und nicht in der Lage bin, der lebendigen Gegenwart zu begegnen, denn das würde bedeuten, dass ich meine Konditionierung durchbreche. Meine Konditionierung wird mit dem Willen meines Vaters und meiner Vorfahren herbeigeführt und hält mich in den engen Grenzen ihres Glaubens, ihrer Überlieferung, ihrem Unfug und ihrem Elend fest. Das geschieht unentwegt – und wir haben nicht nur die Konditionierung durch die Vergangenheit, die Kultur, in der wir gelebt haben, sondern auch die Konditionierung durch jedes Ereignis, jedes Erlebnis und Geschehen. Wir leben in der Vergangenheit. Ich sehe einen schönen Sonnenuntergang und sage: »Wie wunderbar das ist, sieh das Licht, die Schatten, die Sonnenstrahlen, der grüne Schimmer, die Berge« – und dieser Eindruck wird gespeichert, und die Erinnerung daran regt sich morgen und sagt: »Ich muss diesen Sonnenuntergang wiedersehen, ich muss diese Schönheit wiederfinden.« Dann gelingt mir das nicht, und ich gebe mir Mühe, ihn wiederzufinden und gehe in ein Museum – können Sie folgen? Und der ganze Zirkus beginnt.

Nun, kann ich mich selbst mit Augen betrachten, die von der Zeit nie berührt wurden? Zeit hat mit Analyse zu tun, mit Festhalten an der Vergangenheit, mit diesem ganzen Prozess des Träumens, der Erinnerung, des Ansammelns und Festhaltens von Vergangenheit – mit all dem. Kann ich mich selbst ohne die Augen der Vergangenheit anschauen? Stellen Sie sich diese Frage. Sagen Sie nicht, dass Sie es können oder nicht können. Sie wissen es nicht. Und wenn Sie sich selbst anschauen ohne die Augen der Zeit, was ist es dann, das schaut? Bitte, antworten Sie mir nicht. Verstehen Sie meine Frage? Ich habe mich mit der Qualität, mit dem Wesen und der Struktur der Zeit, der Vergangenheit betrachtet, ich habe mich durch die Augen der Vergangenheit betrachtet. Ich habe keine anderen Augen, durch die ich schauen könnte. Ich habe mich als Katholik oder etwas anderes betrachtet, also durch die Vergangenheit. Daher sind meine Augen unfähig, mich selbst als das, »was ist«, wahrzunehmen, ohne Zeit, denn diese ist Vergangenheit. Ich stelle also die Frage: Sind die Augen in der Lage, etwas ohne die Vergangenheit zu sehen?

Lassen Sie es mich mit anderen Worten sagen: Ich habe ein Bild von mir, das nicht nur von der Kultur geschaffen wurde, in der ich gelebt habe, sondern ich habe auch ein eigenes Bild von mir, abgesehen von der Kultur. Wir machen uns sehr viele Bilder. Ich habe ein Bild von Ihnen, ich habe ein Bild von meiner Frau, meinen Kindern, dem politischen Führer, meinem Priester, und ich habe ein Bild davon, was ich sein sollte, was ich nicht bin, sowie ein Bild, das die Kultur mir übergestülpt hat. Ich habe also eine ganze Menge Bilder. Haben Sie keine? (Antwort aus dem Publikum: »Ja.«)

Prächtig! Also, wie können Sie ohne ein Bild schauen? Denn wenn Sie mit einem Bild schauen, ist das eine Verzerrung – das ist doch klar, oder? Ich betrachte Sie mit dem Bild, das ich von Ihnen habe, das ich mir gemacht habe, weil Sie gestern mit mir böse waren, das Bild, dass Sie nicht mehr mein Freund sind, dass Sie hässlich sind, dass Sie dies oder jenes sind. Nun verzerrt dieses Bild meine Wahrnehmung, wenn ich Ihnen das nächste Mal begegne. Daher ist dieses Bild die Vergangenheit, alle meine Bilder sind Vergangenheit. Und ich traue mich nicht, irgendeines dieser Bilder loszulassen, weil ich nicht weiß, wie es sein würde ohne ein Bild. So klammere ich mich an ein oder zwei Bilder. Der Geist ist also für seinen Fortbestand auf ein Bild angewiesen.

Nun, ist der Geist in der Lage, ohne ein Bild zu beobachten – ohne ein Bild des Baumes, der Wolke, der Berge, des fließenden Wassers, ohne ein Bild meiner Frau, meiner Kinder, meines Mannes, meiner Tante, ohne ein Bild in der Beziehung? Es ist das Bild, das einen Konflikt in die Beziehung bringt. Stimmt's? Ich komme mit meiner Frau nicht aus, weil sie mich tyrannisiert hat. Dieses Bild wurde Tag für Tag aufgebaut, und dieses Bild verhindert jede Art von Beziehung. Vielleicht schlafen wir zusammen, aber das hat nichts zu sagen, und wir geraten uns in die Haare. Also, kann der Geist schauen, kann er beobachten ohne ein Bild, das sich aus der Vergangenheit ableitet? Das heißt, ist der Geist imstande, etwas wahrzunehmen ohne ein Bild? Ohne den Beobachter – also die Vergangenheit, das »Ich«? Bin ich in der Lage, Sie ohne das »Ich« als konditionierte Entität zu betrachten?

Fragesteller: Das ist unmöglich.

Krishnamurti: Wirklich? Woher wissen Sie, dass es unmöglich ist? In dem Augenblick, in dem Sie »unmöglich« sagen, blockieren Sie sich selbst. Und wenn Sie sagen, dass es möglich ist, blockieren Sie sich ebenfalls. Doch wenn Sie sagen: »Finden wir es heraus, untersuchen wir es, gehen wir der Sache nach«, dann werden Sie feststellen, dass der Geist in der Lage ist, ohne die Augen der Zeit zu schauen. Und wenn er auf diese Weise beobachtet, was sieht er dann?

Am Anfang habe ich etwas über mich selbst gelernt – ich habe alle Möglichkeiten erforscht und analysiert, und ich erkenne, dass der Beobachter die Vergangenheit ist. Der Geist lebt in der Vergangenheit, weil das Gehirn sich in der Zeit entwickelt hat, die Vergangenheit ist. Und in der Vergangenheit ist »Sicherheit«. Stimmt's? Mein Haus, meine Frau, mein Glaube, mein Status, meine Position, mein Ruhm, mein verflixtes kleines Ich – darin liegt große »Sicherheit«, »Geborgenheit«. Und ich frage, ist der Geist fähig wahrzunehmen ohne all das? Und wenn er dazu imstande ist, was sieht er dann außer den Bergen, den Blumen, den Farben, den Menschen – gibt es etwas in mir wahrzunehmen? Daher ist der Geist vollkommen frei. Sie wenden vielleicht ein: Was bringt diese Freiheit? Der springende Punkt ist, dass ein solcher Geist keinen Konflikt kennt. Ein solcher Geist ist vollkommen ruhig und friedlich, nicht gewalttätig. Und ein solcher Geist ist imstande, eine neue Kultur zu schaffen – eine neue Kultur, nicht eine Gegenkultur zur alten, sondern etwas völlig Neues, in dem es keinen Konflikt geben wird. Das hat man entdeckt, nicht als Theorie, nicht bloß als verbale Äußerung, sondern als Tatsache im eigenen Inneren – nämlich dass der Geist in der Lage ist, vollständig und daher ohne die Augen der Vergangenheit wahrzunehmen, und deshalb ist dieser Geist etwas völlig anderes.

Wie sollen wir nun mit diesem ziemlich offenkundigen Problem verfahren, dass unser Geist konditioniert ist, dass er ständig am Schwätzen und nie still ist? Wir versuchen ihn zur Stille anzuhalten, oder es geschieht beiläufig, durch Zufall. Um diesem Problem beizukommen, um zu lernen, zu schauen, muss die Stille eines Geistes vorhanden sein, der nicht gebrochen, nicht zerrissen, nicht gequält ist. Wenn ich etwas sehr klar sehen will, ob es ein Baum oder eine Wolke ist oder das Gesicht des Nebenmenschen; um ohne Verzerrung sehr klar sehen zu können, darf der Geist offensichtlich nicht schwätzen. Er muss ganz still sein, damit er beobachten und sehen kann. Und der Akt des Sehens an sich ist Handeln und Lernen. Was ist also Meditation? Ist es möglich, etwas ohne Verzerrung zu überdenken, zu beobachten, zu verstehen, zu lernen und sehr klar zu sehen, alles zu hören, wie es ist, ohne es zu deuten oder nach unseren Vorurteilen zu übersetzen? Wenn wir den Vögeln am Morgen lauschen, sind wir dann in der Lage, vollständig zuzuhören, ohne dass uns ein Wort in den Sinn kommt, mit totaler Aufmerksamkeit, nur zu hören, ohne zu sagen, wie schön, wie herrlich, was für ein herrlicher Morgen das ist?

All dies bedeutet, dass der Geist still sein muss, aber er kann nicht still sein, wenn irgendeine Form von Verzerrung vorliegt. Deshalb muss man jede Form von Konflikt verstehen, sei es zwischen dem Einzelnen und der Gesellschaft, dem Einzelnen und seinem Nachbarn, zwischen einem selbst und der Ehefrau, dem Ehemann, den Kindern und so weiter. Jede Form von Konflikt ist auf allen Ebenen ein Prozess der Verzerrung. Wenn man in sich selbst einen Widerstreit hat, der entsteht, weil man sich auf eine andere, differenziertere Weise ausdrücken möchte und nicht dazu in der Lage ist, dann gibt es Konflikt, Kampf, Schmerz, und das verzerrt die Qualität, die Feinheit, die Behändigkeit des Geistes.

Meditation ist das Verstehen der Natur des Lebens mit seiner dualen Aktivität, seinem Konflikt. Dass man die wahre Bedeutung und Wahrheit einsieht, so dass der Geist klar wird, ohne Verzerrung, obwohl er Jahrtausende konditioniert worden ist, im Konflikt, im Streit, im Kampf zu leben. Der Geist erkennt, dass Verzerrung stattfinden muss, wenn er einer Ideologie folgt, der Idee, was sein sollte im Gegensatz zu dem, was ist, wenn nun Dualität, ein Widerspruch vorhanden ist und folglich ein gequälter, pervertierter Geist.

Es gibt nur das Eine. Das, »was ist«, das Seiende, nichts sonst. Sich vollständig auf das Seiende einzulassen, räumt auf mit jeder Form von Dualität, und folglich gibt es keinen Konflikt, keinen gequälten Geist. Daher ist Meditation, wenn ein Geist wirklich sieht, »was ist«, ohne zu interpretieren oder zu übersetzen, ohne zu wünschen, dass es nicht sei, oder es hinzunehmen.

Das vermag ein Geist nur dann, wenn er aufhört, »Beobachter« zu sein.

Bitte, es ist wichtig, dass Sie das verstehen. Die meisten von uns haben Angst. Es gibt also die Angst, und derjenige, der diese Angst loswerden möchte, ist der »Beobachter«. Er ist die Entität, welche die neue Angst »erkennt« und sie im Sinne der alten, aus der Vergangenheit bekannten und gespeicherten Ängste, denen er entkommen ist, übersetzt. Solange es also einen »Beobachter und einen Gegenstand der Beobachtung gibt, muss es auch Dualität und daher Konflikt geben, und dann wird der Geist verzerrt. Und das ist ein sehr komplizierter Zustand, den wir verstehen müssen. Solange es den »Beobachter« gibt, muss es auch den Konflikt der Dualität geben.

Ist es möglich, über den »Beobachter« hinauszugehen – den »Beobachter«, der die gesamte akkumulierte Vergangenheit ist, das »Ich«, das Ego, das aus dieser Vergangenheit abgeleitete Denken?

Ich hoffe, dass Sie dem, was der Redner in Worte fasst, zuhören und es sehr klar beobachten, um zu sehen, ob es möglich ist, jeglichen Konflikt auszuschalten, so dass der Geist in vollkommenem Frieden sein kann – nicht »befriedigt«, denn Befriedigung entsteht nur, wo Unzufriedenheit herrscht, und das ist wiederum ein Prozess der Dualität. Nur dann, wenn es keinen »Beobachter« gibt, sondern nur Beobachtung und daher keinen Konflikt, kann es vollkommenen Frieden geben. Sonst herrschen Gewalt, Aggression, Brutalität, Kriege und was die moderne Lebensweise uns sonst noch beschert.

Meditation ist also, wenn man das Denken versteht und selbst entdeckt, ob dem Denken ein Ende gesetzt werden kann. Erst dann, wenn der Geist still ist, kann er wirklich sehen, »was ist«, ohne Verzerrung, ohne Heuchelei oder Selbsttäuschung. Es gibt die Systeme und die Gurus, die behaupten, dass man dem Denken nur ein Ende setzen könne, wenn man Konzentration und Selbstkontrolle erlerne. Doch ein disziplinierter Geist in dem Sinn, dass er nachahmt, sich anpasst, akzeptiert und gehorcht, hat immer Angst. Ein solcher Geist kann nie still sein, er kann nur so tun, als wäre er still. Und einen stillen Geist erreicht man auch nicht durch den Gebrauch von Drogen oder die Wiederholung von Worten. Sie können ihn zum Stumpfsinn reduzieren, aber das ist nicht Stille.

Meditation ist das Ende von Leid, das Ende des Denkens, das Angst und Kummer hervorbringt, im täglichen Leben, wenn Sie verheiratet sind, wenn Sie im Geschäftsleben stehen. Im Geschäftsleben müssen

Sie Ihr technisches Wissen einsetzen, doch wenn dieses Wissen für psychische Zwecke angewandt wird, um mehr Macht zu gewinnen, um eine Position einzunehmen, die Prestige, Ehre und Ruhm bringt, erzeugt sie nur Antagonismus und Hass. Ein solcher Geist kann nie verstehen, was Wahrheit ist. Meditation ist das Verstehen einer Art zu leben, sie ist das Verstehen von Leid und Angst und ein Darüber-Hinausgehen. Darüber hinausgehen heißt nicht nur, die Bedeutung des Prozesses von Leid und Angst intellektuell oder rational zu begreifen, sondern wirklich über sie hinauszugehen. Und das heißt zu beobachten und sehr klar zu sehen, was Leid und Angst eigentlich ist. In diesem klaren Sehen muss der »Beobachter« ein Ende haben.

Meditation ist eine Lebensweise, keine Flucht vor dem Leben. Meditation ist öffensichtlich keine Erfahrung von Visionen oder seltsamen mystischen Erlebnissen. Wie Sie wissen, kann man bewusstseinserweiternde Drogen einnehmen, die bestimmte chemische Reaktionen hervorrufen, die den Geist in hohem Maß sensibilisieren, und in diesem Zustand mögen Sie die Dinge gesteigert erleben, aber auch das erfolgt gemäß Ihrer Konditionierung.

Meditation ist auch keine Wiederholung von Worten. Es ist in Mode gekommen, sich von jemandem ein Sanskrit-Wort geben zu lassen, das man ständig wiederholt und dadurch hofft, eine außerordentliche Erfahrung zu machen – was blanker Unsinn ist. Natürlich wird Ihr Geist, wenn Sie einen Haufen Worte ständig wiederholen, stumpf und daher still werden, aber das hat nichts mit Meditation zu tun. Meditation ist das fortwährende Verstehen der Lebensweise, in jeder Minute, wobei der Geist außerordentlich wach, lebendig und unbelastet ist von Angst, Hoffnung, Ideologie oder irgendeinem Kummer. Und wenn wir so weit miteinander gehen können – hoffentlich waren einige von uns wirklich, nicht nur theoretisch, dazu in der Lage –, dann treten wir in etwas gänzlich anderes ein.

Wie bereits gesagt, können Sie nicht sehr weit gehen, ohne eine Grundlage zu schaffen für das Verständnis des täglichen Lebens – des täglichen Lebens der Einsamkeit, der Langeweile, der Aufregung, der sexuellen Lust, der Forderung, sich zu entfalten, sich auszudrücken, des täglichen Lebens im Konflikt zwischen Hass und Liebe, eines Lebens, in dem man geliebt werden will, eines Lebens der tiefsten inneren Einsamkeit. Ohne all dies zu verstehen – ohne Verzerrung, ohne neurotisch zu werden, indem man vollkommen und höchst feinfühlig und ausgeglichen wird –, ohne dies zu werden, können Sie nicht sehr weit kommen.

Wenn Sie dieses Fundament fest gegründet haben, ist der Geist in der Lage, vollkommen still und daher vollkommen im Frieden zu sein – und das ist etwas völlig anderes als zufrieden zu sein wie eine Kuh! Erst dann ist es möglich herauszufinden, ob es etwas jenseits der Maßgabe des Geistes gibt, ob es so etwas gibt wie Wirklichkeit, wie Gott, etwas, wonach der Mensch seit Millionen von Jahren strebt, etwas, das er durch seine Götter und Tempel, durch Selbstopferung gesucht hat, indem er ein Einsiedler wurde, und all die damit verbundenen Absurditäten und Erfindungen, durch die der Mensch hindurchgegangen ist.

Wissen Sie, bis jetzt war verbale Erklärung, verbale Kommunikation bis zu einem gewissen Grad möglich. Doch Worte sind nur dazu da, etwas zu vermitteln, das in Worten ausgedrückt werden kann. Es ist nicht möglich, etwas in Worte zu fassen, das über all dies hinausgeht. Es zu beschreiben, stellt sich als völlig sinnlos heraus. Das Einzige, das man tun kann, ist, die Tür zu öffnen, die Tür, die nur offen bleibt, wenn eine Ordnung vorhanden ist. Nicht die Ordnung der Gesellschaft, die eine Unordnung ist, sondern die Ordnung, die sich einstellt, wenn man wirklich sieht, »was ist«, ohne die geringste, vom »Beobachter« hervorgerufene Verzerrung. Wenn es überhaupt keine Verzerrung gibt, ist Ordnung da, die ihre eigene außerordentliche, subtile Disziplin besitzt. Und diese Tür offen zu lassen, ist alles, was man tun kann. Ob die Wirklichkeit durch diese Tür kommt oder nicht, man kann sie dazu nicht auffordern, und wenn man großes Glück hat, durch einen seltsamen Zufall, kommt sie vielleicht und gibt ihren Segen. Man kann nicht nach ihr streben. Denn das ist Schönheit und Liebe, und nach ihr kann man nicht streben. Wenn Sie das tun, wird sie bloß zu einer Fortsetzung von Lust, und das ist nicht Liebe. Es gibt eine Glückseligkeit, die keine Lust ist. Wenn der Geist sich in diesem Zustand der Meditation befindet, empfindet er eine unermessliche Seligkeit. Dann hat das tägliche Leben der Widersprüche, Brutalitäten und Gewalt keinen Platz mehr. Aber man muss jeden Tag sehr hart daran arbeiten, um dieses Fundament zu schaffen. Das ist das Einzige, was zählt, sonst nichts. Dann kann aus dieser Stille, die das Wesen eines meditativen Geistes ist, Liebe und Schönheit hervorgehen.

Wenn Sie wirklich in der Lage sind, ohne Zensor zu beobachten, »was ist«, findet eine Transformation des Seienden statt. Man ist gewalttätig – es ist offenbar die normale menschliche Befindlichkeit, gewalttätig zu sein. Ich bin also gewalttätig. Im Augenblick der Gewalt gibt es keinen Beobachter, und dann, einige Sekunden später, stellt der Beobachter sich ein. Dieser sagt: »Ich soll nicht gewalttätig sein«, weil er ein Bild, ein Ideal von Gewaltlosigkeit hat – und das hindert ihn daran, die Gewalt zu beobachten. Daher sagt er sich: »Jeden Tag werde ich immer weniger gewalttätig sein, und dann werde ich letztlich einen Zustand von Gewaltlosigkeit erreichen.« Was bedeutet aber diese einfache Tatsache, dass ich gewalttätig bin und sage, dass ich eines Tages gewaltlos sein werde? Zunächst ist der Beobachter da und der Gegenstand der Beobachtung. Zweitens säe ich in der Zwischenzeit, bevor ich den Zustand der Gewaltlosigkeit erreicht habe, die Saat der Gewalt. Dann – bevor ich in der Lage bin, vollkommen gewaltlos zu sein – gibt es noch den Faktor Zeit, das heißt den Zwischenraum zwischen Gewalt und Gewaltlosigkeit. Beobachten Sie in diesem Zwischenraum, »was ist«.

Wie machen Sie das? Tun Sie es mit Ihrem konditionierten Geist, indem Sie sagen: »Ich darf nicht gewalttätig sein«, mit dem Bild, das Sie von Gewalt haben? Ohne ein Bild zu beobachten erfordert eine ungeheure Energie. Sie vergeuden Energie, wenn Sie Gewalt unterdrücken oder transformieren oder ein Ideal von Gewaltlosigkeit verfolgen. All dies ist Verschwendung von Energie.

Diese Spaltung zwischen dem Beobachter und dem Beobachteten ist eine Illusion

Krishnamurti: Ich denke, es wäre lohnend, etwas Zeit darauf zu verwenden, auf die Frage des Gewahrseins, der Aufmerksamkeit und Meditation näher einzugehen. Wir wollen beginnen, indem wir in uns selbst nachforschen und herausfinden, was wir unter Gewahrsein verstehen. Denn mir scheint, dass die meisten von uns nicht wahrnehmen, wovon wir reden, oder unsere Gefühle, unsere Umgebung, die Farben um uns, die Menschen, welche Autos auf der Straße vorüberfahren, die Gestalt der Bäume, die Wolken, die Bewegung des Wassers, den Flug der Vögel – und vielleicht haben einige von Ihnen heute am frühen Morgen bemerkt, wie es duftete und wie außerordentlich klar die Luft war. Wir nehmen diese äußeren Dinge gar nicht wirklich wahr.

Vielleicht geschieht das deshalb, weil wir so mit uns selbst beschäftigt sind – mit unseren eigenen Problemen, Vorstellungen, Vergnügungen, Geschäften und Ambitionen –, so dass wir äußerlich und objektiv nichts wahrnehmen. Und dennoch reden wir viel über »Gewahrsein«. Einmal fuhr der Redner mit einigen Leuten im Auto. Es gab einen Chauffeur, und ich saß neben ihm. Hinter uns führten drei Herren eine sehr intensive Debatte über das Gewahrsein und stellten mir Fragen dazu. Leider war der Chauffeur in diesem Augenblick unaufmerksam und überfuhr eine Ziege – und die drei Herren redeten noch immer über das Gewahrsein und nahmen überhaupt nicht wahr, was passiert war! Der Chauffeur zeigte sich nicht im Geringsten beunruhigt. Als wir auf diesen Mangel an Gewahrsein bei Leuten hinwiesen, die sich darum bemühten, gewahr zu sein, war das eine völlige Überraschung für sie. Und so ist es auch mit den meisten von uns. Wir nehmen äußere oder innere Dinge nicht wahr. Können wir also etwas Zeit darauf verwenden, darüber zu diskutieren?

Der Geist der meisten von uns ist eher stumpf und unsensibel, weil wir nicht gesund sind, weil wir schon tage-, monate- und jahrelang mit Problemen leben – dem Problem von Kindern, Ehe, dem Verdienen unseres Lebensunterhalts, der brutalen Gesellschaft, in der wir leben –

all dies hat uns unempfindlich, stumpf und träge in unseren Reaktionen gemacht. Ein solcher Geist versucht nun, gewahr zu sein, in der Hoffnung, dass er irgendwie die Einschränkungen, die die Gesellschaft, das Individuum und so fort ihm auferlegt haben, überschreiten könne. Wenn wir über Gewahrsein sprechen, halte ich es für sehr wichtig, dass wir verstehen, wie einfach es ist – dass wir es nicht komplizierter machen, nicht sagen: »Ich muss dies sein« oder: »Ich darf das nicht sein«, sondern dass wir auf ganz einfache Weise beginnen, weil das Problem ungeheuer komplex ist.

Wir müssen es Schritt für Schritt erkunden, nicht analytisch, sondern indem wir uns selbst beobachten, wie wir sind, indem wir wahrnehmen, was wir sind, und von dort weitergehen. Können wir das, weil es uns Spaß macht? Ich denke, das wird unseren Geist schärfen, weil wir ziemlich grobschlächtige, anmaßende, aggressive und überhebliche Leute sind, die anderen sagen wollen, was wir für richtig halten und was andere tun und lassen sollen. Wir möchten über andere bestimmen, wir übernehmen eine Verantwortung, die uns nicht zusteht. So leben wir in einer Art dünkelhafter, sich selbst projizierender eigenen Welt, wir leben darin und reden über Gewahrsein, als wäre es etwas außerordentlich Mysteriöses.

Wenn wir uns auf dieses hochinteressante Problem tief einlassen könnten, würden wir eine Reise ohne Ende unternehmen. Sollen wir das tun? Bitte, stimmen Sie mir nicht zu. Sehen Sie selbst, ob es wichtig ist oder nicht. Denn ich denke, wenn wir diese einfache Sache verstehen, werden wir in der Lage sein, unsere eigene Geistesstruktur zu verstehen, die Zustände unserer diversen Seinsebenen – ob es da Widersprüche gibt, Blindheit, Anmaßung, Brutalität. Dann werden wir all der brodelnden, brennenden Dinge in unserem Inneren gewahr werden. Fangen wir also an.

Lassen Sie uns vor allem nicht definieren, was Gewahrsein ist, denn wenn wir das tun, wird jeder von uns dem Wort eine andere Bedeutung, eine andere Definition geben. Wir werden unterwegs herausfinden, was Gewahrsein ist. Denn in dem Augenblick, in dem Sie es definieren, haben Sie sich bereits durch Worte, durch eine Schlussfolgerung blockiert. Wenn Sie dagegen sagen: »Ich werde herausfinden, was es bedeutet«, dann wird Ihr Geist geschmeidig, elastisch, und Sie können weitergehen. Lassen wir uns also darauf ein. Machen Sie die Sache nicht komplizierter, denn wenn wir anfangen, das Gewahrsein zu erkunden, wird es ohnehin immer komplexer. Wenn Sie jedoch mit seiner Komplexität beginnen, werden Sie nicht in der Lage sein, die außerordentliche Einfachheit zu sehen und durch diese Einfachheit die Vielfalt, die Widersprüchlichkeit und Verschiedenartigkeit zu erkennen, die im Gewahrsein steckt.

Fragesteller: Sie sprachen vom Gewahrsein von Dingen und Zuständen des Geistes. Soll das heißen, dass Gewahrsein immer ein Objekt hat, wie zum Beispiel Angst?

K: Das wollen wir feststellen. Schauen Sie! Ich weiß nichts darüber, nicht wahr? Ich weiß nichts über das Gewahrsein. Ich möchte herausfinden, was es bedeutet, nicht, was ein anderer mir sagt. Zunächst einmal frage ich, bin ich äußerer Dinge gewahr, bewusst? Der Gestalt des Baumes, des Vogels auf dem Telegraphenmast, der sich sein Gefieder putzt, der Schlaglöcher auf der Straße, des Gesichtes mir gegenüber. Das heißt, schauen Sie hin? Zuerst muss man hinschauen – sehen! Oder sehe ich das Bild, das ich von diesem Vogel oder Baum oder von dem Gesicht vor mir habe? Ist das einigermaßen klar? Ich sehe Sie – tatsächlich, visuell – und außerdem habe ich ein Bild von Ihnen. Sie sind alt, jung, nett aussehend, oder Sie sind schmutzig, Sie sind dieses oder jenes.

Ich sehe Sie nicht nur visuell, so wie Sie tatsächlich aussehen, sondern weil ich mit Ihnen bekannt bin, habe ich außerdem ein Bild von Ihnen. Das gehört zum Gewahrsein, nicht wahr? Ich nehme Ihr Gesicht wahr, Ihre Hautfarbe, den Schal um Ihren Hals, das braune Hemd – und außerdem habe ich ein Bild von Ihnen, weil ich Sie bereits kenne. Sie haben mir angenehme oder unangenehme Dinge gesagt, so habe ich mir ein Bild von Ihnen gemacht. Das gehört zur Wahrnehmung, nicht wahr? Natürlich!

Nun gehen Sie einen Schritt weiter. Ich sehe Sie durch das Bild, das ich mir von Ihnen gemacht habe. Ich sehe Sie – nicht nur das braune Hemd und so weiter, sondern ich sehe Sie auch durch mein Bild. Stimmt's? Daher sehe ich Sie eigentlich gar nicht! Das gehört zum Gewahrsein, nicht wahr? Dass wir erkennen, dass das Bild, das Sie ansieht, den Geist daran hindert, Sie direkt anzuschauen. Das ist doch ganz einfach, oder?

Nun kommt der nächste Schritt. Indem es sich dessen bewusst ist, sagt das Gewahrsein: Ich schaue Sie eigentlich gar nicht an, sondern es ist mein Bild, das Sie ansieht! Ich schaue Sie durch ein Bild an. Zunächst bin ich mir bewusst, dass ich ein Bild habe, und dessen war ich vorher nicht gewahr. Dann bin ich mir bewusst, wie dieses Bild entstanden ist. Wie ist es denn entstanden? Es ist entstanden, weil Sie mich verletzt oder mir etwas Unangenehmes gesagt haben, oder weil Sie mir geschmeichelt und mir gesagt haben: »Was für ein wunderbarer Mensch Sie sind« oder: »Um Himmels willen, nimm doch Vernunft an!« oder was auch immer.

Durch Ihren verbalen Ausdruck und das Gefühl, das Sie in diese Worte gelegt haben, sowie meine Reaktion auf diese Worte und diese Gefühle habe ich mir ein Bild von Ihnen aufgebaut – das aus den Erinnerungen besteht, die ich von Ihnen habe.

F: Aber man macht sich auch ein Bild von jemandem, dem man zum ersten Mal begegnet.

K: Ja, das kann im Nu geschehen. Mir gefällt Ihr Gesicht nicht, oder es gefällt mir. Ich mag das Parfum, das Sie verwenden, oder ich mag es nicht, und so fort. Schon habe ich mir ein Bild gemacht. So nehme ich zum ersten Mal wahr, dass ich ein Bild von Ihnen habe. Und außerdem nehme ich wahr, dass dieses Bild von Sympathie und Antipathie bestimmt ist. Ich bin ein Deutscher, Sie sind ein Franzose, daher kann ich Sie nicht leiden, und so fort. Ich bin also des Bildes gewahr, das ich aus meinen Reaktionen Ihnen gegenüber aufgebaut habe. Können wir weitergehen? Folgen Sie den Worten, oder beobachten Sie sich eigentlich selbst, wie Sie das Bild beobachten, das Sie sich von mir oder einem anderen gemacht haben, wie dieses Bild aufgebaut wurde? Wenn Sie einen Ehemann oder eine Ehefrau haben, wissen Sie sehr gut, wie dieses Bild entstanden ist. Sind Sie dieses Bildes gewahr? Ich meine nicht, ob Sie es mögen oder nicht mögen. Denn wenn Sie seiner gewahr sind und sagen: »Es gefällt mir« oder »Es gefällt mir nicht«, dann fügen Sie zu diesem Bild noch etwas hinzu. Oder Sie sagen: »Ich muss dieses Bild loswerden«. Dann fügen Sie wieder etwas zu dem Bild hinzu. Aber wenn Sie das Bild ohne irgendeine Reaktion beobachten – ich frage mich, ob Sie all dem folgen können, oder ob es zu schwierig ist?

Das ist ein sehr komplexer Prozess. Wenn Sie nicht sehr genau folgen, verfehlen Sie das Ganze. Daher müssen Sie aufmerksam sein. Ich nehme Ihr braunes Hemd und den Schal und die Farbe Ihres Schals wahr. Außerdem bin ich gewahr, dass ich Sie durch das Bild anschaue, das ich mir von Ihnen gemacht habe, und dass dieses Bild aufgrund Ihrer Worte, Ihrer Gesten oder meines Vorurteils Ihnen gegenüber oder meiner Neigung oder Abneigung für Sie zustande gekommen ist. Das gehört zum Gewahrsein. Und ich erkenne außerdem, ich nehme wahr, dass dieses Bild mich daran hindert, Sie unmittelbar anzuschauen, unmittelbar mit Ihnen Kontakt aufzunehmen. Dann sage ich mir: »Ich muss dieses Bild loswerden.« Dann beginnt der Konflikt, nicht wahr? Wenn ich das Bild loswerden möchte, das ich mir von Ihnen gemacht habe, um mich davon zu befreien, weil ich mit Ihnen in engeren Kontakt kommen möchte, Sie unmittelbar sehen möchte, dann ist dies eine andere Form der Reaktion auf das Bild.

Ich bin also dessen gewahr, dass ich ein Bild habe, das mich daran hindert zu sehen, genau zu beobachten, »was ist«, was Sie sind oder was ich bin. Ich will es also loswerden, ich will frei sein davon, weil das vielleicht mehr bringt, lustvoller ist und mir vielleicht eine tiefere, größere Erfahrung verschafft. Und all dies gehört zum Gewahrsein dazu. In dem Augenblick, in dem ich es loswerden möchte, kämpfe ich dagegen an, und das ist Konflikt. Ich nehme also wahr, was jetzt vor sich gegangen ist. Ich nehme Ihr braunes Hemd wahr und die Farbe Ihres Schals, ich bin des Bildes gewahr, das ich mir von Ihnen gemacht habe.

Ich bin mir bewusst, dass dieses Bild mich daran hindert, unmittelbar mit Ihnen in Kontakt zu treten, genau zu sehen, wer Sie sind, oder dass das Bild, das ich von mir selber habe, mich daran hindert, mich selbst anzuschauen. Ich möchte dieses Bild loswerden, weil ich Sie sagen hörte, dass Selbsterkenntnis sehr wichtig sei. Deshalb möchte ich kein Bild von mir haben. Und wenn ich es loswerden möchte, gibt es einen Konflikt zwischen dem früheren Bild und einem neuen Bild, das ich geschaffen habe. So befinde ich mich also im Konflikt. Wenn es sich um einen Konflikt handelt, der am Ende eine bestimmte Lusterfahrung verspricht, möchte ich, dass er andauert. Und wenn es ein Konflikt ist, der zu Schmerzen führt, möchte ich ihn loswerden. Ich bin daher des ganzen Musters dessen gewahr, was sich da abspielt.

Ich hoffe, Sie tun das gemeinsam mit mir – dass Sie das Bild nehmen, das Sie sich von einem anderen gemacht haben, dass Sie es anschauen, seiner gewahr sind, wie Sie dieses Zeltes gewahr sind, seiner Dimensionen, seiner Struktur, der Flicken, der Löcher und so weiter. In ähnlicher Weise sind Sie Ihres Bildes gewahr und was es bedeutet. Ich befinde mich also in einem Konflikt. Entweder ich bin mir dieses Konfliktes bewusst, wie er ist, oder ich möchte ihn in etwas verwandeln, das mir mehr einträgt, oder ich bin nur sehr oberflächlich in einem Konflikt, bloß an der Oberfläche, oder ich bin mir seiner tieferen Schichten bewusst.

Gewahrsein ist nicht bloß ein oberflächliches Beobachten von Konflikten in meinem Inneren, sondern durch dieses Gewahrsein öffnen sich die tieferen Probleme. Wenn Ängste darin sind, möchte ich sie alle ausschalten, ich will nicht hinsehen. So laufe ich vor ihnen davon, mit Hilfe von Alkohol, Drogen, Frauen, Männern, Vergnügungen, Unterhaltung, Kirchen – was auch immer. All dies ist Teil des Gewahrseins, nicht wahr? Das Weglaufen von der Angst und das Wichtignehmen der Dinge, zu denen ich geflüchtet bin.

Ich nehme wahr, dass ich einsam und elend bin. Ich weiß keinen Ausweg, oder wenn ich einen weiß, dann ist er zu schwierig; deshalb laufe ich fort – zur Kirche, zu Drogen, zum Kommunismus, zu jeder Form von Unterhaltung. Und weil ich vor etwas davongelaufen bin, vor dem ich mich fürchte, hin zu etwas, das mir zur Flucht verhilft, werden diese Dinge ungemein wichtig. Ich hänge also an diesen Dingen. Das kann eine Ehefrau sein, eine Familie – was auch immer. Nun, all dies ist ein Teil des Gewahrseins. Ich habe sehr langsam begonnen – Schritt für Schritt –, ich habe Ihr Hemd beobachtet, die Farbe Ihres Schals, und bin tiefer und tiefer gekommen, bis ich ein ganzes Netz von Ausflüchten gefunden habe. Ich habe Sie nicht ausgeforscht, ich habe Sie nicht analysiert; indem ich all dessen gewahr bin, habe ich begonnen, immer weiter in die Tiefe vorzudringen. Können Sie all dem folgen?

F: Ich kann nicht folgen. Ich verstehe das mit dem Gewahrsein, aber dann kommt ein Sprung in innere Ausflüchte. Können Sie das bitte noch einmal wiederholen?

K: Wo ist der Sprung?

F: Zwischen dem Gewahrsein und unserer Flucht, etwa vor der inneren Einsamkeit.

K: Ich dachte, ich hätte das klar gemacht. Ich habe mir ein Bild von Ihnen gemacht und war dieses Bildes nie gewahr; und ich nehme es wahr, indem ich äußere Dinge beobachte, indem ich äußere Dinge wahrnehme. Von äußeren Dinge gehe ich natürlich weiter zu inneren Dingen. Und dort entdecke ich, dass ich ein Bild von Ihnen habe. Ich bin hineingegangen, das ist klar, nicht wahr? Nun, wenn ich dieses Bildes gewahr werde, merke ich, dass ich es aufgebaut habe, um mich zu schützen; oder ich habe es aufgebaut, weil Sie etwas so Brutales zu mir gesagt haben, dass es mir im Gedächtnis bleibt, oder Sie haben mir etwas Angenehmes gesagt, das mir ebenfalls im Gedächtnis bleibt. Es gibt also dieses Bild, das ich mir von Ihnen gemacht habe, und ich erkenne, dass dieses Bild mich daran hindert, meine Beziehung zu Ihnen näher zu betrachten.

F: Sie meinen also, dass dieses Gewahrsein, das Sie haben, nicht nur auf eine Person beschränkt ist, sondern für jeden Bereich gilt?

K: Natürlich, ich mache mir ein Bild von allem – von Ihnen, von meiner Frau, meinen Kindern, meinem Land, von Gott. (Geräusch eines Flugzeugs.) Haben Sie das Geräusch von dem Jet eben wahrgenommen? Waren Sie Ihrer Reaktion darauf gewahr? Und die Reaktion war: »Ich wünschte, es würde aufhören, weil ich etwas herausfinden möchte, weil ich möchte, dass K. mehr sagt, es hindert mich am Zuhören.« Oder haben Sie diesem außerordentlichen donnernden Geräusch einfach nur zugehört? Wenn Sie diesem Donnern zugehört haben, ohne eine Wahl zu treffen, dann haben Sie auf eine ganz andere Weise zugehört, nicht wahr? Nein? Sie sind dem Donnern gefolgt, während es sich immer weiter entfernte. Sie haben ihm zugehört, und dann wurden Sie der verschiedenen Geräusche des Flusses gewahr – ist es nicht so? –, der Kinder in der Ferne? Aber wenn Sie gesagt haben: »Ich mag dieses Geräusch nicht, weil ich hier zuhören möchte, weil ich etwas herausfinden möchte«, was ist dann geschehen? Dann sind Sie im Konflikt, nicht wahr? Sie möchten zuhören, aber Sie werden von diesem Geräusch daran gehindert, daher gibt es einen Widerstand gegen das Geräusch und das Verlangen zuzuhören, herauszufinden. So entstand ein Konflikt, und Sie haben sich in diesem Konflikt verirrt. Sie haben weder dem Donnern zugehört, noch haben Sie auf das gehört, was gesagt wurde. Gehen wir jetzt weiter.

Ich habe mir ein Bild von Ihnen gemacht, und jetzt sehe ich, erkenne, begreife ich, dass dieses Bild mich davon abhält, Sie klarer zu sehen, Sie unmittelbar zu verstehen. Es gibt also einen Konflikt zwischen dem ursprünglichen Bild, das ich von Ihnen habe, und dem neuen Bild, das ich im Sinn habe, nämlich Sie anzuschauen. Es gibt also einen Konflikt zwischen diesen beiden. Und da ich nicht weiß, wie ich diese Bilder loswerden kann, werde ich müde, ich ermatte, und weil ich nicht weiß, wie ich den Konflikt zwischen dem alten und dem neuen Bild lösen soll, flüchte ich. Ich habe ein ganzes Netz von Ausflüchten, deren ich mir langsam bewusst werde: Trinken, Rauchen, unentwegtes Schwätzen, Kundgeben von Meinungen, Urteilen, Bewertungen – Dutzende von Ausflüchten. Ich bin mir dieser seichten Ausflüchte bewusst, und während ich beobachte, beginne ich auch die tieferen Schichten der Ausflüchte zu entdecken. Können Sie all dem folgen?

F: Wenn ich das tue, verliere ich Kontakt mit dem Gegenstand meiner Beobachtung.

K: Dazu komme ich gleich. Sehen Sie, Sie tun es nicht wirklich. Wenn Sie es Schritt für Schritt tun, werden Sie bald das Wesen des Beobachters erkennen. Was ist also geschehen? Das Gewahrsein hat ein Netz von Ausflüchten ans Licht gebracht, seichten Ausflüchten – und mit diesem Gewahrsein komme ich auf noch tiefere Schichten der Ausflüchte – was für Motive, Traditionen, Ängste ich habe und so weiter. Da bin ich also. Angefangen von dem braunen Hemd und dem Schal, habe ich entdeckt – hat das Gewahrsein gezeigt –, nicht theoretisch, sondern mir wirklich gezeigt! –, welch außerordentlich komplexe Entität ich bin. Das heißt, dieses Gewahrsein hat tatsächlich gezeigt, »was ist«. Bis jetzt hat der Beobachter dieses ganze Geschehen beobachtet. Ich habe dieses Hemd betrachtet, die Farbe des Schals, als wäre es etwas außerhalb von mir – was es auch ist, nicht wahr? Dann habe ich das Bild angeschaut, das ich mir von Ihnen gemacht habe. Dann hat das Gewahrsein mir die Komplexität dieses Bildes gezeigt, und ich bin noch immer der Beobachter dieses Bildes. Wir haben also das Bild und den Beobachter dieses Bildes. (Ich arbeite hier und Sie nicht!) Wir haben also wieder die Dualität: den Beobachter und das Beobachtete, und das ist das Bild, sowie die dutzendfachen Bilder, die ich habe (falls ich welche habe). Und da sind die vorder- oder hintergründigen Ausflüchte aus den verschiedenen Formen des Konflikts, den diese Bilder bewirkt haben. Und der Beobachter, der sie beobachtet, ist noch immer da.

Nun geht dieses Gewahrsein noch weiter, mehr in die Tiefe. Wer ist dann der Beobachter?

Unterscheidet der Beobachter sich denn von den Bildern? Ist der Beobachter nicht ein weiteres Bild? So beobachtet ein Bild, nämlich der Beobachter, die verschiedenen Bilder um sich her oder in seinem Inneren. Ist es nicht so? Dieser Beobachter ist in Wirklichkeit der Zensor, eine Person, die sagt: »Das gefällt mir« oder: »Das gefällt mir nicht« oder: »Dieses Bild gefällt mir, daher behalte ich es« oder: »Das andere Bild gefällt mir nicht, daher möchte ich es loswerden.« Doch der Beobachter setzt sich aus den verschiedenen Bildern zusammen, die durch die Reaktionen auf sie entstanden sind. Können Sie all dem folgen?

F: Aber alle diese Bilder sind in dem Beobachter.

K: Natürlich.

F: Aber Sie sagten doch, dass es so ist, dass ein Bild ein anderes Bild sieht?

K: Natürlich. Ich habe es geprüft, ich habe nachgeforscht, bis ich an einen Punkt gekommen bin, wo ich sagte, dass der Beobachter zugleich das Bild ist, er hat sich nur davon abgespalten und beobachtet. Bitte, das erfordert, dass man wirklich hinschaut, dass man nicht einfach etwas hinnimmt, was irgendjemand gesagt hat. Der Beobachter ist aus den Erinnerungen verschiedener Bilder und den Reaktionen auf sie entstanden. Dann spaltet der Beobachter sich von den anderen Bildern ab und sagt: »Wie kann ich diese Bilder loswerden?« Dieses Bild ist also ein immer während Bild! Und dieses immer während Bild, das sich für ein solches hält, sagt: »Ich möchte alle anderen Bilder loswerden, weil sie tatsächlich Unfug anrichten, sie führen wirklich Konflikte herbei«, und so gibt er den anderen Bildern die Schuld dafür. Dabei ist es das Beobachterbild, das der Hauptverursacher all dieses Unfugs ist.

F: Das Bild muss sich selbst abschaffen.

K: Wer ist die Entität, die es abschafft? Ein anderes Bild! Es ist wirklich ganz wichtig, dass Sie das verstehen.

F: Wenn wir diese Bilder anschauen, stellen wir fest, dass sie aus dem Denken kommen. Wenn wir das Bild unseres Selbst, den Beobachter, anschauen, erkennen wir, dass es auf die gleiche Weise zustande kommt. So weit bin ich gekommen.

K: Ja, Sie haben völlig Recht. So weit sind wir gekommen. Dieses Gewahrsein hat offenbart, dass es ein zentrales Bild gibt, das sich aus den verschiedenen anderen Bildern zusammensetzt und das Übergewicht hat. Das ist der Zensor, der Gutachter, der Richter, der sagt: »Ich muss all die anderen abschaffen.« Daher gibt es zwischen ihm und den anderen einen Konflikt. Und wir halten diesen Konflikt ständig aufrecht, und weil wir nicht wissen, wie wir ihn lösen sollen, bedienen wir uns weiterer Ausflüchte – entweder durch eine Neurose oder durch bewusste, absichtliche Fluchtmittel wie Alkohol, Kirche, was auch immer. Wenn dieses Gewahrsein noch mehr in die Tiefe vorstößt – nicht Sie sind es, der vorwärts stößt –, fragen Sie: Unterscheidet der Beobachter sich von den anderen Bildern? Die anderen Bilder sind das Resultat von Urteilen, Meinungen, Schlussfolgerungen, Verwundungen, Nationalität – daher ist der Beobachter das Resultat all der anderen Bilder.

F: Wir haben Angst vor einer solchen Komplexität.

K: Aber so ist das Leben! Deshalb haben Sie Angst vor dem Leben, deshalb fliehen Sie vor dem Leben. Sehen Sie, Sie sind nicht wirklich mit voller Aufmerksamkeit bei der Sache, und deshalb ist es so schwierig, »gegen« etwas zu reden. Schauen Sie, ich habe ein Bild von Ihnen. Dieses Bild ist durch Verletzungen, durch Sympathie und Antipathie zustande gekommen. Das ist eine Tatsache. Diese Sympathie oder Antipathie hat noch ein weiteres Bild in mir erzeugt – nicht wahr? –, nicht nur das Bild von Ihnen, sondern das andere Bild, dass ich keine Sympathie oder Antipathie haben soll. Deshalb habe ich ein Bild aufgebaut, das sagt: »Ich will keine Sympathie oder Antipathie haben«, was dabei herauskommt, wenn man ein Bild aufbaut und sieht, was es nach sich zieht; dadurch entsteht das andere Bild.

F: Der Geist von manchen Leuten funktioniert überhaupt nicht so. Der meine zum Beispiel.

K: Nun gut. Aber wir sprechen über Gewahrsein, nicht darüber, wie Ihr Geist oder wie mein Geist funktioniert. Der Beobachter ist also das Beobachtete. Es ist das Bild des Beobachters vorhanden; zwischen dem Beobachter und den verschiedenen Bildern um ihn herum gibt es eine Spaltung, eine Trennung, einen zeitlichen Zwischenraum, und daher möchte er sie erobern, er möchte sie unterwerfen, er möchte sie zerstören. Er möchte sie loswerden, und folglich gibt es einen Konflikt zwischen dem Beobachter und dem Beobachteten. Ist das richtig? Und er sagt: »Solange ich einen Konflikt habe, muss ich verwirrt sein.« Daher sagt er: »Ich muss diesen Konflikt loswerden.« Es ist dieser Wunsch, den Konflikt loszuwerden, der ein weiteres Bild hervorruft. Folgen Sie dem bitte sehr genau. Das Gewahrsein hat all dies aufgedeckt, es hat meine verschiedenen Geisteszustände, die verschiedenen Bilder, die Widersprüche zwischen den Bildern, den Konflikt und die Verzweiflung darüber aufgedeckt, dass ich nichts tun kann, die Ausflüchte, die neurotischen Annahmen und so fort. All das ist durch vorsichtiges, zögerndes Gewahrwerden aufgedeckt worden; und es gibt ein Gewahrsein davon, dass der Beobachter das Beobachtete ist. Bitte, folgen Sie! Es ist nicht so, dass ein höheres Wesen wahrnimmt, dass der Beobachter das Beobachtete ist, sondern dieses Gewahrsein hat offenbart, dass der Beobachter zugleich das Beobachtete ist. Nicht derjenige, der gewahr ist! Können Sie dem folgen?

Wissen Sie, das ist echte Meditation.

Jetzt können wir weitergehen. Nun, was geschieht, wenn der Beobachter erkennt, dass er das Beobachtete ist? Er hat das nicht aufgrund irgendeines intellektuellen Konzepts, einer Idee oder Meinung erkannt, sondern er hat die ganze Struktur aufgrund dieses Gewahrseins durchschaut – indem er die Farbe des Hemdes, des Schals wahrnahm und immer tiefer und tiefer kam.

F: Es tut mir Leid, dass ich unterbrechen muss, aber es gibt eine ganz wichtige Frage, die ich nicht verstehe, nämlich: Sie sagen, das Gewahrsein erkennt, dass der Beobachter das Beobachtete ist. Heißt das, dass er wirklich das Beobachtete oder die Reaktion auf das Beobachtete ist?

K: Ich verstehe Ihre Frage nicht ganz.

F: Nun, Sie sagen, dass der Beobachter das Beobachtete ist.

K: Ich sage das nicht.

F: Na gut, das Gewahrsein macht diese Entdeckung. Das haben Sie gesagt.

K: So ist es.

F: Eben, hier habe ich also, sagen wir, ein Bild von Ihnen, und dann erkennt das Gewahrsein, dass ich das Beobachtete bin, das heißt das Bild. Meinen Sie, dass der Beobachter das Bild von Ihnen ist, das er sieht, oder ist er die Reaktion auf dieses Bild?

K: Natürlich ist er die Reaktion auf dieses Bild.
(Jemand anderes fragt: »Könnten Sie das ein bisschen näher erläutern?«)

K (zum ersten Fragesteller): Können Sie es erklären?

F: Nun, wenn Sie mich dazu auffordern, will ich es tun.

K: Nur zu. Stehen Sie auf oder kommen Sie hierher – wie Sie wollen.

F: Der Redner gebraucht die Worte, dass man erkenne, dass der Beobachter das Beobachtete ist. Jetzt haben wir über Dinge gesprochen, die beobachtet werden. Ein Baum, das ist das Beobachtete. Meint der

Redner, dass das Gewahrsein erkennt, dass ich dieser Baum bin? Nein. Er sagt, dass das, was ich sehe, nicht der Baum ist, ich sehe ein Bild von diesem Baum. Meint er daher, dass ich als der Beobachter das Bild von diesem Baum bin, oder meint er, dass ich als der Beobachter die Reaktion auf dieses Bild des Baumes bin? Das war meine Frage.

K: Jawohl. Sie sind die Reaktion auf das Bild, das Sie sich von diesem Baum gemacht haben. Wenn Sie kein Bild von diesem Baum hätten, gäbe es keinen Beobachter.

F: Könnte man das etwas anders ausdrücken und sagen, dass die Bilder, die von Sympathie und Antipathie durch unzählige Assoziationen über alles aufgebaut wurden, auch ein Konglomerat oder Aggregat aufgebaut haben, das den Beobachter gebildet hat? Jetzt, wenn wir das innerlich verstehen, ohne dass wir uns Mühe geben, es zu verstehen, sondern dessen einfach gewahr sind.

K: Das ist richtig. Das ist vollkommen richtig.

F: Dann fragen Sie: »Was geschieht?«

K: Darauf werde ich jetzt eingehen. Dieses Gewahrsein hat erwiesen, dass der Beobachter das Beobachtete ist. Deshalb bringt jede Handlung seitens des Beobachters nur ein weiteres Bild hervor – natürlich! Wenn nicht erkannt wird, dass der Beobachter das Beobachtete ist, dann bringt jede Bewegung seitens des Beobachters eine neue Reihe von Bildern hervor, und dann hat er sich von neuem verstrickt. Was geschieht also? Wenn der Beobachter das Beobachtete ist, handelt der Beobachter gar nicht. Behutsam, gehen wir sehr behutsam vor, weil die Sache jetzt sehr komplex wird. Ich denke, dass wir das ganz klar verstehen müssen, sonst kommen wir nicht weiter. Der Beobachter hat immer gesagt: »Ich muss etwas mit diesen Bildern machen, ich muss sie abschaffen, ich muss sie unterdrücken, ich muss sie verwandeln, ich muss sie umgestalten.« Der Beobachter war immer sehr aktiv in Bezug auf das Beobachtete. Ich nehme wahr, dass ich meine Frau nicht mag – aus verschiedenen Gründen –, und der Beobachter sagt: »Das darf nicht sein, da muss ich etwas tun«, und so weiter. Der Beobachter ist immer aktiv in Bezug auf den beobachteten Gegenstand.

F: Sie meinen, dass wir mit diesen Bildern immer reagieren, unentwegt, im Sinne von Sympathie und Antipathie, und ihre Zahl vermehren; dass wir das fortwährend tun?

K: Richtig, und dieses Handeln im Sinne von Sympathie und Antipathie seitens des Beobachters wird positives Handeln genannt.

F: Und das meinen Sie, wenn Sie sagen, dass es immer aktiv ist.

K: Ja, das wird positives Handeln genannt. Ich mag etwas, daher muss ich es festhalten, oder ich mag es nicht, daher muss ich es abschaffen. Das ist ein leidenschaftliches oder ein beiläufiges Reagieren. Aber wenn der Beobachter erkennt, dass der Gegenstand, in Bezug auf den er handelt, er selbst ist …

F: Der Herr dort drüben wollte noch mehr Klarheit haben über den Beobachter und das Beobachtete. Was Sie vorhin dazu gesagt haben, war, dass diese Bilder nicht die wirklichen Gegenstände sind. Wir wissen nicht, was sie sind, und reagieren ständig nur auf diese Bilder. Und wenn wir das einsehen, dann hat der Konflikt zwischen dem Beobachter und dem Beobachteten ein Ende.

K: Es ist ganz einfach, bleiben wir dabei. Ich schaue dieses braune Hemd und den Schal an. Wenn ich sage: »Mir gefällt dieses braune Hemd und der Schal nicht«, oder »Mir gefällt dieses braune Hemd und der Schal«, habe ich schon ein Bild geschaffen, und das ist eine Reaktion.

F: Und das ist in der Vergangenheit, im Gedächtnis gespeichert.

K: Richtig. Nun, kann ich dieses braune Hemd und den Schal betrachten ohne Sympathie oder Antipathie, das heißt, ohne darauf zu reagieren, sondern einfach nur zu beobachten? Dann gibt es kein Bild. Haben Sie verstanden? Das ist etwas ganz Einfaches. Dieses Mögen und

Nichtmögen ist das Resultat meiner Kultur, meiner Erziehung, meiner Anlagen, meiner Neigung, die bereits ein Bild hat, das sagt: »Ich mag dieses Hemd nicht« oder: »Ich mag dieses Hemd.« Daher hat das Mögen und Nichtmögen und die Erziehung in der Vergangenheit – die Kultur, die ererbte Neigung – all das hat das Bild geschaffen. Das ist mein zentraler Beobachter. Das ist der Beobachter, der sich aus Antipathie und so fort zusammensetzt. Dieser Beobachter ist offensichtlich immer von dem Gegenstand getrennt, den er beobachtet, und dieses Gewahrsein hat offenbart, dass der Beobachter zugleich das Beobachtete ist.

F: Das Beobachtete – verstehen Sie darunter das Bild, das der Geist aufgebaut hat?

K: Richtig. Sie sagen es. Wenn der Beobachter das von ihm beobachtete Bild ist, gibt es keinen Konflikt zwischen ihm und dem Bild. Er ist das Bild! Er ist nicht von ihm getrennt. Vorher war er getrennt und tat etwas, er handelte, er reagierte darauf. Doch wenn der Beobachter erkennt, dass er das Beobachtete ist, gibt es kein Mögen oder Nichtmögen. – Untersuchen Sie es selbst.

F: Der Beobachter erzeugt also all die anderen Bilder.

K: Darauf möchte ich nun nicht mehr eingehen. Das haben wir schon zur Genüge getan. Sie verstehen, was bisher gesagt wurde, dass es zwischen dem Beobachter und dem Beobachteten, zwischen dem Bild, das der Beobachter sich von sich selbst gemacht hat, und den Bildern, die er sich von den verschiedenen Dingen gemacht hat, eine Trennung, eine Spaltung gibt, und folglich herrscht zwischen ihm und ihnen ein Konflikt von Sympathie, Antipathie und Reaktion. Nun, wenn der Beobachter erkennt, dass er das Beobachtete – die Bilder – ist, hört der Konflikt auf. Das heißt, wenn ich erkenne, dass ich die Angst bin – nicht, dass es die Angst gibt und ein »Ich«, das von dieser Angst getrennt ist –, dann bin ich diese Angst. Ich kann nichts dagegen tun. Folgen Sie dem genau. Denn was sollte ich tun? Ich bin ein Teil dieser Angst. Ich bin nicht von der Angst getrennt. Daher kann ich diese Angst ohne jede Form von Ausflucht anschauen. Ich bin diese Angst, ich bin dieser Schmerz, den ich jetzt im Bauch oder in meinem Bein oder wo immer verspüre. Ich bin diese Angst. Daher rebelliere ich nicht dagegen oder nehme sie hin oder laufe vor ihr davon – sie ist da. So wird allem Handeln, das ein Resultat der Reaktion von Sympathie und Antipathie ist, ein Ende gesetzt. Können Sie folgen? Was ist jetzt geschehen?

F: Es gibt weder einen Beobachter noch einen Gegenstand der Beobachtung.

K: Genau. Es ist Gewahrsein da, das immer mehr zunimmt – ich gebrauche die Worte »immer mehr« nicht in einem zeitlichen Sinn –, ich meine durchdringend, scharf, intensiv.

F: Das keine Energie verschwendet.

K: Richtig. Es wird ungeheuer lebendig, es ist an kein zentrales Thema oder an irgendein Bild gebunden. Und es wird ungeheuer bewusst. Aus dieser Intensität kommt eine andere Qualität der Aufmerksamkeit. Ist das richtig?

F: Und diese Intensität hat keine Richtung und keinen Zweck?

K: Schauen Sie hin, Sie brauchen mich nicht zu fragen, schauen Sie selbst hin. In dem Augenblick, wo in diesem Gewahrsein eine Wahl getroffen wird, gibt es eine von dem Beobachter festgelegte Richtung. Aber wenn man das ganze Muster, wenn man die gesamte Struktur verstanden hat, gibt es keinen Konflikt mehr. Und deshalb ist der Geist – denn der Geist ist dieses Gewahrsein – außerordentlich feinfühlig und hochintelligent geworden! Denn Feinfühligkeit geht Hand in Hand mit Intelligenz – es gibt keine Intelligenz ohne Feinfühligkeit, physische wie psychische. Der Geist ist also hochintelligent und feinfühlig geworden, weil diese Intelligenz aus keinem Konflikt hervorgegangen ist.
  In diesem Gewahrsein, das alles so klar ans Licht gebracht hat, wurde keine Wahl getroffen – denn eine Wahl gibt es nur, wo Verwirrung herrscht –, und so hat dieses Gewahrsein jede Form des Konflikts be-

seitigt. Diese Klarheit ist Aufmerksamkeit. Bitte, stimmen Sie mir nicht zu! Es erfordert, dass man es wirklich tut, nicht nur zustimmt! Wenn Aufmerksamkeit vorhanden ist, in der es weder einen Beobachter noch etwas Beobachtetes gibt, dann ist diese Aufmerksamkeit Intelligenz. In dieser Aufmerksamkeit gibt es keinen wie immer gearteten Konflikt, und daher erfordert sie nichts. Diese Aufmerksamkeit hat ihre eigene Aktivität, ihr eigenes Handeln. Es gibt also ein Handeln, das nicht von einem Beobachter ausgeht. Wenn der Beobachter handelt, ist sein Tun immer gespalten. Sehen Sie, wir können nicht weitergehen, wenn Sie das nicht wirklich getan haben – wenn Sie es nicht wirklich tun. Dann werden Sie finden, dass Aufmerksamkeit, weil sie Intelligenz ist, Schönheit und Liebe ist – die der »abgespaltene Beobachter« nachzuahmen versucht hat. Und dann sind dem Geist keine Grenzen gesetzt.

Den Spiegel zerbrechen

Fragesteller: Wir können mehr voneinander lernen, als wenn wir K(rishnamurti) zuhören. Warum schlagen Sie den Leuten nicht vor, dass sie Gruppendiskussionen über bestimmte Themen abhalten und Aktivitäten organisieren, um Dialoge und Diskussionen in Gang zu bringen?

Krishnamurti: Hören Sie K. wirklich zu? Oder hören Sie sich selbst zu? K. sagt: Hören Sie sich selbst zu, sehen Sie, wie konditioniert Sie sind – nicht indem ich Ihnen sage, dass Sie konditioniert sind, sondern indem Sie sich selbst zuhören, lernen Sie unendlich viel mehr, als wenn Sie einem Haufen anderer Leute, einschließlich K., zuhören. Aber wenn Sie K. zuhören, dann will er Sie nicht belehren. Er hält Ihnen nur einen Spiegel vor, in dem Sie sich sehen können. Und wenn Sie sich selbst sehr klar erkannt haben, können Sie den Spiegel zerbrechen und auch den Menschen, der Ihnen den Spiegel vorhält.

Sehen wir uns selbst klar und deutlich?

Wenn wir auf eine Beziehung oder einen Dialog, auf Assoziationen und Institutionen angewiesen sind, um uns die Dinge klar zu machen – was wir sind –, dann sind wir abhängig. Und wenn wir von anderen abhängen, was immer es sei, Institutionen, Selbstbegegnungsgruppen, kleine Gruppen und so fort, was lernen Sie dann? Und was verstehen Sie unter Lernen? Bitte, das ist wiederum eine sehr ernsthafte Frage. Lernen, wie wir es kennen, ist ein bloßes Anhäufen von Wissen. Ich habe etwas über mich gelernt – dass ich all das bin, all die Schmerzen, das Elend, die Verwirrung, die außerordentliche Mühsal des Lebens – all das bin ich. Das habe ich gelernt. Das heißt, jemand hat es mir gesagt, oder ich habe es selbst über mich gelernt. Lernen, so wie wir es jetzt kennen, ist das Anhäufen von Wissen über uns selbst. Und K. sagt, dass Wissen die Wurzel der Unordnung ist.

Lassen Sie uns langsam vorgehen.

Wissen ist notwendig auf dem Gebiet der Technik, im täglichen Leben, doch psychologisch ist es die Wurzel von Unordnung, weil Wissen etwas Vergangenes ist. Wissen ist immer begrenzt, weil es auf Erfahrung, Hypothesen, Schlussfolgerungen, einer ganzen Kette beruht – es ist ein ständiges Anhäufen dieser Dinge, und daher ist es etwas sehr Begrenztes. Kann ich mich also ohne Wissen oder Rückschlüsse von früher betrachten? Verstehen Sie meine Frage? Ich habe mich gestern den ganzen Tag oder einige Stunden lang betrachtet und stelle fest, dass ich dieses oder jenes oder etwas anderes bin; das ist deprimierend oder erhebend. All das findet statt. Das wird zum Wissen von gestern. Und mit diesem Wissen beobachte ich mich wieder. Genau das tun wir. Daher bringt das Wissen ein ständiges, psychologisch mechanisches Wiederholen mit sich. Und wenn Sie sehr vorsichtig mit Wissenschaftlern über diese Dinge reden, so stellen auch sie allmählich fest, dass Wissen auf bestimmten Forschungsgebieten ein Hindernis sein kann.

Sie lernen oder entdecken also nichts von K. Sie sind ein Speicher vergangener Geschichte. Das ist eine Tatsache. Sie sind die Geschichte der Menschheit. Und wenn Sie wissen, wie man dieses Buch liest, brauchen Sie von niemandem abhängig zu sein, nicht von Diskussionen oder einer Beziehung oder organisierten Gruppen und solchen Sachen. Ich sage nicht, dass Sie nicht diskutieren sollen, dass Sie keine Beziehung haben sollen oder dies oder jenes nicht haben sollen. Sie sollen nur darauf hingewiesen sein, dass Sie verloren sind, solange Sie von anderen abhängen, um sich selbst zu verstehen. Sie haben Führer gehabt, nicht wahr? Religiöse Führer, politische Führer, jede Art von Fachleuten, die Ihnen sagen, was Sie tun sollen, wie Sie Ihre Kinder erziehen oder wie Sie Sex machen sollen.

Sie haben in den vergangenen hunderttausend Jahren oder noch länger jede Art von Führer gehabt. Und wo sind Sie am Ende damit hingekommen? Stellen Sie sich bitte diese Frage. Wir sind, was wir sind, weil wir uns von anderen abhängig gemacht haben – die uns sagen, was wir tun sollen, was wir denken sollen, und das bedeutet, dass wir die ganze Zeit programmiert werden. Und in Beziehungen, Diskussionen haben Sie jede Gelegenheit, sich selbst zu erkennen, aber wenn Sie davon abhängig sind, sind Sie verloren. Ist das klar? Sie müssen mit dem Redner nicht übereinstimmen. Aber sehen Sie, welche Folgen es hat, wenn Sie von anderen abhängen, wenn Sie von Regierungen abhängen, um Ordnung in diese chaotische Welt zu bringen, von einem Guru, einem Geistlichen, ob es der Papst oder der örtliche Priester ist.

Es geht also in Wirklichkeit darum: Wir sind ein Speicher der gesamten Menschheit. Sie sind die restliche Menschheit, und wenn Sie das sehr genau betrachten, mit viel Behutsamkeit und Wohlwollen, dann beginnen Sie zu lesen, was Sie sind, und dann fängt etwas an zu blühen. Aber wenn Sie abhängig sind, dann leben Sie mit Schmerzen, Sorge und Angst.

F: Aber auch wenn wir keine getrennte Identität haben, brauchen wir doch sicherlich irgendeine Form von Regierung?

K: Gewiss. Eine Form von Regierung, die nicht auf trennenden Regierungen beruht.

F: Wer werden ihre Politiker sein?

K: Oho, Sie sehen, dass wir das sogleich organisieren wollen! Beginnen Sie zuerst bei sich selbst, nicht damit, welche Art von Regierung wir haben sollen, wer der Premierminister und der Schatzkanzler wird. Beginnen wir zuerst mit uns selbst. Wenn wir alle in diesem Zelt das wirklich in unserem Herzen, in unseren Adern fühlten, hätten wir in der Welt andere Regierungen. Wir würden den Kriegen ein Ende setzen.

Sehen Sie, wir versuchen nur eine Sache klar zu machen – dass unser Verstand konditioniert ist. Alles Konditionierte ist begrenzt. Alles Konditionierte ist abgespalten, und diese Abspaltung, diese Konditionierung richtet Verheerendes in der Welt an, das ist eine Tatsache. Und um dem ein Ende zu setzen, muss man bei sich selbst anfangen, nicht damit, wie man eine neue Regierung organisieren soll. Bin ich konditioniert? Denke ich endlos, von früh bis spät, über mich selbst nach? In der Meditation, in Übungen, indem ich alles Mögliche tue. Ich bin wichtiger als jeder andere. Ich möchte, dass mir jedes Verlangen erfüllt wird. Ich möchte jemand sein, ich möchte anerkannt sein, daher bin ich mit mir selbst beschäftigt. Der Wissenschaftler muss sich mit seinen Experimenten befassen, aber er befasst sich auch mit sich selbst. Er ist auch ehrgeizig, er will eine glänzende Stellung haben, von der Welt anerkannt sein, den Nobelpreis bekommen. Ich kenne einige von diesen Leuten. Einer hat den Nobelpreis nicht bekommen, und der andere hat ihn bekommen – Sie sollten den Burschen sehen, der ihn nicht

172

bekommen hat, wie aufgebracht, bitter und erzürnt er war. Wissen Sie, nicht anders als Sie und ich und jeder andere.

So, meine Herren und Damen, wenn Sie wirklich in einer friedlichen Welt leben wollen, müssen Sie ganz in der Nähe beginnen, nämlich bei sich selbst.

F: Sie sprechen von Gewalt und Freiheit. Sie sagen aber sehr wenig über das Gesetz. Warum? Keine zivilisierte Gesellschaft kann ohne Gesetze bestehen. Und manchmal müssen Gesetze durchgesetzt werden, und das kann Gewalt bedeuten. Was machen Sie, wenn Terroristen Geiseln festhalten? Lassen Sie zu, dass sie getötet werden, oder stürmen Sie das Gebäude? Wo hat Freiheit hier ihren Platz?

K: Was ist das Gesetz? Bedeutet es nicht im Grunde Ordnung? Eine Gesellschaft führt bestimmte Gesetze ein, deren Zweck es ist, Ordnung zu schaffen. Aber diese Gesetze werden von schlauen Menschen gebrochen, von Kriminellen, die hervorragende Rechtsanwälte anheuern. Nun, wo beginnt das Gesetz, die Ordnung? In den Gerichtshöfen, beim Polizeichef oder beim Geheimdienst? Wo beginnt Ordnung? Bitte, stellen Sie sich diese Frage. Die Gesellschaft ist in Unordnung. Das ist eine Tatsache. Sie ist korrupt, unmoralisch, beinahe chaotisch. Eine Regierung versucht, Ordnung in sie hineinzubringen. Wir, Sie und andere – wir leben in Unordnung, verwirrt, unsicher, auf unsere eigene Sicherheit bedacht, nicht nur auf unsere eigene, sondern auf die Sicherheit unserer Familie und so fort. Jeder schafft Unordnung, indem er sich isoliert. Und wo ist das Gesetz? Bei dem Polizeibeamten? Bei den Rechtsanwälten? Ich habe einige kennengelernt. Sie verteidigen einen Mörder, das ist ihr Geschäft. Ein Verbrecher zahlt ihnen dafür unerhörte Summen.

Wo ist Ordnung, wo ist das Gesetz in all dem? Sollten wir uns also nicht zuerst mit der Unordnung auseinander setzen? Es ist eine Tatsache, dass wir in Unordnung leben und dass die Gesellschaft in Unordnung ist, Regierungen sind in Unordnung. Wenn Sie mit einigen Politikern, Premierministern, Leuten hoch oben in der Hierarchie einer Regierung gesprochen haben, geht es jedem Einzelnen um Macht und Position, wobei sie bestimmte Konzepte, Ideologien und diesen ganzen Kram vertreten und sich damit identifizieren. Jeder von uns arbeitet getrennt für sich selbst. In einer großen Krise, etwa einem Krieg, rücken wir zusammen, doch in dem Augenblick, in dem die Krise vorbei ist, kehren wir zu unseren alten Mustern zurück.

Ich will Ihnen daher nur dieses nahelegen: Wenn das Gesetz vollständige Ordnung bedeutet, würden Sie dann nicht feststellen, ob Sie in vollständiger Ordnung, ohne irgendeine Form der Verwirrung, leben können? Richten Sie diese Frage an sich selbst. Damit es keinen Widerspruch gibt, dass man das eine sagt und das andere tut, auf eine Weise denkt und auf eine andere Weise handelt. Solange wir in Unordnung leben, wird auch die Gesellschaft, werden auch die Regierungen in Unordnung sein.

TEIL II

WORTE UND BEDEUTUNGEN

Wie in der Einführung angedeutet wurde, hat Krishnamurti die
Notwendigkeit betont, »alte Worte« auf neue Weise zu gebrauchen,
um zu vermitteln, was er sagen will. Die folgende Liste, die weder
definitiv noch maßgebend ist, wurde zusammengestellt, um eine
Reihe von Beispielen anzuführen, wo sein Wortgebrauch von der
Definition des Wörterbuchs signifikant abweicht. Vorangestellt ist
eine Anzahl seiner Aussagen über die Notwendigkeit, sich von der
konditionierenden Wirkung der Sprache zu befreien.

Worte

Unglücklicherweise sind wir Sklaven von Worten, und doch versuchen wir, etwas zu erreichen, was jenseits von Worten liegt. Worte zu entwurzeln, zu zerschlagen und sich von ihnen zu befreien verleiht außerordentliche Wahrnehmung, Vitalität und Kraft.

Das ist keine Sache, die sich leicht abtun lässt, denn das Wort – das Symbol, die Idee – hat den Geist außerordentlich fest im Griff. Wir sprechen davon, dass wir eine Mutation des Geistes herbeiführen wollen, und dazu muss das Wort ein Ende haben. … Nun, wenn das Wort beseitigt ist, was bleibt Ihnen dann übrig? Das Wort stellt die Vergangenheit dar, nicht wahr? Die zahllosen Bilder, Vorstellungen, die Schichten der Erfahrung beruhen alle auf dem Wort, der Idee, der Erinnerung. … Nehmen wir ein Wort wie *Gott*. Das Wort *Gott* ist nicht Gott, und man begegnet nur dann dieser Intensität, diesem unermesslichen Etwas, was immer es sein mag, wenn das Wort nicht ist, wenn das Symbol nicht ist, wenn kein Glaube, keine Idee vorhanden ist.

Sehen Sie, wir verwenden ein Wort wie *schmerzhaft,* und gerade dieses Wort hindert uns daran, dem Problem nachzugehen. Sie wissen, dass ein Schweizer von dem Wort *schweizerisch* im Gemüt bewegt ist, wie ein Christ von dem Wort *Christus* und ein Engländer von dem Wort *England.* Wir sind Sklaven der Worte, der Symbole und Ideen.

Um jede Erfahrung, jeden Geisteszustand, das, »was ist«, die aktuelle Tatsache, die Wirklichkeit zu verstehen, darf man kein Sklave von Worten sein. Das Benennen, das Wort, erweckt verschiedenartige Erinnerungen; und diese Erinnerungen greifen in die Tatsache ein, kontrollieren, gestalten sie, lenken die Tatsache, das, »was ist«.

Jedes Wort, jeder Gedanke formt den Geist, und ohne ein Verstehen jedes Gedankens wird der Geist ein Sklave der Worte, und das Leiden beginnt.

Jede Form von Bild, Wort, Symbol muss aufhören, wenn Meditation erblühen soll ... aber die Gewohnheit des Wortes, der emotionale Gehalt des Wortes, seine verborgenen Implikationen verhindern die Befreiung vom Wort. Ohne diese Freiheit sind Sie ein Sklave der Worte, der Schlussfolgerungen, der Ideen.

Kann man zuhören, ohne dass das Wort sich einmischt? Sie sagen zu mir: »Ich liebe dich«, aber was geht hier vor sich? Die Worte bedeuten gar nichts; aber vielleicht ist das Gefühl einer Beziehung vorhanden, die nicht von der Antwort des Denkens auf die Worte herbeigeführt wurde. Vielleicht gibt es eine unmittelbare Kommunikation. Da der Geist gewahr ist, dass das Wort nicht die Sache ist, dass das Wort, welches Denken ist, sich einmischt, hört er auf freie Weise, ohne Vorurteil zu – wie er es tut, wenn Sie sagen: »Ich liebe dich.«

Worte sind ein Mittel der Kommunikation, aber wenn bestimmte Worte eine neurologische oder psychische Reaktion in uns hervorrufen, wird es sehr schwierig zu kommunizieren.

Wenn Sie sich zum Beispiel selbst als eifersüchtig bezeichnen, haben Sie sofort jedes weitere Erforschen blockiert, Sie haben aufgehört, in das ganze Problem der Eifersucht einzudringen. In ähnlicher Weise gibt es viele Menschen, die sagen, dass sie sich für Brüderlichkeit einsetzen, aber alles, was sie tun, widerspricht der Brüderlichkeit. Doch sie sehen diese Tatsache nicht, weil das Wort *Brüderlichkeit* etwas für sie bedeutet und sie bereits davon überzeugt sind. Sie forschen nicht weiter nach, und so erfahren sie die Tatsachen nie, abgesehen von der neurologischen oder emotionalen Antwort, die dieses Wort hervorruft.

Um Unsterblichkeit zu erkennen oder zu erfahren oder diesen Zustand zu erleben, darf man keine Vorstellung oder Idee davon haben. Man kann über Unsterblichkeit nicht nachdenken, ... sehr vieles kommt da zusammen. Der Geist muss völlig still sein, ohne sich rückwärts oder vorwärts zu bewegen, ohne die Tiefe zu ergründen oder sich emporzuschwingen. Das heißt, jegliche Vorstellung oder Idee muss gänzlich aufhören. Und das ist äußerst schwierig. Deshalb klammern wir uns an Worte wie *Seele, Unsterblichkeit, Fortleben, Gott* – sie alle haben neurologische Auswirkungen, und das sind die Empfindungen. Und von diesen Empfindungen nährt sich der Geist. Wenn Sie den Geist dieser Dinge berauben, kommt er sich verloren vor. Daher hält er mit großer Kraft an vergangenen Erfahrungen fest, die jetzt zu Empfindungen geworden sind.

Ist es möglich, dass der Geist so still wird – nicht ein Teil von ihm, sondern in seiner Ganzheit –, dass er das Undenkbare, das mit Worten nicht zu Fassende unmittelbar erfahren kann?

Das Wort *Gott* erweckt alle möglichen neurologischen und psychischen Reaktionen, und wir geben uns damit zufrieden.

Nehmen wir das Wort *Liebe*. Was für einen außerordentlichen neurologischen Einfluss allein dieses Wort auf uns hat!

Das Wort ist für die meisten von uns von eminenter Bedeutung. Das Wort *Gott,* das Wort *Kommunist,* das Wort *Neger* hat einen ungeheuren emotionalen, neurologischen Gehalt. In der gleichen Weise ist auch das Wort *Eifersucht* befrachtet. Nun, wenn wir das Wort beiseite lassen, bleibt ein Gefühl zurück. Das ist die Tatsache, nicht das Wort. Und das Gefühl ohne das Wort anzuschauen erfordert Freiheit von jeglicher Verurteilung oder Rechtfertigung.

Wenn Sie einmal eifersüchtig, zornig sind oder insbesondere, wenn Sie sich einmal über etwas freuen, dann sehen Sie, ob Sie das Wort von dem Gefühl unterscheiden können, ob das Wort das Wichtigste ist oder das Gefühl. Dann werden Sie feststellen, dass im Anschauen der Tatsache ohne das Wort ein Handeln liegt, das kein intellektueller Vorgang ist. Die Tatsache selbst ist am Werk, und deshalb gibt es keinen Widerspruch, keinen Konflikt.

Bedeutungen

Konditionierung

Fragesteller: Sie haben viel über Konditionierung gesprochen und gesagt, man müsse sich von dieser Fessel befreien, sonst bleibe man immer eingesperrt. Eine Aussage dieser Art kommt mir so unerhört und unannehmbar vor! Die meisten von uns sind sehr stark konditioniert, und wir hören diese Aussage und zucken mit den Schultern und laufen von einer so überspannten Äußerung fort, aber ich habe Sie ernst genommen – denn Sie haben doch mehr oder weniger Ihr ganzes Leben dieser Sache gewidmet, nicht als Hobby, sondern mit tiefem Ernst – und deshalb möchte ich mit Ihnen darüber diskutieren und sehen, inwieweit das menschliche Wesen sich entkonditionieren kann. Ist das wirklich möglich, und wenn ja, was bedeutet es? Ist es mir möglich, nachdem ich in der Welt der Gewohnheiten und Traditionen gelebt und in so vielen Dingen orthodoxe Anschauungen angenommen habe – ist es möglich, dass ich wirklich diese tief verwurzelte Konditionierung abwerfen kann? Was verstehen Sie genau unter Konditionierung, und was verstehen Sie unter Freiheit von Konditionierung?

Krishnamurti: Wenden wir uns zunächst der ersten Frage zu. Wir sind konditioniert – unser Körper, unsere Nerven, unsere Mentalität – durch das Klima, in dem wir leben, die Nahrung, die wir zu uns nehmen, die Kultur, in der wir leben, durch unser gesamtes soziales, religiöses und ökonomisches Umfeld, durch unsere Erfahrung, Erziehung, den Druck und Einfluss der Familie. All dies sind die Faktoren, die uns konditionieren. Unsere bewussten und unbewussten Reaktionen auf alle Herausforderungen unserer Umgebung – intellektuell, emotional, äußerlich und innerlich –, all dies wird durch die Konditionierung bewirkt. Sprache ist Konditionierung. Alles Denken ist das Wirken, die Antwort der Konditionierung.

Da wir wissen, dass wir konditioniert sind, erfinden wir eine göttliche Instanz, von der wir uns in Frömmigkeit erhoffen, dass sie uns aus diesem mechanischen Zustand befreien wird. Wir postulieren ihre

Existenz entweder außerhalb oder innerhalb unseres Selbst – als der Atman, die Seele, das Himmelreich, das in unserem Inneren ist, und wer weiß, was noch alles! An diesen Glauben klammern wir uns verzweifelt und sehen nicht, dass er selbst ein Faktor dieser Konditionierung ist, den er angeblich zerstören oder von dem er uns erlösen soll. Da wir nicht in der Lage sind, uns in dieser Welt von der Konditionierung zu befreien, ja die Konditionierung nicht einmal als das Problem erkennen, denken wir, Freiheit sei im Himmel, im Moksha, im Nirvana. Aus dem christlichen Mythos der Erbsünde und der ganzen östlichen Lehre von Samsara geht hervor, dass man den Faktor der Konditionierung gespürt hat, wenngleich eher undeutlich. Wenn man ihn klar erkannt hätte, wären diese Lehren und Mythen natürlich gar nicht entstanden. Heutzutage wollen auch die Psychologen sich mit diesem Problem auseinander setzen, und indem sie das tun, konditionieren sie uns noch mehr. So haben die religiösen Fachleute uns konditioniert, die soziale Ordnung hat uns konditioniert, und die Familie, die ein Teil von ihr ist, hat uns konditioniert. All dies ist die Vergangenheit, aus der die offenen sowie die verborgenen Schichten des Geistes sich zusammensetzen. Übrigens ist die Feststellung interessant, dass es das so genannte Individuum gar nicht gibt, denn sein Geist schöpft aus dem allgemeinen Reservoir der Konditionierungm, das es mit allen anderen teilt, und daher ist es falsch, die Gemeinschaft vom Individuum zu trennen: es gibt nur Konditionierung. Diese Konditionierung ist in allen unseren Beziehungen am Werk – in unseren Beziehungen zu Dingen, Menschen und Ideen.

F: Was kann ich tun, um mich von all dem zu befreien? In diesem mechanischen Zustand zu leben ist überhaupt kein Leben, und doch ist jedes Handeln, jeder Wille, alles Urteilen konditioniert – daher ist bezüglich der Konditionierung anscheinend nichts zu machen, was nicht ebenfalls konditioniert ist! Mir sind Hände und Füße gebunden.

K: Der Konditionierungsfaktor in der Vergangenheit, Gegenwart und Zukunft ist das »Ich«, das im Sinne von Zeit denkt, das »Ich«, das sich anstrengt, das sich jetzt Mühe gibt, frei zu werden. Daher ist die Wurzel jeder Konditionierung das Denken, welches das »Ich« ist. Das »Ich« ist das Wesen der Vergangenheit, das »Ich« ist Zeit, das »Ich« ist

Leiden – das »Ich« möchte sich von sich selbst befreien, das »Ich« unternimmt Anstrengungen, es ringt darum, etwas zu erreichen, zu verneinen, zu werden. Dieses Ringen, etwas zu werden, ist Zeit, in der Verwirrung herrscht und die Gier nach mehr und Besserem. Das »Ich« strebt nach Sicherheit, und da es diese nicht finden kann, verlegt es die Suche in den Himmel. Das »Ich«, das sich mit etwas Größerem identifiziert, in dem es sich zu verlieren hofft – die Nation, das Ideal oder Gott –, ist der Konditionierungsfaktor.

F: Sie haben mir alles genommen. Was bin ich ohne mein »Ich«?

K: Wenn es kein »Ich« mehr gibt, sind Sie entkonditioniert, und das heißt, dass Sie nichts mehr sind.

F: Kann das »Ich« enden ohne Anstrengung des »Ich«?

K: Die Anstrengung, etwas zu werden, ist die Reaktion, das Handeln der Konditionierung.

F: Wie kann das Handeln des »Ich« aufhören?

K: Es kann nur dann aufhören, wenn Sie das Ganze sehen, diese ganze Geschichte. Wenn Sie es in Aktion sehen, also in einer Beziehung, setzt dieses Sehen dem »Ich« ein Ende. Nicht nur ist dieses Sehen ein Handeln, das nicht konditioniert ist, sondern es wirkt sich auch auf die Konditionierung aus.

F: Wollen Sie damit sagen, dass das Gehirn – das Resultat einer ungeheuren Evolution mit ihrer unendlichen Konditionierung – sich selbst befreien kann?

K: Das Gehirn ist ein Resultat der Zeit. Es ist darauf konditioniert, sich physisch zu schützen, aber wenn es versucht, sich psychisch zu schützen, beginnt das »Ich«, und unser ganzes Elend nimmt seinen Anfang. Es ist diese Anstrengung, sich selbst psychologisch zu schützen, die das »Ich« bestärkt. Das Gehirn kann lernen, es kann sich technisches Wissen aneignen, aber wenn es sich psychologisches Wissen aneignet, behauptet dieses Wissen sich in der Beziehung als das »Ich« mit seinen Erfahrungen, seinem Willen und seiner Gewalttätigkeit. Das ist es, was Spaltung, Konflikt und Leid in Beziehungen hineinbringt.

F: Kann dieses Gehirn schweigen und nur dann arbeiten, wenn es etwas Technisches zu tun hat – wenn Wissen im Handeln gefragt ist, etwa wenn man eine Sprache lernt, Auto fährt oder ein Haus baut?

K: Die Gefahr darin ist die Aufspaltung des Gehirns in psychisch und technisch. Das führt wiederum zu einem Widerspruch, einer Konditionierung, einer Theorie. Die eigentliche Frage lautet, ob das Gehirn, seine Gesamtheit, schweigen, still sein und nur dann effizient reagieren kann, wenn es das in der Technik oder im Leben tun muss. Es geht uns also nicht um das Psychische oder das Technische, wir fragen lediglich, ob dieser gesamte Geist vollständig zum Stillstand kommen und nur dann reagieren kann, wenn er muss? Wir sagen, dass er es kann, und in diesem Sinne ist Meditation zu verstehen.

F: Wenn ich darf, möchte ich dort anknüpfen, wo wir gestern abgebrochen haben. Sie erinnern sich vielleicht, dass ich zwei Fragen gestellt habe: Was ist Konditionierung, und was ist Freiheit von Konditionierung, und Sie sagten, wenden wir uns zunächst der ersten Frage zu. Wir hatten keine Zeit, auf die zweite Frage einzugehen, und daher möchte ich heute fragen, was für ein Bewusstseinszustand von allen Konditionierungen frei ist? Nachdem ich gestern mit Ihnen gesprochen hatte, wurde mir klar, wie tief gehend und stark ich konditioniert bin, und ich sah – wenigstens kommt es mir so vor – eine Öffnung, einen Spalt in dieser Struktur der Konditionierung. Ich sprach mit einem Freund darüber, und als wir einige faktische Beispiele von Konditionierung betrachteten, wurde mir klar, wie stark und schädigend sich das auf unsere Handlungen auswirkt. Wie Sie am Schluss sagten, ist Meditation das Entleeren des Geistes von jeglicher Konditionierung, so dass keine Verzerrung oder Illusion vorhanden ist. Wie kann man sich von dieser ganzen Verzerrung und Illusion befreien?

K: Es ist leicht, sich selbst zu betrügen, sich selbst irgendetwas einzureden. Das Gefühl, dass man etwas Besonderes sein müsse, ist der Anfang der Selbsttäuschung, und diese idealistische Haltung führt natürlich zu verschiedenen Formen der Heuchelei. Woraus besteht eine Illusion? Nun, ein Faktor ist dieses ständige Vergleichen zwischen dem, was ist, und dem, was sein könnte, dieses Maßnehmen zwischen Gut und Schlecht, das Denken, das sich verbessern möchte, die Erinnerung an Lust, der Versuch, mehr Lust zu gewinnen, und so fort. Es ist dieses Verlangen nach Mehr, dieses Ungenügen, das uns veranlasst, etwas anzunehmen oder zu glauben, und das führt unweigerlich zu jeder Form von Verblendung und Illusion. Es sind Begehren und Angst, Hoffnung und Verzweiflung, die ein Ziel projizieren, die Erfahrung einer Schlussfolgerung. Deshalb hat diese Erfahrung keine Realität. Alle so genannten religiösen Erfahrungen folgen diesem Muster. Das Verlangen nach Erleuchtung muss ebenfalls dazu führen, dass man eine Autorität akzeptiert, und das ist das Gegenteil von Erleuchtung. Begehren, Ungenügen, Angst, Lust, der Wunsch nach Mehr, nach Veränderung, all dies als eine Form des Maßnehmens – das ist der Weg der Illusion.

F: Haben Sie wirklich gar keine Illusionen über irgendetwas?

K: Ich lege an mir selbst oder anderen nicht immer Maß an. Diese Freiheit vom Maßnehmen entsteht, wenn man wirklich mit dem Seienden lebt – ohne Wunsch, es zu verändern oder im Sinne von gut und böse zu bewerten. Mit etwas leben heißt nicht, es hinzunehmen: Es ist einfach da, ob man es akzeptiert oder nicht. Mit etwas leben bedeutet auch nicht, sich damit zu identifizieren.

F: Können wir noch einmal auf die Frage zurückkommen, was diese Freiheit ist, die man wirklich haben möchte? Dieses Verlangen nach Freiheit drückt sich in jedem Menschen aus, manchmal in der dümmsten Weise, aber ich denke, man kann sagen, dass es im menschlichen Herzen immer dieses tiefe Verlangen nach Freiheit gibt, das nie verwirklicht wird. Es gibt ein unaufhörliches Streben danach, frei zu sein. Ich weiß, dass ich nicht frei bin; ich bin in so vielen Wünschen verstrickt. Wie kann ich mich befreien, und was bedeutet es, wirklich und aufrichtig frei zu sein?

K: Vielleicht kann dies uns helfen, es zu verstehen: Totale Verneinung ist diese Freiheit. Alles zu negieren, was wir für positiv halten, die gesamte gesellschaftliche Moral zu verneinen, jede innere Akzeptanz von Autorität zu verneinen, alles zu verneinen, was man über die Wirklichkeit gesagt oder erschlossen hat, jegliche Tradition zu verneinen, jegliche Lehre, alles Wissen außer dem technischen Wissen, jede Erfahrung zu verneinen, jeden Antrieb, der aus erinnerten oder vergessenen Lustempfindungen herrührt, jede Erfüllung, jede Verpflichtung, auf eine bestimmte Weise zu handeln, alle Ideen, alle Grundsätze, alle Theorien zu negieren. Eine solche Negierung ist die positivste Handlung und daher Freiheit.

F: Wenn ich das abbaue, Stück um Stück, werde ich ewig so weiterwerkeln, und das wird meine Versklavung sein. Kann das alles augenblicklich, mit einem Schlag ein Ende haben, kann ich die gesamte menschliche Verblendung negieren, alle Vorurteile, alle Bestrebungen und Normen? Ist das wirklich möglich? Verlangt das nicht eine enorme Fähigkeit, die mir abgeht, eine enorme Einsicht, damit man all das schlagartig sehen und ans Licht bringen kann, dieser Intelligenz aussetzen kann, von der Sie gesprochen haben? Ich frage mich, ob Sie wissen, was das erfordert. Von mir zu verlangen, einem gewöhnlichen Menschen mit einer gewöhnlichen Bildung, sich in etwas zu stürzen, das ein unerhörtes Nichts zu sein scheint. ... Bin ich dazu imstande? Ich weiß nicht einmal, was es heißt, da hinein zu springen! Das ist so, als würden Sie von mir verlangen, dass ich auf einmal der wunderbarste, unschuldigste, prächtigste Mensch werden soll. Sehen Sie, ich habe jetzt wirklich Angst, nicht wie vorher, nicht so, wie ich mich vorher gefürchtet habe. Ich bin jetzt mit etwas konfrontiert, von dem ich weiß, dass es wahr ist, aber meine völlige Unfähigkeit, das zu tun, hält mich gefangen. Ich sehe die Schönheit dieser Sache, wirklich und vollständig Nichts zu sein, aber ...

K: Wissen Sie, nur wo man in sich diese Leere hat, nicht die Leere eines seichten Geistes, sondern die Leere, die mit der totalen Verneinung alldessen kommt, was man gewesen ist, sein sollte und sein wird – nur in dieser Leere ist das Schöpferische. Nur in dieser Leere kann etwas stattfinden. Angst ist der Gedanke an das Unbekannte, die Bindungen, die Befriedigungen, die lustvollen Erinnerungen, die Kontinuität und Sicherheit, die einem Geborgenheit geben. Das Denken ist das Vergleichen von diesem mit dem, was es für Leere hält. Diese Vorstellung von Leere ist Angst, daher ist Angst das Denken. Um auf Ihre Frage zurückzukommen – kann der Geist alles ihm Bekannte negieren, den gesamten Inhalt seines bewussten und unbewussten Selbst, welches der Kern Ihres Wesens ist? Können Sie sich selbst vollkommen negieren? Wenn nicht, dann gibt es keine Freiheit. Freiheit ist nicht Freiheit von etwas, das wäre nur eine Reaktion. Freiheit kommt mit der totalen Verneinung.

F: Wozu soll eine solche Freiheit gut sein? Verlangen Sie etwa von mir, dass ich sterbe?

K: Allerdings! Ich möchte gern wissen, wie Sie das Wort *gut* verwenden, wenn Sie fragen, wozu soll diese Freiheit gut sein? Gut in welchem Sinne? Im Sinne des Bekannten? Freiheit ist das absolut Gute, und seine Wirkung ist die Schönheit des täglichen Lebens. Einzig in dieser Freiheit ist Leben, und kann es ohne sie Liebe geben? Alles ist und hat sein Dasein in dieser Freiheit. Sie ist überall und nirgends. Sie hat keine Grenzen. Können Sie jetzt allem sterben, was Sie wissen, und nicht auf morgen warten, um zu sterben? Diese Freiheit ist Ewigkeit und Ekstase und Liebe.

Wissen

Wissen ist das Residuum der Erfahrung, das gesammelte Wissen der Rasse, der Gesellschaft, der Wissenschaft. Die Gesamtheit menschlichen Strebens als Erfahrung, im wissenschaftlichen und persönlichen Sinn, das ist Wissen.

Aus dem psychischen Wissen, dem Wissen, dass ich dieses will, jenes erfahren habe, dieses glaube, dass das meine Meinung ist, aus dem ganzen psychischen Residuum unserer Erfahrungen und den im Gehirn gespeicherten Erfahrungen der Menschheit kommt das Denken, und dieses Denken ist immer begrenzt. Jedes Handeln, das daraus entspringt, muss zwangsläufig begrenzt sein, und daher ist es nicht harmonisch, sondern widersprüchlich, spaltend, konfliktträchtig und so weiter.

Das verstehen wir unter psychologischem Wissen. Das heißt, ich habe aus psychologischer Sicht eine Menge von Informationen über meine Frau oder Freundin zusammengetragen. Ich habe mir dieses Wissen über sie aufgebaut, richtig oder unrichtig, je nach meiner Sensibilität, meinem Ehrgeiz, meiner Gier, meinem Neid und dergleichen, je nach meinem selbstsüchtigen Handeln. Daher verhindert dieses Wissen die tatsächliche Wahrnehmung dieser Person, die ein lebendes Wesen ist. Ich will dieses lebendige Wesen nie kennen lernen, weil ich Angst habe. Es ist viel sicherer, sich ein Bild von dieser Person zu machen, als das lebendige Wesen zu sehen.

Wir wissen, dass wir Angst haben, dass wir einsam sind, dass wir großen Kummer haben, wir wissen, dass wir deprimiert, ängstlich, unsicher, unglücklich sind, dass wir unentwegt danach trachten, uns zu verwirklichen, zu werden, zu kriegen – all dies ist die Bewegung des Wissens. Unsere Frage lautet, ob wir diesem psychologischen Wissen, das sich über das technische Wissen immer hinwegsetzt und es verzerrt, ein Ende setzen können.

Wir tragen eine Bürde an Wissen, an Verletzungen, verschiedenen emotionalen und psychischen Reaktionen, verschiedenen Formen der Erfahrung mit uns herum. Unser Gehirn ist von all dem belastet, nicht nur mit akademischem Wissen, sondern der ganzen psychologischen Welt, die befrachtet ist mit Wissen, mit dem Bekannten. Kann es Freiheit geben, solange das Denken auf diesem Gebiet tätig ist? … Wenn das Gehirn vollkommen frei ist von allem akkumulierten psychologischen Wissen, dann ist Geist da.

Verhaftetsein

Was ist Verhaftetsein? Warum haften wir diesem oder jenem an – unserem Besitz, Geld, der Ehefrau, dem Ehemann, irgendwelchen unsinnigen Folgerungen, einem ideologischen Konzept? Warum sind wir so anhaftend? Lassen Sie uns dies sowie die Konsequenzen des Verhaftetseins gemeinsam erforschen.

Wenn ich an Sie gebunden bin, wenn der Redner an Sie als Publikum gebunden ist, stellen Sie sich vor, in welchem Zustand sein Gehirn sein muss. Er hat Angst, dass er vielleicht kein Publikum hat. Er wird nervös, und ihn trifft beinahe der Schlag. Er haftet daran an, Leute auszubeuten, sich einen Namen zu machen. Die Folge dieses Verhaftetseins, wenn Sie genau hinsehen – sei es eine Ehefrau, eine Ehemann, ein Junge oder ein Mädchen, eine Idee, ein Bild, eine Erinnerung, eine Erfahrung – die Folge davon ist, dass es die Angst hervorbringt, das alles zu verlieren. Und dieser Angst entspringt Eifersucht. Wie eifersüchtig wir sind. Eifersüchtig auf die Mächtigen – folgen Sie mir? Alles ist Eifersucht, und der Eifersucht entspringt Hass. Natürlich, Eifersucht ist Hass. Und wenn Sie an etwas anhaften, gibt es immer Argwohn, Heimlichkeit. Haben Sie das alles nicht bemerkt? Es ist so üblich in der Welt. Und können Sie, falls Sie an etwas, eine Idee, eine Person verhaftet sind, können Sie das jetzt beenden? Das ist Tod. Das heißt, können Sie den ganzen Tag lang mit dem Tod leben? Ja, denken Sie darüber nach, lassen Sie sich darauf ein. Sie werden sehen, wie groß, wie unermesslich das ist. Das heißt nicht Selbstmord begehen, von solch dummem Zeug reden wir nicht, sondern damit leben, mit diesem ganzen Gefühl von Verhaftetsein und Angst Schluss machen. Das heißt, ein Gehirn haben, das sich zwar betätigt, aber niemals eine Richtung, einen Zweck verfolgt oder dergleichen. Handeln. Das heißt, jede Sekunde mit dem Tod leben, niemals akkumulieren, niemals sammeln, niemals Kontinuität geben. Meine Herrschaften, das kennen Sie nicht. Wenn Sie das tun, werden Sie sehen, was es bedeutet. Das ist wahre Freiheit. Und aus dieser Freiheit erwächst Liebe. Liebe ist nicht Verhaftetsein. Liebe ist nicht Lust, Begehren oder Erfüllung.

———

Ich bin an dich gebunden, du siehst hübsch aus, du verschaffst mir Lust, Sex oder Gesellschaft, was immer, und so bin ich dir sehr verhaftet. Dieses Verhaftetsein ist die Vergangenheit. … Ich bin durch diese Lust an dich gebunden, und dieses Gebundensein ist eine Erinnerung, denn das nächste Mal sage ich, wenn du nicht da bist: »Ach, ich wünschte, du wärest hier.« Verhaftetsein ist also Erinnerung. … Es gibt kein Verhaftetsein, wenn die lebendige Gegenwart da ist.

Lust

Was ist Lust? Wie entsteht sie? Sie sehen einen Sonnenuntergang, und dieser Anblick verschafft Ihnen große Wonne. Sie erleben ihn … und dieses Erlebnis hinterlässt die Erinnerung an eine Lustempfindung, und morgen möchten Sie diese Lust noch einmal erleben. … Diese Wiederholung findet statt, wie Sie beobachten können, wenn das Denken sich damit befasst und ihr Lebendigkeit und Kontinuität verleiht. Dasselbe geschieht mit Sex sowie mit anderen Formen physischer und psychischer Lust. Das Denken bringt ein Bild dieser Lust hervor und hält denkend daran fest.

Die nächste Frage lautet: Wie kann man nicht daran denken? … Freude ist nicht Lust. Sie können an Freude denken oder besser: Sie können daran denken und sie zur Lust reduzieren, aber das, was Freude genannt wird, Ekstase, ist kein Produkt des Denkens. Haben Sie nicht bemerkt, wenn eine gewaltige Freude durchbricht, können Sie am nächsten Tag nicht darüber nachdenken, und wenn Sie es tun, ist sie bereits zur Lust geworden? … Ist es möglich, einer Begebenheit, ob schmerzlich oder lustvoll, ein Ende zu setzen, so dass sie keine Spur im Gehirn hinterlässt? Die Spur im Gehirn ist das Gedächtnis, und wenn dieses Gedächtnis antwortet, dann ist diese Antwort das Denken. … Da war diese Begebenheit eines schönen Sonnenuntergangs, und während Sie ihn betrachteten, empfanden Sie große Wonne. Sie betrachteten ihn, die Farben, das Licht auf dem Wasser, die Schattierungen des Lichts in einer Wolke. Können Sie ihn betrachten ohne das Wort? In dem Augenblick, in dem Sie Worte gebrauchen, haben diese Worte Assoziationen, und diese Assoziationen sind ein Teil des Gedächtnisses. Wenn Sie sagen, wie außerordentlich er ist, haben Sie sich schon vom Schauen, vom Beobachten, vom Sehen des Sonnenuntergangs entfernt. Können Sie also den Sonnenuntergang betrachten ohne das Wort? Das heißt, ihn vollkommen betrachten, mit vollkommener Aufmerksamkeit, ohne ihn mit dem Sonnenuntergang zu vergleichen, den Sie in Kalifornien oder einem anderen Erdteil gesehen haben, oder zu Ihren Freunden zu sagen, wie herrlich er ist, sondern nur zu schauen, ohne das Wort. Das bedeutet mit vollkommener Aufmerksamkeit schauen.

Wenn Sie auf diese Weise schauen, werden Sie feststellen, dass die reine Wahrnehmung verhindert, dass sich eine Erinnerung an diesen Sonnenuntergang bildet. Was nicht heißt, dass Sie keine Freude, kein Entzücken daran haben.

Lust ist nicht nur das Lustempfinden im Augenblick, das Begehren des Augenblicks, sondern auch das Verlangen nach Kontinuität einer psychischen Lust, die ich erfahren habe. In all dem ist das Denken inbegriffen. In all dem ist ein Wiedererkennungsprozess, das Wort, die Forderung von Kontinuität. ... Da ist die Lust des Augenblicks, wenn man eine Frucht isst, und eine Sekunde später möchte man mehr davon. Das »Mehr« von etwas ist nicht der tatsächliche Augenblick.

Das Nachdenken über die Erfahrung von gestern, ob es sich um die Betrachtung eines herrlichen Baumes, des Himmels und der Berge handelt oder um einen sexuellen Genuss, ist Lust.

Lust ist die Denkbewegung, nachdem das aktuelle Ereignis vergangen ist, und das ist etwas völlig anderes als das, was Genuss bereitet. Sie genießen etwas. Wenn Sie gerne essen, genießen Sie Ihre Mahlzeiten, aber dann kommt das Denken und möchte morgen dieselbe Art von Essen haben. Dann setzt die Gewohnheit ein. Dann sagt das Denken, ich muss diese Gewohnheit ablegen, und so beginnt der ganze Konflikt. Dagegen können Sie, wenn Sie gern essen, die Mahlzeit kosten, genießen und es dabei belassen. Verstehen Sie? Nicht sagen, dass ich es morgen oder heute Abend haben muss. Betrachten Sie auf dieselbe Weise Ihre Frau, Ihren Mann, alles, ohne etwas zu registrieren und ihm damit Kontinuität zu geben, und das verschafft Ihrem Gehirn eine ungemeine Freiheit. Sie haben eine Ordnung geschaffen, wo Ordnung sein soll. Sie haben alles Ungeordnete in einer Beziehung ausgeräumt, denn jetzt gibt es kein Bild zwischen Ihnen und der anderen Person.

Bild

Unter einem Bild versteht der Redner ein Symbol, ein Konzept, einen Rückschluss, ein Ideal. All dies sind Bilder – das ist es, was ich sein sollte – ich bin nicht dieses, möchte aber gerne jenes sein. Das ist ein vom Geist in die Zeit, also in die Zukunft, projiziertes Bild. Daher ist es etwas Unwirkliches. Wirklich ist, was in Ihrem Geist jetzt aktuell stattfindet. Können wir von da aus weitergehen?

Wir fragen, warum der Geist ein Bild erzeugt. Geschieht es deshalb, weil in einem Bild Sicherheit ist? Wenn ich eine Ehefrau habe, mache ich mir ein Bild von ihr – das Wort *Ehefrau* an sich ist schon ein Bild. Und dieses Bild schaffe ich mir, denn obwohl meine Ehefrau ein lebendiges, sich wandelndes, vitales menschliches Wesen ist und es weit mehr Aufmerksamkeit, eine viel größere Energie erfordert, sie zu verstehen, ist es, wenn ich ein Bild von ihr habe, viel leichter, mit ihr zu leben.

Zunächst einmal, haben Sie nicht auch ein Bild von sich selbst, dass Sie ein großer Mann oder kein großer Mann sind, dass Sie dieses oder jenes sind? Wenn Sie mit Bildern leben, leben Sie mit Illusionen, nicht mit der Wirklichkeit. ... Warum schafft der Geist, Ihr Geist, sich Bilder? Geschieht es deshalb, weil in Bildern Sicherheit ist, und seien diese Bilder noch so verkehrt? ... Das Bild ist die Projektion des Denkens ... und das Denken ist die Reaktion der im Gehirn als Wissen gespeicherten Erinnerung. Wissen kommt aus Erfahrung. ... Sie haben Erfahrung, Sie erinnern diese Erfahrung als Wissen, und dieses erinnerte Wissen projiziert Gedanken. ... Aber Wissen ist immer begrenzt, es gibt kein vollkommenes Wissen über irgendetwas. Das Denken ist also immer begrenzt.

Der Geist muss einen Weg finden, sich seines Inhalts zu entleeren – das heißt, kein Bild und daher keinen Beobachter haben. Das Bild bedeutet Vergangenheit oder das Bild, das jetzt entsteht, oder das Bild, das ich in die Zukunft projizieren werde. Also kein Bild, das heißt keine Formel, keine Idee, kein Prinzip – all dies setzt ein Bild voraus. Ist es möglich, überhaupt kein Bild zu erzeugen? Du verletzt mich, oder du verschaffst mir Lust, und deshalb habe ich ein Bild von dir. Bin ich in der Lage, mir kein Bild zu machen, wenn du mich verletzt oder mir

Lust verschaffst? Kann ich zum Beispiel, wenn du mich beleidigst, vollkommen wach und aufmerksam sein, so dass die Beleidigung keine Spur in mir hinterlässt?

Nur dann, wenn ich kein Bild von dir habe und du kein Bild von mir hast, hinterlässt das, was immer du sagen magst, keine Spur – was nicht heißt, dass ich isoliert bin oder keine Gefühle habe. Vielmehr ist dem Registrieren von Verletzungen, Beleidigungen, all diesen Denkbewegungen ein Ende gesetzt worden. Das heißt, dass Sie in dem Augenblick der Beleidigung vollkommen, mit all Ihren Sinnen, aufmerksam sind.

Wenn Sie psychisch, innerlich, nicht den Schatten eines Bildes haben, dann kann Sie niemand verletzen.

Wenn wir sagen, dass wir einen Baum mit Unschuld betrachten, verstehen wir darunter, ihn ohne ein Bild zu sehen. In derselben Weise müssen Sie Gewalt betrachten, ohne das Bild, das in dem Wort selbst steckt.

Denn die meisten Beziehungen, die wir miteinander haben, sind mechanistisch. Unter »mechanistisch« verstehe ich das Bild, das vom Denken über Sie und mich geschaffen wurde.

Unter einer rechten Beziehung verstehen wir einen Zustand des Geistes und des Herzens, in dem der ganzen bilderschaffenden Maschinerie ein Ende gesetzt wurde, so dass nicht nur in einem selbst, sondern auch im anderen vollkommene Harmonie herrscht.

Kein Bild von sich selbst haben bedeutet nicht, dass man in die Irre gegangen, dass man verunsichert ist. Im Gegenteil, wenn man ein Bild von sich hat, erzeugt dieses Bild Unsicherheit.

Wer einen anderen anbetet, betet sich selbst an. Das Bild, das Symbol ist eine Projektion des eigenen Selbst.

Das Bild ist die Projektion vergangener Erfahrung. Eine Erfahrung in der Vergangenheit hat dieses Bild hervorgerufen, und diesem Bild entsprechend handle ich, und das ist die Zukunft.

Wenn Sie das Begehren verstehen wollen, gehört nicht nur das äußere Objekt dazu, sondern die psychische Projektion eines Bildes.

Jede Art von Bild, das man von einem anderen oder von sich selbst hat, verhindert die Schönheit einer Beziehung.

Denken

Was ist das Denken? Können Sie ohne Gedächtnis denken? Sie können es nicht. Was ist also Gedächtnis? Nur zu. Strengen Sie Ihr Gehirn an. Eine Erinnerung? Eine lange Folge von Ideen, ein großes Bündel Erinnerungen? Was ist also das Gedächtnis? Ich erinnere mich an das Haus, in dem ich wohnte. Ich erinnere mich an meine Kindheit. Was ist das? Die Vergangenheit. Ist das richtig? Gedächtnis ist das Vergangene. Und Sie wissen nicht, was morgen geschehen wird, aber Sie können projizieren, was geschehen könnte oder nicht geschehen könnte. Das ist die Aktion des Gedächtnisses in der Zeit.

Was ist also Gedächtnis? Wie entsteht Gedächtnis? Es ist alles ganz einfach. Es gibt kein Gedächtnis ohne Wissen. Wenn ich gestern einen Autounfall hatte, erinnere ich mich daran. Doch vor dieser Erinnerung war der Unfall. Die Erfahrung des Unfalles wird zu etwas Gewusstem, und aus diesem Wissen entsteht das Gedächtnis. Wenn ich keinen Unfall gehabt hätte, gäbe es keine Erinnerung an einen Unfall. Sie können sich auch Unfälle anderer Leute vorstellen.

Wissen beruht also auf Erfahrung. Doch Erfahrung ist immer etwas Begrenztes. Ich kann mehr Erfahrung haben, eine größere Bandbreite von Erfahrungen, nicht nur physische oder sexuelle, sondern auch so genannte innere Erfahrungen irgendeines illusionären Gottes und dergleichen. Erfahrung, Wissen, Gedächtnis, Denken ist also immer begrenzt. Ich kann die Unermesslichkeit der Ordnung des Weltalls nicht erfahren. Aber ich kann sie mir vorstellen.

Erfahrung ist begrenzt, und daher ist auch Wissen begrenzt, sei es in der Zukunft oder jetzt. Denn zum Wissen wird immer etwas hinzugefügt, mehr und immer mehr. Darauf beruhen die Erkenntnisse der Wisssenschaft. Schon vor Galilei und seither wurde dieses Wissen erweitert und immer mehr erweitert. Wissen ist also immer begrenzt, sei es jetzt oder in der Zukunft. Daher ist auch das Gedächtnis begrenzt. Daher ist auch das Denken begrenzt. Darin liegt die Schwierigkeit. Das Denken ist begrenzt. Das Denken hat Götter, Heilande, Rituale erfunden, Lenin, Marx und Stalin. Das Denken, wie immer es handelt, edel oder unedel, religiös oder irreligiös, tugendhaft oder nicht tugendhaft, moralisch oder unmoralisch, ist noch immer begrenzt, was immer das Denken tut. Betrachten wir das gemeinsam?

Verletzung

Was ist eine Verletzung? Gehen Sie nicht verbal, sondern wirklich darauf ein, betrachten Sie sich selbst. Sie sind psychisch verletzt, Ihre Eltern haben Sie verletzt, als Sie ein Kind waren, Ihre Freunde haben Sie verletzt, als Sie ein Kind waren. Dann hat die Schule Sie verletzt, weil man Ihnen gesagt hat: »Du musst so klug sein wie dein Bruder« oder Ihr Onkel oder Ihr Schuldirektor oder wer immer. Und später im College müssen Sie Prüfungen ablegen, und wenn Sie durchfallen, sind Sie verletzt. Und wenn Sie keinen Job bekommen, sind Sie verletzt. Alles in der Welt wirkt dahin, dass Sie verletzt werden. Unsere Erziehung, die so miserabel ist, verletzt Sie. Sie erleiden also Verletzungen. Ist Ihnen wirklich bewusst, dass Sie verletzt sind? Und sehen Sie, was dabei herauskommt – dass Sie andere verletzen wollen? Daraus entsteht Angst, Widerstand, Sie ziehen sich zurück, kapseln sich innerlich immer mehr ab. Und je mehr Sie das tun und sich zurückziehen, desto mehr werden Sie verletzt. So errichten Sie eine Mauer um sich und verstellen sich, aber immer innerhalb dieser Mauer. Das sind alles Symptome.

Sie sind also verletzt. Und wenn Sie wirklich, in der Tiefe erkennen, dass Sie verletzt sind, nicht nur auf der bewussten Ebene, sondern im Innersten, was tun Sie dann? Nun, warum findet diese Verletzung statt? Weil Sie ein Bild von sich haben. Wenn ich ein Bild von mir habe, dass ich immer auf einem Podium sitze und zu einem Publikum spreche – Gott sei Dank tue ich das nicht –, und wenn das Publikum nicht einverstanden ist oder nicht kommt, wird das Bild, das ich von mir habe, verletzt. Tatsache ist, dass dieses Bild immer verletzt werden wird, solange ich ein Bild von mir selbst habe. Das ist klar, nicht wahr? Nun, ist es möglich, ohne ein einziges Bild zu leben? Das heißt ohne Rückschlüsse, ohne Vorurteile – all das sind Bilder. Und in dem Augenblick, in dem Sie mich beleidigen, wenn Sie also etwas sagen, das dem Bild, das ich von mir habe, widerspricht, dann verletzen Sie mich. Wenn ich aber in dem Augenblick, in dem Sie etwas Schädigendes, Verletzendes sagen, dessen gewahr bin und mit meiner ganzen Aufmerksamkeit bei dem bin, was Sie sagen, findet keine Registrierung statt. Nur wo Unaufmerksamkeit herrscht, findet ein Registrieren von Verletzung oder Schmeichelei statt. Wenn jemand also zu Ihnen sagt, dass Sie ein Dummkopf sind, können Sie diesem Augenblick Ihre völlige Aufmerksamkeit zuwenden? Wenn Sie das tun, findet keine Verletzung statt. Die vergangenen Verletzungen sind in dieser Aufmerksamkeit ausgelöscht. Aufmerksamkeit ist wie eine Flamme, die vergangene und gegenwärtige Verletzungen verbrennt. Haben Sie das verstanden?

Aufmerksamkeit

Fragesteller: Sie haben gesagt, wenn man einem Problem die gesammelte Aufmerksamkeit zuwendet, dann blüht das Problem auf und verwelkt. Können Sie das näher erläutern?

Krishnamurti: Da haben wir zum Beispiel das Problem des Konflikts. Können Sie diesen Konflikt anschauen und ihm volle Aufmerksamkeit zuwenden? Bitte, hören Sie nur ein paar Minuten zu. Hören Sie zu. Sie haben ein Problem, nämlich einen Konflikt. Können Sie dieses Problem anschauen, ihm nicht nur zuhören, den Tönen, dem Inhalt, welche Feinheiten es hat, können Sie es anschauen, ohne zu versuchen, es zu lösen, ihm eine Richtung zu geben, ohne irgendeine Motivation? Wenn Sie eine Motivation haben, legt diese eine Richtung fest, und damit verzerren Sie das Problem. Können Sie also sensibel des Problems gewahr sein? Nicht etwas damit machen, denn Sie sind ein Teil des Konflikts. Sie sind der Konflikt. Wenn Sie daher etwas damit machen, schaffen Sie nur noch mehr Konflikt. Schauen Sie also diesen Konflikt an – den kleinen und den gesamten menschlichen Konflikt, den persönlichen und den globalen, schauen Sie ihn an. Hören Sie seine Geschichte, erzählen nicht Sie diese Geschichte, sondern lassen Sie ihn selbst erzählen. Wie ein Kind, das Sie lieben, auf Ihrem Schoß sitzt und Ihnen eine Geschichte erzählt. Sie unterbrechen das Kind nicht. Sie sind nicht grob mit ihm, Sie möchten, dass es Ihnen alles erzählt.

Lassen Sie in derselben Weise zu, dass der Konflikt Ihnen alles mitteilt, Sie müssen nur Ohren haben zu hören, nicht nur mit Ihrem Gehörsinn, sondern Sie müssen auch innerlich auf sein Wesen hören. Können Sie auf diese Weise zuhören, mit Ihrer gesammelten Aufmerksamkeit, ohne jede Anstrengung? Wenn Sie bei einem Kind sind, das Ihnen eine Geschichte erzählt, strengen Sie sich nicht an und sagen nicht: »Ich muss mich unter Kontrolle haben, ich muss geduldiger sein.« Sie hören zu, weil Sie das Kind lieben. Hören Sie auf dieselbe Weise zu, dann werden Sie sehen, wie das Problem aufblüht, wächst, seinen ganzen Inhalt vorweist. Und wenn es seinen ganzen Inhalt gezeigt hat, verschwindet es, nimmt es ein Ende. Verstehen Sie? Das heißt, es geht um das Aufblühen und Verwelken eines Problems, wobei Zeit keine Rolle spielt. Es ist nur der ungeduldige Geist, der sagt: »Ich muss das lösen.« Doch wenn ein Geist sorgfältig, feinfühlig und wach auf die winzigsten, feinsten Regungen hört, wenn Sie dem Problem zuhören, wenn Sie ihm Ihre gesammelte Aufmerksamkeit zuwenden – und das können Sie nicht, wenn Sie eine Motivation, eine Richtung haben, wenn Sie sagen: »Ich muss das tun« –, dann passiert etwas. Wenn Sie Ihre gesammelte Aufmerksamkeit hingeben, zeigt das Problem sich in seiner Fülle und löst sich damit auf. Wie bei einer Blume ist am Morgen die Knospe da, und am Abend ist die Blüte verwelkt.

Verletzlichkeit

Wenn der Verstand Sie nicht mehr mit Erklärungen, Ausflüchten, logischen Rückschlüssen beschützen kann, entsteht eine hochgradige Verletzlichkeit, eine vollständige Bloßlegung Ihres gesamten Wesens, die Flamme der Liebe.

Da dies eine Unterhaltung ist, ein Zwiegespräch zwischen Ihnen und dem Redner, sollten wir verletzlich sein – das heißt, keine Schutzmechanismen, keinen Widerstand haben, sondern gewillt sein, uns ganz auszusetzen, nicht nur dem Problem, sondern allem, was mit dem Problem zusammenhängt, ihm unsere gesamte Aufmerksamkeit zu widmen.

Begreifen Sie die Notwendigkeit, offen und verletzlich zu sein? Wenn Sie diese Wahrheit nicht einsehen, werden Sie wieder heimlich Mauern um sich errichten.

Feinfühligkeit heißt im Grunde, verletzlich sein. … Innerlich verletzlich sein heißt, keinen Widerstand, kein wie immer geartetes Bild, keine Formel zu haben.

Wahrnehmung

Was bedeutet Wahrnehmung? Kann ich Wahrnehmung haben, wenn ich meiner Stellung, meiner Frau, meinem Besitz verhaftet bin? … Wir sagen, dass totale Wahrnehmung nur stattfinden kann, wenn in Ihrem täglichen Leben keine Verwirrung herrscht. … Wenn ich Angst habe, wird meine Wahrnehmung sehr einseitig sein, … aber wenn ich Angst erforsche, beobachte, mich auf sie einlasse, ein tiefes Verständnis von ihr gewinnen will, dann habe ich Wahrnehmung. … Wahrnehmung kann nur stattfinden, wenn es keine Spaltung zwischen dem Beobachter und dem Beobachteten gibt.

Alle Sinneseindrücke, die bewusst oder unbewusst gespeicherten Eindrücke, die verschiedenen Bilder, Rückschlüsse, Vorurteile, all das gehört zur Wahrnehmung, … und wenn ich Ihnen begegne, schalte ich die Aufmerksamkeit an, und es entstehen Bilder. Das ist, was wir Wahrnehmung nennen, … doch Ordnung ist eine Wahrnehmung der Dinge, wie sie sind – die Wahrnehmung dessen, was Sie sind, nicht meine Rückschlüsse über das, was Sie sind. Ich sage, Wahrnehmung ist, die Dinge zu sehen, wie sie sind, und ich kann die Dinge nicht sehen, wie sie sind, wenn ich einen Schluss ziehe. In einer Schlussfolgerung ist daher Unordnung.

Es handelt sich um eine völlig andere Art von Energie, wenn reine Wahrnehmung vorhanden ist, die weder an das Denken noch an die Zeit gebunden ist.

Gibt es eine Wahrnehmung von Gewalt, die dieser Gewalt augenblicklich ein Ende setzt? … Wahrnehmung ist Handeln, wie wenn Sie eine Schlange sehen und augenblicklich handeln. Da sagen Sie nicht: »Gut, ich werde nächste Woche etwas tun«, sondern Sie reagieren sofort, weil Gefahr droht.

Es kommt darauf an, dass Sie Ihren eigenen Geist beobachten, ohne zu urteilen – nur hinzuschauen, zu beobachten, sich der Tatsache bewusst zu sein, dass Ihr Geist ein Sklave ist und nichts weiter. Denn diese Wahrnehmung an sich entbindet Energie, und es ist diese Energie, welche die Versklavung des Geistes zerstören wird. … Es geht uns lediglich um Wahrnehmung dessen, was ist. Und es ist die Wahrnehmung dessen, »was ist«, die das schöpferische Feuer freisetzt. … Die Dringlichkeit hinter der richtigen Frage, das Beharren darauf, führt Wahrnehmung herbei. Der wahrnehmende Geist ist lebendig, beweglich, voll Energie, und nur ein solcher Geist kann erfassen, was Wahrheit ist.

Wenn das Denken so weitermacht, kommt der Geist nie zur Ruhe, aber erst, wenn der Geist vollkommen still ist, gibt es die Möglichkeit der Wahrnehmung. Sehen Sie, wie logisch das ist – das heißt, wenn mein Geist schwätzt, Vergleiche zieht, Urteile fällt und sagt: »Das ist richtig, das ist falsch«, dann höre ich Ihnen nicht zu.

Wahrnehmung setzt vollkommene Aufmerksamkeit voraus – Nerven, Ohren, Hirn, Herz, alles ist in höchster Bereitschaft. ... Es ist das Ich, das die Zersplitterung bewirkt. Wenn das Ich abwesend ist, gibt es Wahrnehmung. Wahrnehmung ist Handeln, und das ist Schönheit.

Es kann nur Wahrnehmung geben, wenn sie nicht vom Denken gefärbt ist. Wenn die Denkbewegung sich nicht einmischt, ist Wahrnehmung da, die unmittelbare Einsicht in ein Problem. Hat die Wahrnehmung ihren Ursprung im Geist? Ja, wenn das Gehirn still ist.

Einsicht

Was ist Einsicht? Einsicht heißt, etwas augenblicklich als wahr, logisch, vernünftig und sinnfällig wahrnehmen. Eine solche Einsicht muss schlagartig erfolgen, ... etwa eine Einsicht in die Wunden, die Verletzungen, die man in der Kindheit empfangen hat. ... Die Wunde ist das Bild, das man von sich selbst geschaffen hat. ... Gewinnen Sie nun eine Einsicht in all das ohne Analyse, erkennen Sie es schlagartig, dann wird durch die Wahrnehmung dieser Einsicht, die Ihre ganze Energie und Aufmerksamkeit fordert, die Verletzung aufgelöst.

Was ist also Einsicht? Wir sagen, dass Einsicht nur stattfinden kann, wenn das Wissen aufhört, wenn reine Beobachtung ohne Zielrichtung gegeben ist, ... und diese Erkenntnis ist kein Resultat ständiger Prüfung, ständiger Analyse, indem man etwas Tag für Tag erforscht, sondern die plötzliche Aufhebung allen Wissens und die unmittelbare Einsicht in einen Gegenstand. Diese Einsicht bewirkt eine grundlegende Veränderung in den Gehirnzellen, die der Träger des Gedächtnisses sind.

Wenn Sie erkennen, was Verhaftetsein ist, gehen Sie über das Wort, über Ihre Reaktionen, indem Sie etwas behaupten oder nicht behaupten, hinaus und sehen und beobachten, wie der Geist diesen ganzen Prozess des Verhaftetseins aufgebaut hat. Und das können Sie nur, wenn Sie diesen Prozess nicht abstellen wollen. Sie können nur dann beobachten, wenn Sie sehen, dass der Beobachter genau das ist, was Sie sehen. Der Beobachter hat die Anhaftung geschaffen und sich dann davon abgesetzt und versucht zu ändern, zu kontrollieren, zu gestalten, zu leugnen, zu wandeln, zu überschreiten und was noch alles. Wenn Sie aber eine Einsicht dieser Art haben, dann erwächst aus dieser Einsicht Intelligenz.

Diese stetige Einsicht ohne Formel, ohne einen Rückschluss, der dieser Einsicht ein Ende setzt, ist schöpferisches Handeln. Es ist verblüffend schön und interessant, wie das Denken abwesend ist, wenn man eine Einsicht hat. Das Denken ist zu einer Einsicht nicht imstande. Nur dann, wenn der Geist innerhalb der Denkstruktur nicht mechanisch operiert, gewinnen Sie eine Einsicht. ... Eine Einsicht zu haben und niemals einen Rückschluss daraus zu ziehen, so dass man ständig in einer Bewegung von Einsicht zu Einsicht, von Handlung zu Handlung ist, ist Spontaneität. ... Ein Geist, der frei ist, hat in jeder Minute Einsicht; ein Geist, der frei ist, zieht keine Rückschlüsse und ist daher nicht-mechanisch. ... Sicherheit ist in der Einsicht, nicht in der Schlussfolgerung.

Einsicht ist keine Erinnerung, kein berechnetes, geprüftes Resultat; sie ist kein Prozess des Speicherns und Handelns daraus, und sie ist nicht mehr eine Tätigkeit des Denkens, die Zeit bedeutet. Daher ist Einsicht die Handlung eines Geistes, der nicht in der Zeit verstrickt ist.

Leidenschaft

Wenn Sie sich in jemanden verlieben, befinden Sie sich in einem aufge-wühlten Gemütszustand, der die Wirkung dieser besonderen Ursache ist; doch wovon ich spreche, ist Leidenschaft ohne eine Ursache. Das be-deutet, leidenschaftlich zu sein in Bezug auf alles, nicht nur bezüglich eines Gegenstandes, während die Leidenschaft der meisten von uns sich auf eine bestimmte Person oder einen Gegenstand bezieht; und ich meine, wir müssen diesen Unterschied sehr klar sehen. Im Zustand der Leidenschaft ohne Ursache gibt es eine von jeglichem Verhaftetsein freie Intensität. Wenn Leidenschaft dagegen eine Ursache hat, ist Verhaftet-sein da, und dieses Verhaftetsein ist der Anfang von Leid. … Wenn Lei-denschaft für etwas, für eine Person, eine Idee, irgendeine Art von Er-füllung vorliegt, dann entsteht aus dieser Leidenschaft Widerspruch, Konflikt, Anstrengung. … Bitte, darf ich Ihnen vorschlagen, einfach zu-zuhören? Versuchen Sie nicht, diesen Zustand von Intensität, diese Lei-denschaft ohne Ursache zu erreichen. Wenn wir aufmerksam zuhören, mit diesem Gefühl von Leichtigkeit, das sich einstellt, wenn Aufmerk-samkeit nicht von Disziplin erzwungen wird, sondern dem einfachen Drang nach Verständnis entspringt, dann, denke ich, werden wir selbst feststellen können, was diese Leidenschaft ist. … Ich denke, das Ende des Leidens hängt mit der Intensität der Leidenschaft zusammen. Lei-denschaft kann es nur geben bei vollständiger Selbstentäußerung.

Man ist nie leidenschaftlich, wenn nicht eine völlige Abwesenheit des Denkens da ist. … Diese Leidenschaft hat nicht das Geringste mit Be-geisterung zu tun. Sie tritt nur dann ein, wenn das »Ich« völlig aufge-hoben ist, wenn man jede Form von »mein Haus«, »mein Besitz«, »mein Land«, »meine Frau«, »meine Kinder« hinter sich gelassen hat. Sie mögen sagen: »Dann lohnt es sich nicht.« Vielleicht nicht für Sie. Es lohnt sich nur dann, wenn Sie wirklich erkennen wollen, was Leid ist, was Wahrheit ist, was Gott ist, was der Sinn dieses ganzen hässlichen und verwirrenden Geschäfts des Daseins ist. Wenn es Ihnen darum zu tun ist, dann müssen Sie es mit Leidenschaft angehen – und das heißt, dass Sie nicht an Ihre Familie gefesselt sein können. Sie können wohl ein Haus haben, Sie können eine Familie haben, aber wenn Sie psy-chisch an sie gebunden sind, können Sie nicht darüber hinausgehen.

Wenn keine Energie vergeudet wird, ist Leidenschaft da.

––––––––––

Die meisten von uns gebrauchen das Wort Leidenschaft nur in Bezug auf eine Sache, Sex; oder als etwas, das »Leiden schafft«, und dann versuchen Sie, dieses Leiden aufzulösen. Doch ich verwende das Wort *Leidenschaft* in dem Sinne eines Geisteszustands, eines Seinszustands, eines Zustands des inneren Wesenskerns – wenn es so etwas gibt –, der stark empfindet, der hochsensibel ist – und zwar gleichermaßen für Schmutz, Elend, Armut wie für ungeheure Reichtümer und Korruption, aber auch für die Schönheit eines Baumes, eines Vogels, das Fließen des Wassers, einen See, in dem sich der Abendhimmel spiegelt. Es ist nötig, all dies intensiv, wirklich stark zu empfinden. Denn ohne eine solche Leidenschaft wird das Leben leer, seicht und macht nicht viel Sinn. Wenn Sie die Schönheit eines Baumes nicht sehen und diesen Baum nicht lieben können, wenn er ihnen nicht wirklich etwas bedeutet, dann leben Sie nicht. … Wir sprechen von einer Leidenschaft ohne Grund. … Um zu erkennen, was wahr ist, müssen Sie Leidenschaft haben.

––––––––––

Beim Leiden zu bleiben, nicht davor zu fliehen, ruft Leidenschaft hervor. Leidenschaft bedeutet die völlige Entäußerung des »Ich«, des Selbst, des Ego – und daher große Strenge und Nüchternheit, die Einfachheit großer Schönheit; … ohne diese innere Qualität der Leidenschaft, die einem großen Verständnis des Leids entspringt, gibt es in meinen Augen keine Schönheit.

––––––––––

Ein leidenschaftlicher Geist forscht, sucht, schaut, fragt, verlangt, nicht bloß weil er, um seine Unzufriedenheit zu beheben, irgendetwas sucht, worin er Erfüllung finden und sich dann aufs Ohr legen kann. … Die Leidenschaft zu erkennen, zu forschen, zu verstehen kann nur dann kommen, wenn das »Ich« abwesend ist.

––––––––––

Die Erkenntnis von Wahrheit erfordert Leidenschaft, Intensität, eine sprengende Energie, nicht einen Geist, den Angst, Disziplin und der ganze Horror anerzogener Tugend zermalmt haben; all dies sind die einseitigen Bestrebungen eines gebrochenen Geistes. Wenn Sie diese Sache sehen, dann sind Sie mit Ihrem ganzen Wesen dabei – nur ein solcher Geist kann das Unermessliche finden.

Man muss dieser Leidenschaft begegnen, die weder Lust ist noch eine Motivation hat. Gibt es eine solche Leidenschaft? Es gibt eine solche Leidenschaft, wenn das Leid ein Ende gefunden hat.

Handeln

Wenn wir einsehen, dass alles Denken nicht dazu taugt, unsere Probleme zu lösen, dann begreifen wir das nicht als eine logische Schlussfolgerung, nicht als Aphorismus, sondern als Wahrheit, als ein Gesetz, dass das Denken nicht tauglich ist, weil es bruchstückhaft ist und als solches die Welt geschaffen und sie gespalten hat. Sie sehen also das alles und erkennen auch, dass Sie die Welt sind und dass die Welt Sie ist – fundamental, an der Wurzel, denn, wohin Sie auch gehen, überall gibt es Leiden, Tränen, Elend, Verwirrung, Hunger, Verhungern – das ist der gemeinsame Boden des Menschlichen.

Sie sind also die Welt, und die Welt ist Sie. Und wenn Sie einsehen, dass das Denken, das Denken der Menschheit, untauglich ist, das menschliche Problem des Lebens, des Daseins, der Beziehung, der Angst und dergleichen zu lösen, was passiert? … Nun, wie erkennen Sie diese Wahrheit? Ist es ein intellektuelles Akzeptieren, eine Theorie, die jemand aufgestellt hat und die Sie als eine Theorie akzeptieren? Verwandeln Sie die Aussage, dass Sie die Welt sind und die Welt Sie ist und dass das Denken untauglich ist, in eine Abstraktion, ein Ideal, oder leben Sie damit? … Wir sagen, leben Sie damit, schauen Sie es an, halten Sie es in der Hand wie ein Juwel, sagen Sie ihm nicht, was es tun soll, sondern schauen Sie es an, das Juwel, das Sie da haben. Es wird Ihnen sagen, was Sie tun sollen.

Aber wir sind so erpicht darauf, ihm zu sagen, was es tun soll. Verstehen Sie? Sie lesen eine Geschichte, einen Thriller, es steht alles da, Sie brauchen ihm nicht zu sagen, was geschehen soll. In der gleichen Weise haben Sie hier ein höchst bemerkenswertes Juwel – in der Einsicht, dass Sie die Welt sind und die Welt Sie ist, dass das Denken völlig, absolut untauglich ist, unsere menschlichen Probleme der Beziehung zu lösen –, damit Sie es erkennen und jede Minute des Tages damit leben, dann werden Sie herausfinden, was rechtes Handeln ist.

Lernen

Wann lernen Sie? Lernen ist etwas anderes als Wissen, nicht wahr? Das Anhäufen von Wissen ist etwas anderes als Lernen. In dem Augenblick, in dem ich etwas gelernt habe, hat es sich in Wissen verwandelt. Nachdem ich gelernt habe, füge ich noch etwas hinzu. Diesen Vorgang des Hinzufügens nennen wir Lernen, aber das ist lediglich ein Anhäufen von Wissen. Ich bin nicht gegen ein solches Anhäufen, wir versuchen jedoch herauszufinden, worin der Akt des Lernens besteht. Der Geist lernt in Wirklichkeit nur dann, wenn er in einem Zustand des Nichtwissens ist. Wenn ich nicht weiß, dann lerne ich.

Wissen ist nicht Lernen. Lernen findet immer in der aktiven Gegenwart statt. Wissen dagegen gehört immer der Vergangenheit an, und wir leben aus der Vergangenheit, geben uns zufrieden mit der Vergangenheit, … aber wenn Sie lernen, heißt das »unentwegt lernen«, das ist aktive Gegenwart, jede Minute zu lernen. Lernen durch Beobachten und Zuhören, lernen durch Schauen und Tun – dann werden Sie sehen, dass das Lernen eine konstante Bewegung ist ohne Vergangenheit.

Nun wollen wir herausfinden, ob es einen anderen Akt des Lernens gibt, ohne Anhäufen von Wissen. Lassen Sie es mich mit anderen Worten sagen. Zuerst ist eine Erfahrung da und aus dieser Erfahrung ein Wissen, aus dem Wissen eine Erinnerung, und die Reaktion auf diese Erinnerung ist das Denken. Dann tritt das Denken in Aktion, und aus dieser Aktion lernen Sie wieder etwas, und so wiederholt sich der Zyklus. Das ist das Muster unseres Lebens. Wir aber sagen, dass diese

Form des Lernens unsere Probleme nie lösen wird, weil sie eine Wiederholung ist. Es ist ja offenkundig, dass wir sie nicht gelöst haben. ... Gibt es daher eine andere Form des Lernens? Lernen nicht im Kontext von Wissen, sondern von einer anderen Art – ein nichtakkumulierendes Wahrnehmen in Verbindung mit Handeln.

Wenn Sie lernen, ist Ihr Geist immer aufmerksam und häuft nie an – daher gibt es keine Akkumulation, aus der Sie urteilen, bewerten, verdammen und vergleichen. ... Beobachten, Hinschauen, Sehen, Zuhören sind alles Bestandteile des Lernens. ... Wenn Sie etwas über sich selbst lernen wollen, muss alles frühere Wissen über Sie selbst aufhören.

Meditation

Was ist also Meditation? Da wir nicht wissen, was sie ist, haben wir keine Ahnung, wie wir anfangen sollen. Wir müssen uns ihr daher mit einem offenen Geist nähern. Sie müssen mit einem freien Geist auf sie zugehen, der sagt: »Ich weiß es nicht«, nicht mit einem besetzten Geist, der fragt: »Wie soll ich meditieren?« Bitte, wenn Sie dem wirklich folgen – nicht daran festhalten, was ich sage, sondern es wirklich erfahren, während wir weitergehen –, dann werden Sie selbst herausfinden, was Meditation bedeutet.

Wir haben uns diesem Problem bisher mit der fragenden Haltung genähert, wie man meditieren soll, welchen Methoden man folgen soll, wie man atmen, welche Yoga-Übungen man ausführen soll und dergleichen mehr, denn wir denken, wir wüssten, was Meditation ist, und dass das »Wie« uns irgendwohin führen wird. Aber wissen wir denn überhaupt, was Meditation ist? Ich weiß es nicht, und ich denke, Sie wissen es auch nicht. Wir müssen also beide an die Frage mit einem Geist herangehen, der sagt: »Ich weiß es nicht«, obgleich wir vielleicht Hunderte von Büchern gelesen und viele Yoga-Disziplinen praktiziert haben. Sie wissen es nicht wirklich. Sie hoffen, Sie wünschen, Sie möchten nur durch ein besonderes Muster des Handelns, der Disziplin, einen bestimmten Zustand erreichen. Und dieser Zustand kann etwas völlig Illusorisches sein. Er ist vielleicht nichts weiter als ein

Wunsch von Ihnen. Und sicherlich ist er das. Er ist Ihre eigene Projektion, als eine Reaktion auf das Elend des täglichen Daseins.

Das Wesentliche ist also erstens nicht, wie man meditieren soll, sondern herauszufinden, was Meditation ist. Deshalb muss der Geist ohne Wissen an die Sache herangehen – und das ist außerordentlich schwierig. Wir sind gewohnt zu denken, dass eine besondere Methode nötig ist, um zu meditieren – entweder die Wiederholung von Worten, wie ein Gebet, oder indem man eine bestimmte Körperstellung einnimmt oder sich geistig auf einen besonderen Satz oder ein Bild konzentriert, oder indem man den Atem reguliert, den Körper ruhig stellt, indem man den Geist völlig unter Kontrolle hat, mit diesen Dingen sind wir vertraut. Und wir glauben, dass diese Dinge uns über den Geist, über den flüchtigen Prozess des Denkens hinausführen. Wir denken, dass wir schon wissen, was wir wollen, und wir versuchen jetzt, verschiedene Wege miteinander zu vergleichen und den besten zu finden.

Die Frage, »wie« man meditieren soll, ist völlig verkehrt. Kann ich nicht vielmehr herausfinden, was Meditation ist? Das ist die eigentliche Frage. Es ist etwas Außerordentliches zu meditieren, zu wissen, was Meditation ist, also wollen wir das herausfinden.

Sicher bedeutet Meditation nicht, dass man einem System folgt, nicht wahr? Ist mein Geist imstande, diese Tradition einer Disziplin, einer Methode – die es nicht nur hier, sondern auch in Indien gibt – völlig auszuschalten. Das ist wesentlich, nicht wahr? Denn ich weiß nicht, was Meditation ist. Ich weiß, wie man sich konzentriert, kontrolliert, diszipliniert, was man tun soll. Aber ich weiß nicht, welchen Zweck es hat, mir wurde nur gesagt:»Wenn du diese Dinge machst, wirst du es erlangen«, und weil ich gierig bin, führe ich diese Übungen aus. Kann ich daher, wenn ich herausfinden möchte, was Meditation ist, diese Forderung nach einer Methode ausschalten?

Dass man sich überhaupt auf diese ganze Frage einlässt, ist bereits Meditation, nicht wahr? Ich meditiere in dem Augenlick, in dem ich zu fragen beginne, was Meditation ist, statt wie ich meditieren soll. In dem Augenblick, in dem ich selbst herausfinde, was Meditation ist, muss mein Geist, da er es nicht weiß, alles zurückweisen, was er weiß – das bedeutet, ich muss den Wunsch ablegen, einen Zustand erreichen zu wollen. Denn der Wunsch, etwas zu erreichen, ist die Wurzel, die Basis meiner Suche nach einer Methode. Ich habe Augenblicke des

Friedens, der Stille und ein Gefühl von »Anderssein« erlebt, und das möchte ich wiedererlangen und zu einem Dauerzustand machen – deshalb verfolge ich das »Wie«. Ich denke, ich wüsste bereits, was dieser andere Zustand ist und dass eine Methode mich hinführen wird. Aber wenn ich schon weiß, was das Andere ist, dann ist es nicht das Wahre, sondern nur eine Projektion meines eigenen Verlangens.

Wenn mein Geist wirklich zu erforschen sucht, was Meditation ist, versteht er den Wunsch, etwas erreichen, ein Resultat erzielen zu wollen, und ist daher frei davon. Deshalb hat er jegliche Autorität beiseite getan. Weil wir nicht wissen, was Meditation ist, und niemand es uns sagen kann, befindet mein Geist sich in einem Zustand des völligen »Nichtwissens«. Es gibt keine Methode, kein Gebet, keine Wiederholung von Worten, keine Konzentration – denn er erkennt, dass Konzentration nur eine andere Form von Leistung ist. Wenn der Geist sich auf eine bestimmte Idee konzentriert und hofft, sich damit zu üben, durch Ausschließen anderer Dinge weiterzukommen, dann setzt das wieder einen Zustand des »Wissens« voraus. Wenn ich also nicht weiß, muss ich auf all diese Dinge verzichten. Ich denke nicht mehr daran, etwas leisten oder irgendwo ankommen zu wollen. Mir steht der Sinn nicht mehr nach Anhäufung, die mir helfen soll, das andere Ufer zu erreichen.

Wenn ich das getan habe, habe ich dann nicht schon herausgefunden, was Meditation ist? Es gibt keinen Konflikt, kein Ringen; ich häufe bewusst nichts an – zu keiner Zeit, nicht nur zu einer bestimmten Zeit. Meditation ist daher der Prozess einer völligen Entblößung des Geistes, der Läuterung von allem Streben nach Anhäufung und Leistung – diesem Streben, welches das Wesen des Selbst, des »Ich« ausmacht. Das Praktizieren verschiedener Methoden stärkt nur dieses »Ich«. Sie mögen es verbergen, Sie mögen es beschönigen, verfeinern, aber es ist noch immer das »Ich«. Meditation ist daher das Aufdecken der Wege des Selbst.

Und wenn Sie in die Tiefe gehen, werden Sie feststellen, dass es nie einen Augenblick gibt, in dem Meditation zur Gewohnheit wird. Denn Gewohnheit setzt Akkumulation voraus, und wenn diese vorhanden ist, dann gibt es den Prozess, in dem das Selbst mehr verlangt, weitere Anhäufung fordert. Eine solche Meditation findet im Bereich des bereits Gewussten statt und hat nicht die geringste Bedeutung außer als Mittel der Selbsthypnose.

Der Geist kann nur sagen: »Ich weiß es nicht« – tatsächlich, nicht bloß verbal –, wenn er durch Gewahrsein, durch Selbsterkenntnis, dieses Streben nach Akkumulation ausgemerzt hat. Meditation bedeutet also, seinen Akkumulationen zu sterben, und nicht, einen Zustand des Schweigens, der Stille zu erlangen. Solange der Geist fähig ist anzuhäufen, wird er immer den Drang nach mehr haben. Und dieses »Mehr« macht ein System erforderlich, die Methode, das Errichten einer Autorität – und genau dies sind die Wege des Selbst. Wenn der Geist diesen Trugschluss vollkommen eingesehen hat, dann befindet er sich in einem fortwährenden Zustand des »Nichtwissens«. Ein solcher Geist kann empfänglich werden für das Unermessliche, das von Augenblick zu Augenblick geboren wird.

TEIL III

HANDELN DURCH NICHTHANDELN

Wie in der Einführung angedeutet wurde, kann man sagen, dass Krishnamurti eine besondere Antwort auf die Frage: »Was ist Handeln?« gegeben hat. Was nun folgt, sind drei Beispiele von Formen des Nichthandelns, aus denen Handeln hervorgeht. Ihnen vorangestellt ist eine Passage über das »Beobachten«, die die Notwendigkeit eines Gewahrseins dessen betont, dass wir die mit dem Beobachten verbundenen psychischen Prozesse und Entdeckungen alle teilen und dass ein solches Gewahrsein nötig ist, um eine ichbezogene, einseitige Innenschau zu vermeiden. Danach folgen einige abschließende Gedanken unter dem Titel »Häufig diskutierte Fragen«.

Beobachten

Wenn wir uns selbst beobachten, isolieren oder begrenzen wir uns nicht und werden nicht ichbezogen – weil wir die Welt sind, und die Welt ist wir. Das ist eine Tatsache. Und wenn wir als menschliche Wesen den gesamten Inhalt unseres Bewusstseins, unseres Selbst prüfen, fragen wir in Wahrheit nach dem Menschsein als Ganzes – gleichgültig, ob wir in Asien, Europa oder Amerika leben.

Das ist also kein ichbezogenes Tun. Das müssen wir uns ganz klar machen. Wenn wir uns selbst beobachten, werden wir nicht selbstsüchtig, nicht immer neurotischer und einseitiger. Im Gegenteil, wenn wir uns selbst betrachten, untersuchen wir das gesamte menschliche Problem, das menschliche Problem des Unglücks, des Konflikts und der furchtbaren Dinge, die der Mensch sich selbst und anderen angetan hat.

Es ist ungemein wichtig, diese Tatsache zu verstehen, dass wir die Welt sind und die Welt wir. Wir mögen uns in unseren oberflächlichen Verhaltensweisen und Tendenzen unterscheiden, aber im Grunde machen alle Menschen auf dieser unglücklichen Welt Verwirrungen durch, Unruhe, Gewalt, Verzweiflung, Qual.

Das macht den gemeinsamen Boden aus, auf dem wir uns alle begegnen.

Wenn wir uns daher selbst beobachten, beobachten wir die Menschen. Ich hoffe, dass das klar ist und dass wir diese Beobachtung nicht zu einer neurotischen, einseitigen, selbstsüchtigen Angelegenheit machen, wozu die meisten Leute neigen.

Bei dem bleiben, »was ist«

Ich möchte sehen, was wirklich vor sich geht, wenn eine schwere Krise eintritt und der Geist erkennt, dass jede Form von Flucht eine Projektion in die Zukunft ist, und ohne eine Bewegung bei der Tatsache der Krise bleibt. Das *Faktum* der Krise ist unverrückbar. Kann der Geist bei diesem unverrückbaren Faktum bleiben, ohne sich von dort wegzubewegen?

Machen wir es sehr einfach. Ich bin zornig, wütend, weil ich mein Leben einer Sache geweiht habe und jemand sie verraten hat, und daher bin ich wütend. Diese Wut ist lauter Energie. Ich habe aus dieser Energie heraus nicht gehandelt. Es ist eine Zusammenballung meiner ganzen Energie, die sich in Zorn und Wut ausdrückt. Sie dann nicht zu übersetzen, nicht zu entladen, nicht zu rationalisieren, sondern sie einfach nur zu halten. ... Sehen Sie, ich möchte hier auf etwas Bestimmtes hinaus. Sagen wir, mein Sohn stirbt. Ich bin nicht nur in Verzweiflung, sondern befinde mich in einem tiefen Schock mit dem überwältigenden Bewusstsein von Verlust, das ich Trauer nenne. Meine instinktive Reaktion ist, wegzulaufen, es zu erklären, etwas zu tun. Da erkenne ich, wie vergeblich das ist, und handle nicht. Ich nenne es nicht Verzweiflung, Trauer oder Zorn, sondern sehe nur das eine, die Tatsache, und sonst nichts. Alles andere ist Nicht-Tatsache.

Nun, was geschieht dann? Darauf will ich hinaus. Wenn Sie bei dem bleiben, was Sie Verzweiflung genannt haben, ohne sie zu benennen, ohne sie als solche zu erkennen, wenn Sie vollständig, ohne Denkbewegung dabei bleiben, was geschieht? ... Kann ich der Tatsache gegenübertreten ohne ein Gefühl von Hoffnung oder Verzweiflung, ohne diese ganze verbale Struktur, und nur sagen: »Ich bin, was ich bin«? Ich denke, dann geschieht etwas von explosiver Sprengkraft – wenn ich *dabei* bleiben kann. ... Wenn mein Sohn tot ist, ist das eine unverrückbare, unwiderrufliche Tatsache. Und wenn ich dabei bleibe, was ebenfalls eine unverrückbare, unwiderrufliche Tatsache ist, treffen die beiden Tatsachen aufeinander. Was geschieht also dann?

Bleiben wir zuerst bei der Tatsache und lassen wir zu, dass sie ihre ganze Geschichte mitteilt. Ich bin, sagen wir, meiner psychischen Wunde verhaftet. Ich liebe diese Wunde, ich halte an ihr fest, sie gibt mir eine Art Anker, um den meine Sorgen kreisen. Kann ich diese Wunde beobachten, die ich in meiner Kindheit empfangen habe, so dass sie aufblüht, ohne dass *Sie* dieses Aufblühen verursachen oder dass *ich* es verleugne, kontrolliere, liebe, es festhalte? Lassen Sie es aufblühen und sehen Sie zu, was geschieht. ... Können Sie bei einer Illusion verharren, sie zur Entfaltung kommen lassen, ohne zu sagen: »Was ist eine Illusion? Was ist sie nicht? Wie kann ich sie loswerden? Ist es nicht schön, ein paar Illusionen zu haben?« Sondern nur zu sagen: »Ja, ich sehe, dass ich mich in einer Illusion befinde, die das Denken in meiner Psyche hervorgerufen hat und die gänzlich unwirklich ist.«

Schauen Sie, da ist diese Tatsache. Ich bin verwirrt. Es gibt ein Gewahrsein dieser Verwirrung, und dabei zu verharren, sie nicht zu verdrehen, nicht über sie hinauszugehen heißt, schweigend bei dieser Verwirrung zu verharren, ... nicht zu versuchen, Abhilfe zu schaffen. Verweilen Sie schweigend bei ihr, lassen Sie sie erzählen, Sie sind ein Teil von ihr, seien Sie offen, seien Sie sensibel. Sie wird zum Blühen kommen, und daraus entspringt Klarheit.

Kann der Geist bei der Tatsache verweilen? Nun, was *ist* die Tatsache? Bitte, hören Sie genau zu. Die Tatsache des Leidens – ist es das *Wort,* welches das Gefühl verursacht hat, oder ist es das *aktuelle* Leiden? Tritt der Geist dem Leiden gegenüber, oder tritt er dem gegenüber, was er Leiden nennt, aufgrund eines Wortes, das »Leiden« heißt? Das Wort ist nicht die Sache. Ist das Leiden ein Wort oder eine Realität? Ich muss also herausfinden, ob der Geist sich in Worte verstrickt hat. Worte könnten nämlich eine Ausflucht sein.

Daher muss ich herausfinden, ob der Geist in der Lage ist, sich von dem Wort zu befreien, und deshalb fähig ist, anzuschauen, »was ist«, ohne das Wort, denn Worte spielen eine ungeheuer wichtige Rolle in unserem Leben – ob wir nun ein Christ, ein Deutscher, ein Schwarzer, ein Weißer sind – sofort machen Sie sich ein Bild. … Dann, wenn es nicht das Wort ist, das ein Gefühl hervorruft, kann der Geist bei der Tatsache dieses Gefühls verweilen, ohne sich von ihm fortzubewegen? Wenn Sie das tun, haben Sie eine ungeheure Energie – die Sie vorher vergeudet haben. Und wenn Sie diese Energie haben, was ist dann das Leiden? Ist dann überhaupt Leiden? … Wenn der Geist ganz bei der Tatsache, nicht beim Wort verharrt, bei der Tatsache dieses Gefühls großen Leidens, *ohne irgendwelche Ausflüchte,* entspringt daraus Leidenschaft. … Ist der Geist imstande, eine Wunde anzuschauen ohne die mindeste Regung von: »Ich möchte zurückschlagen, ich möchte eine Mauer um mich errichten, um nie wieder verletzt zu werden«, und bei der Tatsache, nicht bei dem Wort, zu bleiben? Dann werden Sie sehen, dass Sie eine große Energie gewinnen, die darüber hinausgehen kann. Dann gibt es kein Leiden mehr. Bitte, tun Sie das.

Der Mensch, der bei dem bleibt, »was ist« und nicht davon abrückt, trägt kein Mal davon.

Es ist wichtig, nicht zu fliehen, keine Anstrengung zu machen, sondern nur bei dem zu bleiben, »was ist«.

Versuchen Sie, bei dem Gefühl von Hass, Neid, Eifersucht, dem Gift des Ehrgeizes zu bleiben. Denn erstens haben Sie diese Gefühle im täglichen Leben, obwohl Sie mit Liebe oder dem Wort *Liebe* leben möchten. Da Sie jedoch das Gefühl des Hasses hegen oder jemanden mit einer Geste oder einem ätzenden Wort verletzen wollen, sehen Sie einmal zu, ob Sie bei diesem Gefühl ausharren können. Können Sie das? … Sie werden verblüfft sein, wie schwierig das ist. Ihr Geist wird das Gefühl nicht in Ruhe lassen. Er kommt angestürmt mit seinen Erinnerungen, seinen Assoziationen, seinen Geboten und Verboten, seinem unaufhörlichen Geschwätz. Nehmen Sie das kleine Stück einer Muschel in die Hand. Können Sie es anschauen, über seine zarte Schönheit staunen, ohne zu sagen, wie hübsch es ist oder von welchem Tier es stammt? Können Sie es ohne eine Denkbewegung betrachten?

215

Können Sie mit dem Gefühl hinter dem Wort leben ohne das Gefühl, das vom Wort aufgebaut wird? Wenn Sie das können, werden Sie etwas Außerordentliches entdecken, eine Bewegung jenseits der messbaren Zeit, einen Frühling, der keinen Sommer kennt.

Wenn Sie bei der Tatsache einer Sache bleiben, insbesondere bei der Tatsache des Leidens, und nicht zulassen, dass der Geist abschweift und es wegerklärt, wenn Sie sich vollkommen damit identifizieren, entsteht eine ungeheure Energie, und aus dieser Energie wächst die Flamme der Leidenschaft.

Bleiben Sie beim Leiden ohne das Wort, ohne den Wunsch, es zu transzendieren, so dass Sie es ohne den Beobachter wahrnehmen, so dass es zwischen Ihnen und dem Ding, das Leiden genannt wird, keine Spaltung gibt. Denn in dem Augenblick, in dem es zwischen Ihnen als dem Beobachter, dem Denker, und dem Leiden als dem Gegenstand der Beobachtung eine Spaltung gibt, entsteht nicht nur Konflikt, sondern der Wunsch, diesen Konflikt zu transzendieren und davor zu fliehen.

Sie haben etwas Böses getan, das ist eine Tatsache, und Sie fühlen sich schuldig, und auch das ist eine Tatsache, und Sie bleiben bei ihr. Sie bleiben dabei wie bei einem Juwel, das zwar etwas Schlimmes, aber dennoch ein Juwel ist. … Wenn Sie dabei bleiben, beginnt es aufzublühen. Dann zeigt es sich in seiner Fülle, die ganze Schuldverstrickung, ihre Subtilität, wo sie sich versteckt. Das ist, als würde eine Blume erblühen.

In unseren Beziehungen haften wir gewöhnlich an einer Person. Können wir bei der Tatsache bleiben, dass wir verhaftet sind, und sie beobachten? Und zulassen, dass das ganze Wesen des Verhaftetseins sich offenbart … zulassen, dass das Ding, das Sie beobachten, seine Geschichte erzählt, statt dass *Sie* ihm sagen, was es sein *sollte*.

216

Bei der Angst bleiben heißt, weder vor ihr zu fliehen, noch ihre Ursache zu suchen, sie nicht zu rationalisieren oder zu transzendieren. Das bedeutet, bei etwas bleiben. Wie beim Betrachten des Mondes – bleiben, und ihn nur anschauen.

Wenn Sie beginnen, Ihrer Selbstsucht gewahr zu sein, ohne zu wählen, bei ihr zu bleiben, sie zu studieren, zu lernen, alle ihre Vertracktheiten zu beobachten, dann kann man selbst herausfinden, wo sie nötig und wo sie völlig unnötig ist. … Auch Dinge beobachten, bei Dingen verharren, die Sie stören, die Sie freuen, bei Dingen bleiben, die abstrakt sind, bei allen Vorstellungen, all den Dingen, die das Gehirn sich zurechtgelegt hat, einschließlich Gott.

Ist es möglich zu schauen und bei der ganzen Bewegung der Angst zu bleiben? Damit meine ich, sie zu beobachten, ohne dass irgendeine Denkbewegung in meine Beobachtung eintritt?

Wenn Sie gierig oder neidisch sind, besteht zwischen diesem Neid und Ihnen ein Unterschied? Oder *sind* Sie der Neid? Natürlich sind Sie es. Aber wenn Sie den Neid von sich abspalten, dann wollen Sie etwas tun, ihn kontrollieren, formen, ihm nachgeben und so fort. Und wenn Sie diese Eigenschaft von sich abspalten, muss ein Konflikt entstehen.

Die *Wirklichkeit* ist aber, dass Sie der Neid *sind*. Das ist eine Tatsache. Sie sind von ihm nicht zu trennen. Sie sind nicht zu trennen von Ihrem Gesicht, Ihrem Namen, Ihrem Bankkonto, Ihren Werten, Ihrer Erfahrung, Ihrem Wissen. Wenn Sie diese Wahrheit begreifen, dass Sie nicht zu trennen sind von dem, was Sie fühlen, was Sie wünschen, welche Ziele Sie verfolgen oder was Sie fürchten, gibt es keinen Konflikt. Deshalb *bleiben Sie dabei*, rücken Sie nicht ab, Sie *sind* das. Daher verlangt es eine ungeheure Energie, das anzuschauen. … Sie bleiben dabei, als hielten Sie ein kostbares Juwel, Sie beobachten es, spielen mit ihm und haben ein großes Gefühl von Erleichterung und Freiheit.

Das Leid hört auf, wenn man vollständig dabei verweilt, wenn man es hält, als wäre es ein innig geliebtes Kind, wenn man es im Herzen, im Gehirn hält und dabei verweilt. Und Sie werden das außerordentlich mühevoll finden, weil wir aufgrund unserer Konditionierung instinktiv so reagieren, dass wir weg wollen davon. Aber wenn Sie dabei bleiben können, werden Sie entdecken, dass das Leiden aufhört – total. Aber das bedeutet nicht, dass Sie dafür unsensibel werden.

Grundlegende Fragen stellen,
aber nicht beantworten

Wir sind gewohnt, im zeitlichen Sinn zu denken, dass wir etwas *werden*. Wenn wir verwirrt sind, im Leid, ohne Liebe, voll von Bitterkeit und Frustration über den ewigen Kampf, etwas zu werden, sagen wir: »Ich muss mir Zeit nehmen, mich von all dem zu befreien«, und wir fragen uns nie: »Kann ich mich nicht in der Zeit, sondern schlagartig befreien?« Es ist immer nötig, grundlegende Fragen zu stellen, ohne eine Antwort darauf zu suchen, weil es auf grundlegende Fragen keine Antworten gibt. Die Frage selbst, mit ihrer Tiefe und Klarheit, ist ihre eigene Antwort. … Das Bekannte besteht aus den Dingen, die Sie gelernt haben, die Ihnen beigebracht worden sind. Es besteht aus Ihrem Wunsch, Premierminister oder reich zu sein, und so fort. Und kann der Geist, der das Resultat dessen ist, was mir bekannt ist, etwas anderes tun, als sich ständig im Bereich des Bekannten zu bewegen? Kann dieser Bewegung im Bereich des Bekannten oder Gewussten ein Ende gesetzt werden ohne irgendeinen Ansporn? Denn wenn ein Ansporn da ist, ist das wiederum etwas, das ich kenne.

Solange es diese Bewegung des Bekannten im Bereich dessen gibt, was ich weiß, ist es dem Geist mit Sicherheit unmöglich, das Unbekannte zu wissen. Kann also diese Bewegung des Bekannten aufhören? Das ist das Problem. Wenn Sie wirklich diese einfache Frage stellen, ohne eine Antwort darauf zu suchen, ohne an ein »Ziel« gelangen zu wollen, wenn es Ihnen Ernst damit ist, weil es für Sie eine grundlegende Frage ist, dann werden Sie feststellen, dass die Bewegung des Bekannten ein Ende hat. Das ist alles.

Mit der Aufhebung des Geistes als des Gewussten, entsteht das, was nicht gewusst werden kann, das Unermessliche, und darin ist Ekstase, Freude.

Sie müssen eine Frage stellen, ohne eine Antwort darauf zu suchen, denn die Antwort wird unweigerlich Ihrer Konditionierung gemäß ausfallen, und um Ihre Konditionierung zu durchbrechen, müssen Sie fragen, ohne eine Antwort zu suchen.

Ich denke, es ist sehr wichtig, dass wir grundlegende Fragen stellen und es immer wieder tun, ohne eine Antwort darauf zu suchen. Denn je hartnäckiger Sie solche Fragen stellen, fragen und forschen, desto schärfer und wacher wird Ihr Geist. … Das ganze Streben nach Selbstvervollkommnung ist ein Resultat der Konditionierung. Kann der Geist sich von einer solchen Konditionierung völlig freimachen? Wenn Sie sich diese Frage wirklich aufmerksam stellen, ohne eine Antwort zu suchen, dann werden Sie die richtige finden, und das heißt nicht, dass es möglich oder unmöglich ist – vielmehr findet etwas gänzlich anderes statt.

Wir wissen, dass der Geist etwas Mechanisches ist. Die nächste Reaktion darauf lautet: Wie kann ich dem ein Ende setzen? Indem er diese Frage stellt, reagiert der Geist wiederum mechanisch. Das heißt, ich möchte ein Resultat erzielen, es gibt ein Mittel dazu, und ich möchte es anwenden. Was ist geschehen? Das »Wie« ist die Reaktion eines mechanischen Geistes, die Reaktion des Alten. … Es gibt zwei verschiedene Geisteszustände, der eine fragt nach dem »Wie«, und der andere forscht, ohne nach einem Resultat zu streben. Nur der forschende Geist wird uns helfen. … Forscht Ihr Geist wirklich danach, ob dem mechanischen Geist ein Ende gesetzt werden kann? Kann er das? Haben Sie diese Frage gestellt? Wenn ja, mit welchem Motiv, mit welcher Absicht, zu welchem Zweck? Das ist sehr wichtig. Wenn Sie diese Frage mit dem Motiv gestellt haben, dass Sie ein Resultat erzielen wollen, das Ihnen bewusst ist, dann landen Sie wieder bei dem mechanischen Prozess. Wenn Sie die Frage jedoch *ohne* die Absicht stellen, herausfinden zu wollen, was geschieht, wenn Sie also wirklich forschen, dann werden Sie festestellen, dass Ihr Geist nach keinem Resultat strebt, sondern dass er auf eine Antwort wartet. Das ist kein Spekulieren, kein Wünschen, keine Hoffen auf eine Antwort. Es ist ein Warten.

Schauen Sie her. Ich stelle Ihnen eine Frage. Was ist Ihre Reaktion darauf? Ihre unmittelbare Reaktion ist zu denken, vernünftig zu erklären, hinzuschauen, ein kluges Argument als Antwort zu finden; ... das heißt, Sie antworten gar nicht, Sie reagieren bloß, Sie führen Gründe an. Mit anderen Worten, Sie *suchen* eine Antwort. Wenn Sie die Antwort auf eine Frage finden wollen, dann ist jede andere Reaktion als das Warten nur eine mechanische. Das heißt, der Geist, der darauf wartet, dass eine Antwort kommt, ist nicht mechanisch, weil die Antwort etwas ist, das Sie nicht wissen – die Antwort, die Sie *wissen*, ist eine mechanische. Wenn Sie sich aber der Frage stellen und auf eine Antwort *warten,* werden Sie feststellen, dass Ihr Geist in einem gänzlich anderen Zustand ist. *Das Warten ist wichtiger als die Antwort.*

Dann ist der Geist nicht mehr mechanisch, sondern in einem ganz anderen Prozess. Es ist etwas ganz anderes da, das entsteht, ohne dass man sich darum bemüht.

Es ist lediglich der Geist, der Wissen akkumuliert hat und dadurch gebunden ist, der Leiden hat – nicht der feinfühlige Geist, der forschende Geist, nicht der prüfende, fragende Geist. Ein solcher Geist stellt die Frage, weil es etwas Wunderbares ist, das zu tun, ohne nach einer Antwort zu streben, weil die Frage sich dann erschließt, sie beginnt, die Türen und Fenster Ihres Geistes zu öffnen. Und so wird Ihr Geist durch dieses Fragen, Beobachten, Zuhören außerordentlich sensibel.

Auf grundlegende Fragen gibt es keine absolute Antwort mit »Ja« oder »Nein«. Das Wichtige ist, dass Sie eine grundlegende Frage nicht stellen, um eine Antwort zu finden: Wenn wir imstande sind, diese Frage anzuschauen, ohne eine Antwort zu suchen, dann führt dieses reine Beobachten des Grundlegenden zum Verstehen.

Es gibt keine Antwort auf irgendein Problem; es gibt nur ein Verstehen des Problems.

Es gibt ein Fragen, das bloß fragen will und nicht danach strebt, eine Antwort zu finden. Dieses Fragen öffnet die Tür, durch die Sie entdecken, schauen, beobachten und zuhören können.

Wenn Sie eine Frage stellen, ohne nach einer Antwort zu trachten, werden Sie die Antwort finden. Wenn Sie jedoch die Frage stellen in der Hoffnung, die Antwort darauf zu finden, dann wird Ihre Antwort Ihrer Konditionierung entsprechen.

Ist es möglich, in dieser Welt mit all ihren Komplikationen ohne den Schatten eines Konflikts zu leben? Sie haben diese Frage Ihrem Gehirn eingepflanzt. Belassen Sie sie dort und sehen Sie, was geschieht.

Die Schönheit des Nichtwissens

Weil wir Angst vor dem Tod haben, suchen wir Ärzte auf, probieren neue Medikamente, neue Drogen aus, und vielleicht leben wir, wenn wir so etwas tun, noch weitere zwanzig oder dreißig Jahre. Aber da ist er, unweigerlich, hinter der nächsten Ecke. Und sich dieser Tatsache zu stellen – sich ihr zu *stellen,* nicht über sie *nachzudenken* – erfordert einen Geist, der der Vergangenheit gestorben ist, einen Geist, der eigentlich in einem Zustand des *Nichtwissens* ist. ... In dem Augenblick, in dem Sie mit einem Gefühl von Hoffnung oder Verzweiflung denken, sind Sie wieder im Bereich der Zeit, der Angst. Durch diese seltsame Erfahrung des Sterbens zu gehen, nicht in dem letzten Moment des physischen Todes, wenn man das Bewusstsein verliert, wenn der Geist stumpf ist, verblödet infolge von Krankheit, Drogen oder einem Unfall, sondern bei vollem Bewusstsein, bei voller Kraft und Bewusstheit den vielen Gestern zu sterben – das bringt wahrlich einen Geist hervor, der sich im Zustand des Nichtwissens und daher der Meditation befindet.

Wenn Ihnen eine Frage gestellt wird, von der Sie keine Ahnung haben, so dass Ihr Gedächtnis sich auf nichts beziehen kann, und wenn Sie imstande sind, ehrlich zu sagen, dass Sie nichts darüber wissen, dann ist dieser Zustand des Nichtwissens der erste Schritt zu einer wirklichen Erforschung des Unbekannten. ... Wenn ich also diese Wahrheit einsehe und wirklich alle Antworten ausschalte, wozu ich nur in der Lage bin, wenn diese ungeheure Demut des Nichtwissens vorhanden ist, was ist das für ein Geisteszustand? Was ist das für ein Zustand des Geistes, der sagt: »Ich weiß nicht, ob es einen Gott gibt, ob es die Liebe gibt.« Das heißt, wenn keine Reaktion des Gedächtnisses da ist. ... Dieser Zustand, in dem der Geist sagt: »Ich weiß nicht«, ist keine Verneinung. Der Geist hat gänzlich aufgehört zu suchen. Er hat aufgehört, irgendeine Bewegung zu machen, weil er einsieht, dass jede Bewegung aus dem Bekannten in Richtung des so genannten Unbekannten lediglich eine Projektion des Bekannten ist. Daher ist der Geisteszustand, der imstande ist zu sagen: »Ich weiß nicht«, der einzige, in dem es irgendetwas zu entdecken gibt. ... Kann der Mensch, der sagt: »Ich weiß«, und dessen Geist mit Informationen, mit enzyklopädischem Wissen belastet ist, jemals imstande sein, etwas zu erfahren, das nicht angehäuft werden kann? Das wird ihm außerordentlich schwer fallen. Wenn der Geist sich gänzlich von allem erworbenen Wissen lossagt, wenn es für ihn keine Buddhas, keinen Christus, keine Meister, keine Lehrer, keine Religionen, keine Zitate gibt, wenn der Geist vollkommen allein ist, unbefleckt, das heißt, wenn die Bewegung des Bekannten ein Ende genommen hat – nur dann besteht die Möglichkeit eines grundlegenden Wandels, einer gewaltigen Revolution.

Nur der Geist, der zu einem Zustand des Nichtwissens fähig ist – nicht nur als verbale Behauptung, sondern tatsächlich –, hat die Freiheit, die Wirklichkeit zu entdecken. Doch in diesem Zustand zu sein ist schwierig, da wir uns des Nichtwissens schämen. Wissen gibt uns Stärke, Bedeutung, ein Zentrum, um das herum unser Ego sich betätigen kann. Der Geist, der sich auf kein Wissen beruft, der nicht im Gedächtnis lebt, der sich der Vergangenheit völlig entäußert, der von einem Augenblick auf den anderen jeglicher Form von Anhäufung stirbt – nur ein solcher Geist kann in einem Zustand des Nichtwissens sein. ... Der Mensch, der sich selbst erkennt, sucht nichts. Sein Geist ist grenzenlos, wunschlos, und für einen solchen Geist kann das Unermessliche geboren werden.

Was ist Liebe? Sie wissen es nicht. Ist dieser Zustand des Nichtwissens – Liebe?

Der Geist, der in einem Zustand des Nichtwissens lebt, ist ein freier Geist. ... Ein Geist, der im Bekannten, Gewussten lebt, ist immer in einem Gefängnis. Kann der Geist sagen: »Ich weiß nicht«? Das bedeutet, dass das Gestern aufgehört hat. Es ist das »Wissen des Fortbestehens«, welches das Gefängnis ist.

Ich bin nicht gegen die Anhäufung von Wissen, aber wir wollen hier herausfinden, was der Akt des Lernens ist. Der Geist lernt nur wirklich etwas, wenn er sich in einem Zustand des Nichtwissens befindet. Wenn ich nicht weiß, lerne ich.

Kann der Geist sich also von dem Bekannten befreien, von der Vergangenheit, von der Überlieferung, von jeglichem Wissen? Und wenn er das tut, befindet der Geist sich dann nicht in einem Zustand des Nichtwissens? Wenn er frei ist von dem Bekannten, ist er dann nicht fähig, das Unbekannte, den Tod, zu verstehen oder zu erfahren?

Ist der Geist imstande, sich von dem Drang nach Sicherheit zu befreien? Das kann er gewiss nur dann, wenn er vollkommen unsicher ist – nicht unsicher im Gegensatz zur Sicherheit, sondern wenn er sich in einem Zustand des Nichtwissens und Nichtsuchens befindet. Denn man kann niemals etwas Neues finden, solange der Geist mit dem Alten belastet ist, mit all den Glaubensinhalten, den Ängsten und verborgenen Zwängen, die diesem Streben nach Sicherheit Vorschub leisten.

Häufig diskutierte Fragen

Die Angst vor dem Tod nimmt nur ein Ende, wenn das Unbekannte in Ihrem Herzen Einzug hält. Das Leben ist das Unbekannte, wie der Tod das Unbekannte ist, wie die Wahrheit das Unbekannte ist.

Wenn wir tief nach innen gehen wollen, müssen wir auch das Äußere verstehen. Je mehr Sie das Äußere verstehen – nicht bloß das Faktum der Entfernung von hier bis zum Mond, das technische Wissen, sondern die äußeren Bewegungen der Gesellschaft, der Völker, die Kriege, der bestehende Hass –, wenn Sie das Äußere verstehen, sind Sie in der Lage, sehr tief nach innen zu gehen, und diese innere Tiefe hat keine Grenzen.

Wenn ich mich selbst verstehe, verstehe ich auch dich, und aus diesem Verständnis kommt Liebe.

Sobald der Geist das Falsche erkennt, hat er sich vollkommen davon losgesagt –, aber er weiß nicht, was das Wahre ist. Wenn Sie das Wahre bereits kennen, dann tauschen Sie bloß das, was Sie für falsch halten, gegen etwas aus, von dem Sie glauben, dass es wahr sei. Das ist kein Aufgeben, wenn Sie bereits wissen, was Sie dafür bekommen werden. Entäußerung gibt es nur, wenn Sie etwas loslassen, ohne zu wissen, was geschehen wird.

Wenn der Geist als Ganzes, mitsamt dem Gehirn, sich des Bekannten entleert hat, dann werden Sie, wenn es nötig ist, zwar von dem Bekannten Gebrauch machen, aber immer aus dem Unbekannten agieren, aus dem Geist, der sich von dem Bekannten befreit hat.

Nur wenn ich nicht weiß, was Gott ist, ist Gott da.

Das Beenden dessen, was nicht gut ist, ist Güte.

Etwas werden zu wollen bringt große Unsicherheit; dagegen nichts werden zu wollen, also gänzlich in dieser Leere zu verharren, heißt nichts sein und ist deshalb vollkommene Sicherheit.

Vom Morgen frei sein heißt, nur in der aktiven Gegenwart leben.

Bereit zu sein, dass sich nichts im Geist abspielt: Das ist höchste Intelligenz.

Freiheit vom Bekannten kann sich nur vollziehen, wenn man das gesamte Phänomen des Wirkens im Bereich des Bekannten beobachtet hat.

Was geht vor sich, wenn es keine Einsamkeit gibt, wenn völliges Selbstgenügen und keine Abhängigkeit vorhanden ist? Wenn es keine Abhängigkeit gibt, was geschieht dann? Ich liebe dich, aber du liebst mich vielleicht nicht. Ich liebe dich – das genügt. Ich möchte nicht, dass du mir antwortest, du liebtest mich, das bedeutet mir nichts. Die Liebe ist da wie eine Blume, du kannst sie anschauen, ihren Duft wahrnehmen, ihre Schönheit betrachten. Die Blume sagt nicht: »Liebe mich« – sie ist einfach da. Deshalb steht sie mit allem in Beziehung. In diesem Zustand des Selbstgenügens – nicht in seinem hässlichen Sinn, sondern in der großen Tiefe und Schönheit des Genügens – gibt es keine Einsamkeit, keinen Ehrgeiz, das ist wahre Liebe. Deshalb hat die Liebe eine Beziehung zur Natur. Wenn Sie sie haben wollen, da ist sie. Wenn Sie sie nicht wollen, macht es nichts. Das ist das Schöne daran.

Wenn ich meine Frau liebe, muss ich auch jeden anderen Menschen lieben. Wenn Sie wahrhaft lieben, gewinnen Lust, Sex und dergleichen eine andere Qualität.

Sie können sich nur dann selbst erkennen, wenn Sie unbewusst sind, wenn Sie nicht berechnen, nicht beschützen, nicht ständig darauf bedacht sind zu lenken, zu transformieren, zu unterdrücken, zu kontrollieren. Wenn Sie sich selbst unvermittelt sehen, heißt das, dass Ihr Geist keine vorgefassten Begriffe bezüglich seiner selbst hat, dass er offen und nicht darauf vorbereitet ist, dem Unbekannten zu begegnen.

Anhang

Auch nach Krishnamurtis Tod gibt es weiterhin Schulen in Indien, in den Vereinigten Staaten und in England, die seine Auffassung von Erziehung anzuwenden suchen.

Die *Brockwood-Park*-Schule in England ist ein internationales, koedukatives Internat mit einem Bildungsangebot für die mittlere und höhere Stufe, für Schüler von vierzehn bis zwanzig Jahren.

Das *Krishnamurti Centre* beherbergt erwachsene Gäste, die das Werk von Krishnamurti in ruhiger Umgebung studieren wollen, für einen Tag, ein Wochenende oder etwa eine Woche.

Der *Krishnamurti Foundation Trust* hält die Krishnamurti-Archive instand und vertreibt Bücher sowie Audio- und Videoaufzeichnungen.

Die Anschrift aller drei Organisationen lautet:
Brockwood Park
Bramdean
Hampshire, SO24 0LQ
England

Weitere Kontaktinformationen zu den folgenden Organisationen:
Brockwood Park School
Tel.: +44 – 1962 771 744
Fax: +44 – 1962 771 875
E-Mail: admin@brockwood.org.uk

The Krishnamurti Study Centre
Tel.: +44 – 1962 771 748
E-Mail: kcentre@brockwood.org.uk

The Krishnamurti Foundation Trust
Tel.: +44 – 1962 771 525

Fax: +44 – 1962 771 159
E-Mail: info@brockwood.org.uk

Informationen im deutschsprachigen Raum erhalten Sie beim:

Krishnamurti-Forum
c/o Manfred Schneider
Steinweg 8
64823 Groß-Umstadt
Tel.: 060 78 – 2911
Fax.: 060 78 – 73 161
e-mail: k-forum@web.de

oder bei der Redaktion der *Mitteilungen*:
Bernd und Klara Hollstein
e-mail: hollstein.bernd@t-online.de

QUELLENANGABEN

Von wenigen Ausnahmen abgesehen (Angaben siehe unten), sind die vollständigen Originaltexte, denen die Auszüge in diesem Buch entnommen sind, in der *Krishnamurti Text Collection, 1933–1985*, zu finden, falls Leser diese heranziehen wollen. Diese CD-ROM, die Material von zweihundert Büchern durchschnittlichen Umfangs enthält, ist eine Quelle von unschätzbarem Wert für das Studium Krishnamurtis. Die vollständigen Texte der bis Ende 1967 datierten Auszüge sind außerdem in den Bänden *The Collected Works of J. Krishnamurti* zu finden, © 1991 Krishnamurti Foundation of America (im Folgenden mit *The Collected Works* zitiert).

Frontispiz

»Nehmt nichts ... selbst.« Aus der Rede in Saanen am 28. Juli 1978.

»Ihr müsst ... trotz meiner Person.« Aus einer Rede in Eerde im Juni 1927.

»Wenn ihr ... irgendein Lehrer«. Aus der Rede in Auckland am 31. März 1934.

Einführung

»Wenn ihr ... irgendein Lehrer«. Aus der Rede in Auckland am 31. März 1934.

»Ob ich ... im täglichen Leben bewährt.« Aus der Rede in Bombay am 12. März 1961.

»Der Redner ... fragen Sie.« Aus der Rede in Saanen am 25. Juli 1983.

»Worte haben ... gerade passt.« Aus der Rede in Ommen am 2. August 1930.

»Da die meisten ... keinen Wert.« Aus der Rede in Ommen am 31. Juli 1930.

»Es ist viel wichtiger ... gehört hat.« Aus der Rede in Bombay am 25. März 1956.

TEIL I
DER KERN DER LEHRE

Zuhören

»Ich hoffe ... wie man zuhört.« Aus der Rede in Bombay am 14. Februar 1954, in *The Collected Works.*

»Kann man zuhören ... herausfinden wollen.« Aus der Rede in Madras am 6. Januar 1971, in *Krishnamurti in India, 1970–1972*, © 1971–1972 Krishnamurti Foundation Trust, Ltd.

»Ich meine, es gibt ... denkend, widerstrebend ist.« Aus der Rede in Bombay am 6. März 1955, in *The Collected Works.*

»Ich weiß nicht ... völlig durchbricht.« Aus der Tonbandaufzeichnung der Rede in Saanen am 17. Juli 1980, © 1980 Krishnamurti Foundation Trust, Ltd.

Die Wahrheit ist ein unwegsames Land

»Für mich gibt es ... im täglichen Leben.« Aus der Rede in Adyar am 2. Januar 1934.

»Wahrheit ist etwas ... was für ein außerordentliches Ding diese Wahrheit ist.« Aus der Rede in Rajghat am 25. Dezember 1952, in *The Collected Works.*

»Tatsache ist ... Leben ist Wahrheit.« Aus Kapitel 17 in *This Matter of Culture,* © Krishnamurti Foundation Trust, Ltd.

Gibt es eine Wahrheit jenseits von persönlicher Meinung?
Aus der Tonbandaufzeichnung der Frage-und-Antwort-Sitzung in Ojai am 8. Mai 1980, © 1980 Krishnamurti Foundation Trust, Ltd.

Es gibt nur grenzenloses Beobachten
Aus den Tonbandaufzeichnung des Gesprächs mit Mary Zimbalist und Ray McCoy in Brockwood Park am 14. Oktober 1984, © 1984 Krishnamurti Foundation Trust, Ltd.

Wer süchtig ist nach Wissen, kann die Wahrheit nicht finden
Aus dem Gespräch in Madras am 16. November 1947, in *The Collected Works.*

Es gibt keine Technik
Aus dem Dialog in Saanen am 29. Juli 1976, © 1976–1977 Krishnamurti Foundation Trust, Ltd.

Die Wahrheit im Spiegel einer Beziehung finden
Aus Kapitel 7, Teil 2, in *The Wholeness of Life,* © 1978 Krishnamurti Foundation Trust, Ltd.

Menschen haben in ihrem Inneren Bilder als Schutzwall errichtet
Aus der Rede am 8. November 1980, in *Sri Lanka Talks, 1980,* © 1980–1981 Krishnamurti Foundation Trust, Ltd.

Die Last dieser Bilder beherrscht das Denken, die Beziehungen und das tägliche Leben
Aus dem Dialog in Saanen am 6. August 1972, © 1972 Krishnamurti Foundation Trust, Ltd.

Freiheit von der Sklaverei der Vergangenheit
Aus dem Dialog am 8. August 1965, in *The Collected Works.*

Das Denken ist immer begrenzt
Aus Kapitel 55 in *Commentaries in Living, First Series,* © 1956 Krishnamurti Foundation Trust, Ltd.

Der Inhalt unseres Bewusstseins ist unsere gesamte Existenz
Aus der Tonbandaufzeichnung der Rede in Brockwood Park am 8. September 1973, © 1973 Krishnamurti Foundation Trust, Ltd.

Die Wahrnehmung des Lebens wird aus vorgefassten Begriffen gebildet
Aus der Tonbandaufzeichnung der Rede in Saanen am 14. Juli 1974, © 1974 Krishnamurti Foundation Trust, Ltd.

Die Einzigartigkeit eines menschlichen Wesens liegt in der vollkommenen Freiheit von seinem Bewusstseinsinhalt
Aus der Tonbandaufzeichnung der Rede in Brockwood Park am 17. September 1972, © 1972 Krishnamurti Foundation Trust, Ltd.

Gewahrsein ohne Wahl
Aus der Rede am 24. Juli 1977, in Kapitel 9, Teil 2, von *The Wholeness of Life*, © 1978 Kirshnamurti Foundation Trust, Ltd.

Freiheit ist im Gewahrsein ohne Wahl des täglichen Seins und Handelns zu finden
Aus der Rede am 10. Februar 1971, in *Krishnamurti in India, 1970–1971*, © 1971 Krishnamurti Foundation Trust, Ltd.

Denken ist Zeit
Aus der Tonbandaufzeichnung in Brockwood Park am 9. September 1973, © 1973 Krishnamurti Foundation Trust, Ltd.

Zeit ist der psychische Feind
Aus der Tonbandaufzeichnung der Rede in Saanen am 15. Juli 1984, © 1984 Krishnamurti Foundation Trust, Ltd.

In der Beobachtung beginnt man, den Mangel an Freiheit zu entdecken
Aus der Rede in Poona am 21. September 1958, in *The Collected Works*.

Eine radikale Mutation des Geistes
Aus der Tonbandaufzeichnung der Frage-und-Antwort-Sitzung in Saanen am 25. Juli 1983, © 1983 Krishnamurti Foundation Trust, Ltd.

Totale Negation ist das Wesen des Positiven
Aus der Rede in Rajghat am 31. Januar 1960, in *The Collected Works*.

Die Spaltung zwischen dem Denkenden und dem Gedachten, dem Beobachter und dem Beobachteten
»Bitte folgen Sie ... dessen, ›was ist‹.« Aus der Rede am Claremont College am 17. November 1968, in *Talks with American Students*, © 1968 Krishnamurti Foundation, Ltd.
»Was ist also die Funktion ... was Wahrheit ist.« Aus der Rede in Bangalore am 30. Januar 1971, in *Krishnamurti in India, 1970–1971*, © 1971 Krishnamurti Foundation Trust, Ltd.
»Betrachten Sie den Himmel ... jemanden zu lieben.« Aus der Rede in Bangalore am 31. Januar 1971, in *Krishnamurti in India, 1970–1971*, © 1971 Krishnamurti Foundation Trust, Ltd.
»Untersuchen wir nun ... etwas völlig anderes.« Aus der Rede in Saanen am 22. Juli
»Wie sollen wir nun ... Liebe und Schönheit hervorgehen.« Aus der Rede in Saanen am 25. Juli 1968, in *Talks and Dialogues, 1968*, © 1969 Krishnamurti Foundation Trust, Ltd.
»Wenn Sie wirklich in der Lage sind ... Verschwendung von Energie.« Aus der Rede in Madras am 10. Januar 1971, in *Krishnamurti in India, 1970–1971*, © 1971 Krishnamurti Foundation Trust, Ltd.

Diese Spaltung zwischen dem Beobachter und dem Beobachteten ist eine Illusion
Aus der Rede am 7. August 1967, in *Talks and Dialogues, Saanen 1967,* © 1968
Krishnamurti Foundation Trust, Ltd.

Den Spiegel zerbrechen
Aus der Rede in Brockwood Park am 1. September 1983, © 1983 Krishnamurti
Foundation Trust, Ltd.

TEIL II

WORTE UND BEDEUTUNGEN

Worte
»Unglücklicherweise … Kraft.« Aus der Rede in London am 2. Mai 1961, in *The
Collected Works.*
»Das ist keine Sache … keine Idee vorhanden ist.« Auszüge aus der Rede in Saanen
am 14. Juli 1963, in *The Collected Works.*
»Sehen Sie … und Ideen.« Aus der Rede in Saanen am 15. Juli 1961, in *The Collected
Works.*
»Um jede Erfahrung … ›was ist‹.« Aus der Rede in Madras am 29. Januar 1964, in *The
Collected Works.*
»Jedes Wort … Leiden beginnt.« Aus *Krishnamurti's Notebook,* S. 191.
»Jede Form … der Ideen.« Auszüge aus *Krishnamurti's Notebook,* S. 204.
»Kann man zuhören … ›Ich liebe dich‹.« Aus *Beyond Violence,* S. 171.
»Worte sind … zu kommunizieren.« Aus der Rede in Ojai am 9. August 1952, in
The Collected Works.
»Wenn Sie sich … dieses Wort hervorruft.« Aus *This Matter of Culture,* S. 25.
»Um Unsterblichkeit zu erkennen … erfahren kann?« Auszüge aus der Rede in Ojai
am 7. August 1949, in *The Collected Works.*
»Das Wort Gott … zufrieden.« Aus der Rede in Madras am 27. Januar 1952, in *The
Collected Works.*
»Nehmen wir das Wort … auf uns hat!« Aus der Rede in Benares am 30. Januar
1955, in *The Collected Works.*
»Das Wort ist … keinen Konflikt«. Aus der Rede in Paris am 10. September 1961,
in *The Collected Works.*

Bedeutungen

Konditionierung
Aus *The Urgency of Change,* S. 142–150.

Wissen
»Wissen ist … Wissen«. Aus der Tonbandaufzeichnung des Gesprächs in Brock-
wood Park am 12. September 1972.
»Aus dem psychischen Wissen … und so weiter.« Aus der Tonbandaufzeichnung der
Rede in Ojai am 21. April 1979.
»Das verstehen wir … lebendige Wesen zu sehen.« Aus der Tonbandaufzeichnung
der Frage-und-Antwort-Sitzung in Ojai am 6. Mai 1980.
»Wir wissen … ein Ende setzen können.« Aus der Tonbandaufzeichnung der Rede
in Bombay am 8. Februar 1981.

»Wir tragen ... ist Geist da.« Aus der Tonbandaufzeichnung der Rede in Madras am 11. Januar 1981.

Verhaftetsein

»Was ist Verhaftetsein ... Lust, Begehren oder Erfüllung.« Aus der Tonbandaufzeichnung der Rede in Ojai am 19. Mai 1985.
»Ich bin an dich gebunden ... lebendige Gegenwart da ist.« Aus der Tonbandaufzeichnung des Dialogs in Saanen am 1. August 1974.

Lust

»Was ist Lust ... denkend daran fest.« Aus der Tonbandaufzeichnung der Rede an der University of Puerto Rico am 17. September 1968.
»Die nächste Frage lautet ... Entzücken daran haben.« Aus der Tonbandaufzeichnung der Rede in Sydney am 25. November 1970.
»Lust ist nicht ... der tatsächliche Augenblick.« Aus dem Dialog in Saanen am 7. August 1966.
»Das Nachdenken ... ist Lust.« Aus der Tonbandaufzeichnung der Rede am Claremont College am 17. November 1968.
»Lust ist die Denkbewegung ... zwischen Ihnen und der anderen Person.« Aus der Tonbandaufzeichnung in Brockwood Park am 29. August 1976.

Bild

»Unter einem Bild ... immer begrenzt.« Aus der Tonbandaufzeichnung in Colombo am 8. November 1980.
»Der Geist muss ... Spur in mir hinterlässt?« Aus dem zweiten Gespräch mit Prof. J. Needleman in *The Awakening of Intelligence*, Teil 1.
»Nur dann ... aufmerksam sind.« Aus der Tonbandaufzeichnung der Rede in Saanen am 20. Juli 1976.
»Wenn Sie psychisch ... niemand verletzen.« Aus der Tonbandaufzeichnung der Frage-und-Antwort-Sitzung in Madras am 7. Januar 1981.
»Wenn wir sagen ... in dem Wort selbst steckt.« Aus der Rede in Bombay am 22. Februar 1967, in *The Collected Works*.
»Denn die meisten Beziehungen ... geschaffen wurde.« Aus der Tonbandaufzeichnung der Rede in Saanen am 20. Juli 1972.
»Unter einer rechten ... Harmonie herrscht.« Aus der Tonbandaufzeichnung der Rede in San Francisco am 11. März 1973.
»Kein Bild ... Unsicherheit.« Aus der Tonbandaufzeichnung der Rede in Madras am 24. Dezember 1977.
»Wer einen anderen anbetet ... des eigenen Selbst.« Aus *Commentaries on Living*, Second Series, S. 40.
»Das Bild ist ... die Zukunft.« Aus der Tonbandaufzeichnung der Rede in Saanen am 12. Juli 1979.
»Wenn Sie das Begehren ... eines Bildes.« Aus der Tonbandaufzeichnung der Rede in Saanen am 26. Juli 1983.
»Jede Art ... Schönheit einer Beziehung.« Aus dem 6. Gespräch mit Dr. Bohm und Dr. Shainberg in *The Wholeness of Life*.

Denken

Aus der Rede in Saanen am 10. Juli 1985, in *The Last Talks at Saanen, 1985*.

Verletzung
Aus der Tonbandaufzeichnung der Rede in Brockwood Park am 31. August 1976.

Aufmerksamkeit
Aus der Tonbandaufzeichnung der Rede in Ojai am 7. Mai 1981.

Verletzlichkeit
»Wenn der Verstand ... Flamme der Liebe.« Aus der Rede in Ommen am 10. August 1937, in *The Collected Works*.
»Da dies ... Aufmerksamkeit zu widmen.« Aus der Tonbandaufzeichnung des Dialogs in Saanen am 2. August 1967.
»Begreifen Sie ... um sich errichten.« Aus *Commentaries on Living*, Second Series, S. 90.
»Feinfühligkeit heißt im Grunde ... Formel zu haben.« Aus dem Dialog in Saanen am 8. August 1965, in *The Collected Works*.

Wahrnehmung
»Was bedeutet Wahrnehmung ... dem Beobachteten gibt.« Aus *The Wholeness of Life*, S. 237–38.
»Alle Sinneseindrücke ... Unordnung.« Aus *Tradition and Revolution*, S. 114–16.
»Es handelt sich ... Zeit gebunden ist.« Aus der Tonbandaufzeichnung der Rede in Saanen am 16. Juli 1981.
»Gibt es eine Wahrnehmung ... Gefahr droht.« Aus *Krishnamurti in India, 1970–1971*, S. 65.
»Es kommt darauf an ... was Wahrheit ist.« Aus der Rede in Bombay am 23. Dezember 1959, in *The Collected Works*.
»Wenn das Denken ... höre ich Ihnen nicht zu.« Aus *Krishnamurti in India, 1970–1971*, S. 52.
»Wahrnehmung ... das ist Schönheit.« Aus *Tradition and Revolution*, S. 47 und 49.
»Es kann nur Wahrnehmung geben ... Gehirn still ist.« Aus der Tonbandaufzeichnung des zweiten Gesprächs mit Dr. D. Bohm in Brockwood Park am 20. Juni 1983.

Einsicht
»Was ist Einsicht ... Verletzung aufgelöst.« Aus der Tonbandaufzeichnung der Rede in Brockwood Park am 30. August 1979.
»Was ist also Einsicht ... Träger des Gedächtnisses sind.« Aus der Tonbandaufzeichnung der Rede in Brockwood Park am 31. August 1980.
»Wenn Sie erkennen ... Einsicht Intelligenz.« Aus der Tonbandaufzeichnung der Rede in Saanen am 16. Juli 1974.
»Diese stetige Einsicht ... Schlussfolgerung.« Aus der Tonbandaufzeichnung der Rede in Saanen am 18. Juli 1972.
»Einsicht ist ... in der Zeit verstrickt ist.« Aus der Tonbandaufzeichnung der Rede in Brockwood Park am 18. September 1979.

Leidenschaft
»Wenn Sie sich ... darüber hinausgehen.« Aus der Rede in Saanen am 5. August 1962, in *The Collected Works*.

»Wenn keine ... Leidenschaft da.« Aus der Tonbandaufzeichnung der Rede in Brockwood Park am 4. September 1973.

»Die meisten von uns ... Leidenschaft haben.« Aus der Rede in Madras am 26. Januar 1964, in *The Collected Works*.

»Beim Leiden zu bleiben ... keine Schönheit.« Aus dem Gespräch am 22. Februar 1974 mit Dr. A. W. Anderson.

»Ein leidenschaftlicher Geist ... abwesend ist.« Aus der Rede in Madras am 16. November 1958, in *The Collected Works*.

»Die Erkenntnis ... das Unermessliche finden.« Aus der Rede in Bombay am 26. November 1958, in *The Collected Works*.

»Man muss ... Ende gefunden hat.« Aus der Rede am 24. Juli 1985, in *The Last Talks at Saanen, 1985*.

Handeln
Aus der Tonbandaufzeichnung der Rede in Ojai am 13. April 1976.

Lernen
»Wann lernen Sie ... dann lerne ich.« Aus der Rede in London am 26. April 1965, in *The Collected Works*.

»Wissen ist ... ohne Vergangenheit.« Aus der Rede in New Delhi am 30. November 1967, in *The Collected Works*.

»Nun wollen wir ... Wahrnehmen in Verbindung mit Handeln.« Aus der Tonbandaufzeichnung der Rede in Saanen am 14. Juli 1981.

»Wenn Sie lernen ... aufhören.« Aus der Rede in New Delhi am 28. Oktober 1964, in *The Collected Works*.

Meditation
Aus der Rede in London am 26. Juni 1955, in *The Collected Works*.

TEIL III
HANDELN DURCH NICHTHANDELN

Beobachten
Aus der Tonbandaufzeichnung der Rede in Saanen am 13. Juli 1976.

Bei dem bleiben, »was ist«
»Ich möchte sehen ... was geschieht also dann?« Aus *Exploration into Insight*, S. 136–138.

»Bleiben wir zuerst ... gänzlich unwirklich ist.« Aus dem Seminar in Brockwood Park am 17. September 1978.

»Schauen Sie ... entspringt Klarheit.« Aus der Tonbandaufzeichnung des Dialogs in Saanen am 4. August 1968.

»Kann der Geist ... tun Sie das.« Aus der Tonbandaufzeichnung des Dialogs in Saanen am 1. August 1974.

»Der Mensch ... kein Mal davon.« Aus *Tradition and Revolution*, S. 29.

»Es ist wichtig ... ›was ist‹.« Aus der Tonbandaufzeichnung der Rede in Brockwoo Park am 29. August 1985.

»Versuchen Sie … keinen Sommer kennt.« Aus *Commentaries in Living, Third Series*, S. 196.

»Wenn Sie bei der Tatsache … Flamme der Leidenschaft.« Aus der Tonbandaufzeichnung der Rede am 13. Dezember 1970 in New Delhi.

»Bleiben Sie … davor zu fliehen.« Aus der Tonbandaufzeichnung der Rede in San Francisco am 17. März 1973.

»Sie haben etwas Böses … Blume erblühen.« Aus der Tonbandaufzeichnung der Frage-und-Antwort-Sitzung in Saanen am 23. Juli 1985.

»In unseren Beziehungen … sein *sollte*.« Aus der Tonbandaufzeichnung des Seminars in Brockwood Park am 17. September 1978.

»Bei der Angst bleiben … ihn nur anschauen.« Aus der Tonbandaufzeichnung der Frage-und-Antwort-Sitzung in Ojai am 19. Mai 1983.

»Wenn Sie beginnen … einschließlich Gott.« Aus der Tonbandaufzeichnung der Rede in Saanen am 17. Juli 1985.

»Ist es möglich … Beobachtung eintritt?« Aus der Tonbandaufzeichnung des Seminars in New Delhi am 5. November 1981.

»Wenn Sie gierig … und Freiheit.« Aus der Tonbandaufzeichnung der Rede in New York am 10. April 1983.

»Das Leid hört auf … unsensibel werden.« Aus der Tonbandaufzeichnung der Rede in Bombay am 7. Februar 1981.

Grundlegende Fragen stellen, aber nicht beantworten

»Wir sind gewohnt … Ekstase, Freude.« Aus der Rede in Bombay am 13. März 1955, in *The Collected Works*.

»Sie müssen … Antwort zu suchen.« Aus der Rede in Varanasi am 3. Januar 1962, in *The Collected Works*.

»Ich denke … gänzlich anderes statt.« Aus der Rede in Ojai am 7. Juli 1955, in *The Collected Works*.

»Wir wissen … sich darum bemüht.« Aus der Rede in Madras am 2. Februar 1952, in *The Collected Works*.

»Es ist lediglich der Geist … außerordentlich sensibel.« Aus der Rede in Madras am 3. Dezember 1961, in *The Collected Works*.

»Auf grundlegende Fragen … zum Verstehen.« Aus der Rede in Ojai am 6. Juli 1955, in *The Collected Works*.

»Es gibt keine … des Problems.« Aus der Rede in Bombay am 17. Dezember 1958, in *The Collected Works*.

»Es gibt ein … beobachten und zuhören können.« Aus der Rede in Madras am 13. Dezember 1961, in *The Collected Works*.

»Wenn Sie eine Frage … Konditionierung entsprechen.« Aus der Rede in Varanasi am 14. Januar 1962, in *The Collected Works*.

»Ist es möglich … was geschieht.« Aus der Tonbandaufzeichnung der Rede in Brockwood Park am 24. August 1985.

Die Schönheit des Nichtwissens

»Weil wir Angst … Meditation befindet.« Aus der Rede in Ojai am 29. Mai 1960, in *The Collected Works*.

»Wenn Ihnen eine Frage … gewaltigen Revolution.« Aus der Rede in Ojai am 21. Juli 1955, in *The Collected Works*.

»Nur der Geist … geboren werden.« Aus der Rede in Stockholm am 22. Mai 1956, in *The Collected Works*.
»Was ist Liebe … Liebe?« Aus der Tonbandaufzeichnung des Dialogs in Rishi Valley am 7. Dezember 1985.
»Der Geist … das Gefängnis ist.« Aus *Tradition and Revolution*, S. 97.
»Ich bin nicht gegen … lerne ich.« Aus der Rede in London am 26. April 1965, in *The Collected Works*.
»Kann der Geist … oder zu erfahren?« Aus der Rede in Madras am 12. Dezember 1954, in *The Collected Works*.
»Ist der Geist imstande … Vorschub leisten.« Aus der Rede in Stockholm am 15. Mai 1956, in *The Collected Works*.

Häufig diskutierte Fragen

»Die Angst vor dem Tod … das Unbekannte ist.« Aus der Rede in Poona am 3. Oktober 1948, in *The Collected Works*.
»Wenn wir tief … keine Grenzen.« Aus der Tonbandaufzeichnung der Rede in London am 16. März 1969.
»Wenn ich mich … kommt Liebe.« Aus der Rede in Poona am 14. September 1948, in *The Collected Works*.
»Sobald der Geist … geschehen wird.« Aus der Rede in Paris am 17. September 1961, in *The Collected Works*.
»Wenn der Geist … befreit hat.« Aus der Tonbandaufzeichnung der Rede in Saanen am 5. August 1970.
»Nur wenn … ist Gott da.« Aus der Rede im Bombay am 4. März 1953, in *The Collected Works*.
»Das Beenden dessen … Güte.« Aus der Tonbandaufzeichnung der Rede in Brockwood Park am 23. Juni 1982.
»Etwas werden zu wollen … vollkommene Sicherheit.« Aus der Tonbandaufzeichnung der Rede in Saanen am 17. Juli 1975.
»Vom Morgen … Gegenwart leben.« Aus der Tonbandaufzeichnung der Rede in New York am 8. Oktober 1968.
»Bereit zu sein … höchste Intelligenz.« Aus der Tonbandaufzeichnung des Gesprächs mit Dr. David Bohm in London im Jahre 1965.
»Freiheit vom … beobachtet hat.« Aus der Tonbandaufzeichnung der Rede in Madras am 2. Januar 1979.
»Was geht vor sich … das Schöne daran.« Aus der Tonbandaufzeichnung der Rede in Saanen am 3. August 1973.
»Wenn ich meine Frau liebe … andere Qualität.« Aus der Tonbandaufzeichnung der Rede in London am 23. März 1969.
»Sie können … dem Unbekannten zu begegnen.« Aus der Rede in Ommen am 4. August 1938, in *The Collected Works*.